主　　编　曹士兵　中国应用法学研究所所长
副 主 编　关　毅　国家法官学院科研部主任
　　　　　刘　畅　国家法官学院科研部副主任
主编助理　边疆戈　国家法官学院科研部编辑
　　　　　苏　烽　国家法官学院科研部编辑

本书编审人员　刘　畅

中国法院

2019年度案例

国家法官学院案例开发研究中心◎编

人格权纠纷

（含生命、健康、身体、姓名、肖像、名誉权纠纷）

中国法制出版社

CHINA LEGAL PUBLISHING HOUSE

《中国法院年度案例》通讯编辑名单

序

法律的生命在于实施，而法律实施的核心在于法律的统一适用。《中国法院年度案例》丛书出版的价值追求，即是公开精品案例，研究案例所体现的裁判方法和理念，提炼裁判规则，为司法统一贡献力量。

《中国法院年度案例》丛书，是国家法官学院于2012年开始编辑出版的一套大型案例丛书，之后每年年初定期出版，由国家法官学院案例开发研究中心具体承担编辑工作。此前，该中心坚持20余年连续不辍编辑出版了《中国审判案例要览》丛书近90卷，分中文版和英文版在海内外发行，颇有口碑，享有赞誉。现在编辑出版的《中国法院年度案例》丛书，旨在探索编辑案例的新方法、新模式，以弥补当前各种案例书的不足。该丛书2012～2018年已连续出版7套，一直受到读者的广泛好评，并迅速售罄。为更加全面地反映我国司法审判的发展进程，顺应审判实践发展的需要，响应读者需求，2014年度新增3个分册：金融纠纷、行政纠纷、刑事案例，2015年度将刑事案例调整为刑法总则案例、刑法分则案例2册，2016年度新增知识产权纠纷分册，2017年度新增执行案例分册，2018年将刑事案例扩充为4个分册。现国家法官学院案例开发研究中心及时编撰推出《中国法院2019年度案例》系列丛书，共23册。

总的说来，当前市面上的案例丛书百花齐放，既有判决书网，可以查询各地、各类的裁判文书，又有各种专门领域的案例汇编书籍，以及各种案例指导、案例参考等读物，十分活跃，也各具特色。而《中国法院年度案例》丛书则试图把案例书籍变得“好读有用”，故在编辑中坚持以下方法：一是高度提炼案例内容，控制案例篇幅，每个案例基本在3000字以内；二是突出争议焦点，剔除无效信息，尽可能在有限的篇幅内为读者提供有效、有益的信息；三是注重对案件裁判文书的再加工，大多数案例由案件的主审法官撰写“法官后语”，高度提炼、总结案例的指导价值。

同时，《中国法院年度案例》丛书还有以下特色：一是信息量大。国家法官学院案例开发研究中心每年从全国各地法院收集到的上一年度审结的典型案例超过10000件，使该丛书有广泛的选编基础，可提供给读者新近发生的全国各地的代表性案例。二是方便检索。为节约读者选取案例的时间，丛书分卷细化，每卷下还将案例主要根据案由分类编排，每个案例用一句话概括裁判规则、裁判思路或焦点问题作为主标题，让读者一目了然，迅速找到需求目标。

中国法制出版社始终全力支持《中国法院年度案例》的出版，给了作者和编辑们巨大的鼓励。2018年新推出数据库增值服务，2019年继续提供数据库增值服务并充实完善数据内容。购买本书，扫描前勒口二维码，即可在本年度免费查阅使用上一年度案例数据库。我们在此谨表谢忱，并希望通过共同努力，逐步完善，做得更好，真正探索出一条编辑案例书籍、挖掘案例价值的新路，更好地服务于学习、研究法律的读者，服务于社会，服务于国家的法治建设。

本丛书既可作为法官、检察官、律师等司法实务工作人员的办案参考和司法人员培训推荐教程，也是社会大众学法用法的极佳指导，亦是教学科研机构案例研究的精品素材。当然，案例作者和编辑在编写过程中也不能一步到位实现最初的编写愿望，可能会存在各种不足，甚至错误，欢迎读者批评指正，我们愿听取建议，并不断改进。

曹士兵

目　录

Contents

一、生命权、健康权、身体权纠纷

（一）未成年人损害赔偿纠纷

（二）未尽安全保障义务的损害赔偿纠纷

二、名誉权纠纷

（一）新闻报道相关纠纷

（二）网络通信工具相关纠纷

（三）其他

三、姓名权纠纷

四、隐私权纠纷

五、一般人格权纠纷

一、生命权、健康权、身体权纠纷

（一）未成年人损害赔偿纠纷

1

孩童高楼坠亡，物业公司无过错不承担赔偿责任

——周某、高某诉某某物业管理有限公司生命权案

【案件基本信息】

1. 裁判书字号

云南省文山壮族苗族自治州中级人民法院（2017）云26民终1117号民事判决书

2. 案由：生命权纠纷

3. 当事人

原告（上诉人）：周某、高某

被告（被上诉人）：某某物业管理有限公司（以下简称物业公司）

【基本案情】

周某、高某在富宁县某小区19栋25楼购买了一套房屋，2016年冬入住。高某作为业主于2016年9月2日与物业公司签订《物业管理服务协议》《房屋装饰装修管理协议》《业主公约》，并在《物业公司入住文件签署发放确认表》中签字确认。2017年5月31日21时许，周某、高某的儿子周甲（11岁）、周乙（10岁）及任

子周丙（11岁）三人从该小区19栋的消防通道到楼顶玩耍，周甲攀爬楼顶防护墙，不慎跌落至三楼楼间空地身亡。当日22时47分，富宁县公安局新华派出所接警后到现场调查，对小区保安龙某、物业公司经理何某进行了询问。事发当晚，周某、高某有事外出，周甲放学后因未带钥匙而进不了家。法院对19栋楼通往楼顶的通道、消防通道门、楼顶防护墙及周边环境进行现场勘验，楼顶通道标有“安全出口”标识，消防通道门有一把闭门锁，用手按压闭门锁可以把门打开，该消防通道门没有锁上、没有封闭，楼顶防护墙高度高于1.10米，周甲跌落处左边周围系消防管道，右边周围有一根卫生间排气管。

另，涉案小区保安上班时间为每天二十四小时，十二小时一班，事发当日夜班由保安龙某值班，负责巡逻小区17、18、19栋楼片区，职责主要是查看有无异常人员出入，有无车辆违规停放，水电、电梯是否正常，各住户装修是否违规等情况，至事故发生前龙某还没来得及去巡逻19栋楼顶。2017年6月16日，周某收到物业公司支付给周甲的丧葬费3万元，周甲生于2005年9月14日，发生意外前就读于富宁县第一小学五年级。

【案件焦点】

1. 物业公司对周甲的死亡是否存在过错；2. 物业公司是否应承担相应的赔偿责任。

【法院裁判要旨】

云南省富宁县人民法院经审理认为，过错侵权责任应由侵权行为、损害事实、因果关系和主观过错构成。物业公司所管理的小区19栋楼楼顶通道标有“安全出口”标识，消防通道门没有封闭，消防通道门上的闭门锁未锁上，人用手按压闭门锁就可以进入楼顶天台，该道门系安全出口，符合消防法的相关规定；楼顶防护墙高度高于1.10米，符合国家标准，足以避免安全意外事故的发生，物业公司已尽到安全管理义务，不可能预见到周甲坠楼死亡，周甲的死亡结果与物业公司对物业的管理职责无法律上的因果关系，物业公司无过错，故物业公司对周甲死亡不承担赔偿责任。

周某、高某作为周甲的监护人，没有尽到监护职责，没有对孩子尽到安全教育义务，周甲系限制民事行为能力人，其通过消防通道门到楼顶玩耍，攀爬防护墙，不慎坠楼死亡，该后果应由监护人周某、高某自己承担。

云南省富宁县人民法院依照《中华人民共和国侵权责任法》第二十七条、《最高人民法院关于民事诉讼证据的若干规定》第二条、《中华人民共和国民事诉讼法》第六十四条第一款之规定，作出如下判决：

驳回周某、高某的诉讼请求。

周某、高某不服一审判决，提起上诉。云南省文山壮族苗族自治州中级人民法院经审理认为：事发楼顶虽属物业公司的管理范围，但双方并没有每天几点必须对楼顶进行巡逻的管理约定，而通往涉案19栋楼顶的门属安全出口（消防通道门），其安装管理符合法律规定，楼顶四周的防护墙也符合国家安全标准，即事发楼顶本身不存在造成周甲坠楼的安全隐患，若周甲没有去攀爬防护墙就不可能从该防护墙处坠楼，故是周甲故意攀爬防护墙的行为导致了悲剧的发生，物业公司已尽到了合理的管理义务，对造成周甲的死亡不存在过错，不应承担赔偿责任。同时，周甲系限制行为能力人，其父母周某、高某对其负有法定监护职责，但事发当晚，周某、高某有事外出，周甲放学后因钥匙忘在学校而进不了家，导致晚上约9点还与伙伴在楼顶玩耍，并在玩耍中因攀爬防护墙而不慎坠楼身亡，故该后果应由周某、高某自行承担。

云南省文山壮族苗族自治州中级人民法院依照《中华人民共和国民事诉讼法》第一百七十条第一款第一项之规定，作出如下判决：

驳回上诉，维持原判。

【法官后语】

随着经济社会的快速发展，城市的高层住宅越来越多，孩童从住宅高楼楼顶、阳台或窗户意外坠落伤亡的事件屡有发生，对于父母而言，失去孩子是难言的心头之痛，但是谁该承担责任呢？物业管理公司对于孩童坠楼伤亡是否承担赔偿责任，主要看物业公司与业主之间对物业是否有约定及是如何约定的，物业公司对其管理的物业是否尽到了合理的管理义务及物业公司对受害人伤亡是否有过错等。

《中华人民共和国侵权责任法》第六条第一款规定：“行为人因过错侵害他人民事权益，应当承担侵权责任。”从该条规定可以看出，一般侵权损害赔偿责任构成要件有四个，即违法行为、损害事实、因果关系和主观过错。构成一般侵权损害赔偿责任，这四个要件缺一不可，否则就不能认定侵权损害赔偿的民事责任。就本案而言，关键是要判断周甲的意外伤亡是谁之过。

1. 物业公司是否有过错。首先，涉案19栋楼楼顶虽是物业公司的管理范围，但双方并没有每天几点必须对楼顶进行巡逻的管理约定；其次，物业公司对其管理的事发楼顶四周防护墙符合国家安全标准，即楼顶本身不存在安全隐患，足以防止发生意外伤害事故；最后，通往楼顶的门属安全出口即消防通道门，其安装管理符合相关法律规定。综上所述，物业公司已尽到了合理的管理义务，对受害人周甲的死亡不存在过错，不应承担民事赔偿责任。

2. 监护人是否有过错。监护人的监护职责包括保护被监护人的身体健康，照顾被监护人的生活，对被监护人进行管理和教育等，监护人不履行法定职责的，应当承担民事责任。父母作为孩子的法定监护人，平时应加强对孩子进行安全教育和管理，如有事外出应临时委托他人代为看护孩子。《中华人民共和国侵权责任法》第二十七条规定："损害是因受害人故意造成的，行为人不承担责任。"事发当晚，受害人周甲的父母因有事外出，没有委托他人代为监护，对周甲的安全采取了放任的态度。恰巧周甲放学后因未带钥匙而进不了家，就与伙伴在楼顶玩耍，这就带来了隐患。而周甲系限制民事行为能力人，对攀爬楼顶特别是攀爬防护墙是否安全应有一定的判断能力，但其仍故意攀爬防护墙，在攀爬过程中不慎坠楼身亡，导致悲剧的发生。如果当晚周甲的父母委托他人临时看护孩子，如果周甲不故意去攀爬具有保护功能和安全警示作用的防护墙，就会避免悲剧的发生，故周某、高某对于周甲的身亡具有疏于保护、疏于安全教育的过错，应自行承担相应责任。

编写人：云南省富宁县人民法院　卢绍荣

2

校园欺凌中未成年人精神损害赔偿请求权的特殊保护

——李某某诉于某某等身体权案

【案件基本信息】

1. 裁判书字号

北京市朝阳区人民法院（2016）京0105民初71079号民事判决书

2. 案由：身体权纠纷

3. 当事人

原告：李某某

被告：于某某、于某、北京某某学校

【基本案情】

李某某与于某某原系北京某某学校学生。于某系于某某的母亲。2016年5月4日，李某某在校被于某某殴打，共计三次。李某某被打后未立即向老师反映情况，直到2016年5月5日早上老师发现李某某脸肿时询问，李某某称打篮球摔的，后来老师向其他同学了解到李某某被于某某殴打，便送李某某就医，并通知李某某家长。事发后，于某某未给付李某某任何赔偿或补偿，北京某某学校垫付了李某某的医疗费用。经诊断，李某某双耳廓、右面部、颈部多处皮肤软组织挫伤，双侧肩背软组织伤。于某某因本次事件被处以行政拘留五日的行政处罚。之后，李某某前往北京晨帆心理咨询有限公司接受心理咨询帮助，花费心理咨询费24000元。李某某要求于某某、于某支付李某某心理咨询费24000元、赔偿精神损失费20万元；北京某某学校对前述诉讼请求承担补充责任。

【案件焦点】

1. 如何保护校园欺凌中的未成年人的精神损害赔偿请求权；2. 未成年人精神

损害赔偿的考量因素。

【法院裁判要旨】

北京市朝阳区人民法院经审理认为：公民的人身权利受法律保护，人身权利受到侵害的，被侵权人有权请求侵权人承担侵权责任。于某某在校期间殴打李某某，造成李某某多处皮肤软组织挫伤，构成对李某某的侵权。本案的争议焦点有二：一是李某某主张的精神损害抚慰金和心理咨询费能否得到支持；二是北京某某学校是否应当对李某某承担法律责任及承担何种责任。

关于争议焦点一，根据国务院教育督导委员会办公室于2016年4月28日发布的《关于开展校园欺凌专项治理的通知》，校园欺凌是指发生在学生之间蓄意或恶意通过肢体、语言及网络等手段，实施欺负、侮辱造成伤害，损害学生身心健康的行为。于某某曾先后殴打李某某三次，造成李某某身体损害，已经构成校园欺凌。既有案例和研究表明，校园欺凌对于受欺凌者不仅是身体的伤害，更持久地表现为心理和精神的伤害。李某某系未成年人，心智发育尚不成熟，相较于成年人，其受到同学多次殴打后更容易在心理和精神上产生阴影和伤害，这也符合日常生活经验和常识。同时，李某某提供的北京晨帆心理咨询有限公司出具的《关于李某某心理咨询的说明》中“在咨询过程中，通过对李某某的观察及交流互动中发现，其在情绪、认知、行为等方面，呈现出一些回避和退缩性反应，如不愿意详细谈论和回顾已经发生的事件；面对询问和关心，处于敏感和警觉之中；微笑着表达愤怒和伤心，内外无法统一；表现出某种程度的恐惧忧虑和沮丧无助等”的内容，亦可以予以佐证。因此，于某某对于李某某的殴打虽未造成李某某伤残，但考虑到李某某的未成年人身份、于某某行为的性质等因素，法院认定于某某的侵权行为已对李某某造成精神损害，应赔偿李某某精神损害抚慰金。对于赔偿数额，由法院综合考虑涉案侵权行为的危害性、李某某精神受损情况等因素酌情确定。

需要指出的是，未成年人是国家和民族的未来与希望，而校园应是最阳光、最安全的地方。校园暴力事件的存在，不仅伤害未成年人身心健康，也冲击社会道德底线。包括教育机构、家长、行政机关、司法机关、相关社会团体等在内的社会各界，都应该提高对校园欺凌、校园暴力现象危害性的认识，并积极形成合力予以防治。从于某、北京某某学校在涉案事件发生后的行为以及在诉讼中的答辩和辩论意见来看，其对于校园暴力事件的认识和处理还存在不足之处，尚需在今后进一步加以提高和改进。作为学校来说，需要将防治学生欺凌和暴力的各项工作落实到每个管理环节，加强对学生的生命教育、人格教育、法治教育和安全自护教育，培养学生正确的价值观和健全的人格，同时依法、依规处理学生欺凌和暴力事件。作为家长来说，父母是孩子最好的老师，家长要以身作则、言传身教，引导孩子树立法治意识、规则意识，做到与人为善，同时要掌握科学的家庭教育理念，加强与孩子的沟通，尽量多安排时间与孩子相处交流，及时了解孩子的日常表现和思想状况，积极与学校进行沟通，切实加强对孩子的管教，避免放任不管、缺教少护、教而不当。

北京市朝阳区人民法院依照《中华人民共和国侵权责任法》第六条、第十二条、第二十二条、第三十二条、第三十九条，《中华人民共和国未成年人保护法》第五条、第五十一条第一款，《最高人民法院关于确定民事侵权精神损害赔偿责任若干问题的解释》第八条之规定，作出如下判决：

一、于某于本判决生效之日起七日内赔偿李某某心理咨询费 14400 元、精神损害抚慰金 12000 元；

二、北京某某学校于本判决生效之日起七日内赔偿李某某心理咨询费 9600 元、精神损害抚慰金 8000 元；

二、驳回李某某的其他诉讼请求。

【法官后语】

在校园暴力频发、校园欺凌现象不断受到社会关注的背景下，本案判决在说理上改变传统的按照一般侵权予以处理的做法，将“校园欺凌”的概念引入民事判决，认定侵权人在校内多次殴打受害人的行为构成校园欺凌，并在判决中就校园欺凌的预防对侵权学生的家长和学校提出了专门要求，体现法院对于校园欺凌现象治理的思考和担当。

对校园欺凌中受害未成年人的精神损害赔偿请求能否支持，是本案的核心争议焦点。司法实践中对此问题存有争议，结合本案论述如下：

1. 精神损害赔偿的适用条件

我国法律关于精神损害赔偿适用条件的规定较为粗糙。根据《中华人民共和国侵权责任法》（以下简称《侵权法》）第二十二条的规定，侵害他人人身权益，造成他人严重精神损害的，被侵权人可以请求精神损害赔偿。相关司法解释亦规定，因侵权致人精神损害，造成严重后果的，人民法院可以根据受害人一方的请求判令其赔偿相应的精神损害抚慰金。从上述规定可以看出，精神损害赔偿的适用条件是“造成严重精神损害”“造成严重后果”，标准严苛，而何为“严重”是个不确定的法律概念，不仅立法者难以给出明确的立法解释，裁判者也很难判断是否有精神损害、精神损害是否严重、有无造成严重后果。而对于学生伤害事故，教育部颁布的《学生伤害事故处理办法》没有明确规定可以进行精神损害赔偿，对责任承担的主体、赔偿的数额等也都没有进行具体的规定。

司法实务中，一般以是否构成伤残及伤残等级作为确定精神损害赔偿数额的依据，轻微伤害未构成伤残主张精神损害赔偿的不予支持。虽然审判实践中对于精神损害赔偿的适用条件有扩张倾向，但是从《侵权法》的法条理解，精神损害赔偿适用条件是构成精神损害、达到严重程度或者造成严重后果。

2. 校园欺凌中受害未成年人精神损害特殊保护的必要性

未成年人的精神利益是否应该得到特殊的保护，是立法的空白之处。《侵权法》对精神损害赔偿请求的主体未予区分，忽略了未成年人、胎儿等主体精神利益保护的特殊性。未成年人身心发育尚不成熟，在侵权发生时不一定能感受或充分理解侵权行为造成的精神痛苦，但伴随其成长，这种精神伤害可能是持续的、永久性的，甚至会造成严重后果。司法实务中将受害人伤残程度与精神损害赔偿直接相关的做法，在未成年人精神损害赔偿问题上并不可取。

在校园欺凌案件中，受害人所受的身体伤害不一定达到伤残的程度，甚至伤害轻微，如本案中李某某是软组织挫伤，有的不存在身体伤害，如语言或网络欺凌。校园欺凌案件与一般人身侵权的不同之处在于，其发生在校园的学生之间，加害人是故意实施侵权行为，且主观恶意明显；受害人往往表现出痛苦、恐惧、无助、愤怒、焦虑、精神涣散、自卑、孤独、厌学等情绪，严重的会导致辍学、精神疾病甚至出现自杀倾向。这些现象有大量的既往案例和研究证实。

此外，根据《中华人民共和国未成年人保护法》第五条、第五十一条第一款的规定，保护未成年人的工作，应当遵循尊重未成年人的人格尊严、适应未成年人身心发展的规律和特点的原则；人民法院审理未成年人合法权益受到侵害的案件，应适应未成年人生理、心理特点和健康成长的需要，保障未成年人的合法权益。

因此，仅根据身体伤害程度判断未成年人的精神损害赔偿请求是否应该获得支持，既未考虑校园欺凌案件本身的特殊性，也未考虑未成年人身心发展的规律和特点，违背了未成年人保护相关法律的精神。

3. 校园欺凌案件中受害未成年人精神损害赔偿的考量因素

在校园欺凌中受害未成年人精神损害赔偿方面，考虑的重点应放在未成年人的精神痛苦上，而非身体伤害。精神损害的本质是精神痛苦和精神利益丧失或减损，因此在涉及未成年人精神损害赔偿法律适用时对《侵权法》中“严重精神损害”“严重后果”的理解应着眼于精神痛苦，痛苦程度的影响因素有：一是侵权人的主观恶意；二是侵权手段、情节及恶劣程度；三是侵权场合、范围、影响；四是侵权次数、持续时间；五是侵权人事后的态度、有无悔过表现；六是受害人是否为女性或者处于敏感的年龄阶段。只要遭受校园欺凌的未成年人的精神痛苦达到了严重的程度，就可以对其主张的精神损害赔偿请求予以支持。本案中，受害人曾三次被加害人殴打，且事后表现出某种程度的恐惧、忧虑、沮丧、无助等症状，需要向心理咨询机构寻求帮助，而加害人未予道歉，因此可以认定受害人精神痛苦已达到一定程度，这也符合日常生活经验和常识。

综上，在精神损害赔偿方面，本案判决突破传统的依据受害人是否构成伤残及伤残等级来确定是否赔偿及赔偿数额的做法，而是考虑本案属于校园欺凌、受害人尚未成年等特点，在受害人所受伤害未构成伤残的情况下，依然判决精神损害赔偿成立，充分彰显了对于校园欺凌予以法律严惩、对未成年人合法权益予以优先保障的司法理念，取得了良好的法律效果及社会效果。

编写人：北京市朝阳区人民法院　杨兵　刘茵茵

3

监护职责委托他人期间被监护人受到伤害的责任认定

——陈甲诉黄某健康权案

【案件基本信息】

1. 裁判书字号

福建省宁德市中级人民法院（2017）闽09民终1032号民事判决书

2. 案由：健康权纠纷

3. 当事人

原告（被上诉人）：陈甲

被告（上诉人）：黄某

【基本案情】

2014年农历正月初八起，陈某因常年出海打鱼将其子陈甲寄托给黄某看管、照顾，连同之前寄托的其女陈乙，陈某每月由妻子梁某转账给黄某3700元。2014年9月1日上午7点左右，黄某独自上四楼阳台洗衣服，陈甲、陈乙及黄某之子翁甲在三楼玩耍、嬉闹，黄某的丈夫翁某也在三楼。黄某下楼后发现陈甲蹲在地板上哭泣，并说脖子后面疼。当天晚上，陈某来到黄某家，发现陈甲脖子不能左右转动，不能低头，只能仰头，就将陈甲接回家。第二天，黄某与陈某一起将陈甲送至福鼎市医院检查、治疗，由于没有查出病因，陈某又先后送陈甲到福建医科大学附属第一医院、闽东医院、上海市第六人民医院、上海市长征医院、上海交通大学附属新华医院进行门诊及住院治疗，经上海交通大学附属新华医院诊断为寰枢椎脱位、陈旧性齿状突骨折（2014年12月5日住院，同月16日出院），共花费医疗费65569.48元（其中门诊治疗支出为3063.88元，住院治疗支出为62505.6元）。2014年11月7日，陈某因怀疑陈甲被黄某殴打致伤，向福鼎市公安局秦屿派出所报警，秦屿派出所对双方进行了调查，并制作了询问笔录。

2015年1月22日，陈甲自行委托福建正方圆司法鉴定所对其伤残进行鉴定，被评定为九级伤残，后续治疗费评估为30000元。2015年9月2日，陈甲对其伤病的成因、受伤的时间（是否系在2014年9月2日前发生，即到福鼎市第二医院拍片检查治疗前发生）及其随后所进行的系列治疗行为的关联性申请司法鉴定，法院依法委托福建晟蓝司法鉴定所进行鉴定，该所于2017年3月20日作出闽晟蓝司鉴所［2016］临鉴字第2605号司法鉴定意见书，鉴定意见为：1. 被鉴定人陈甲寰枢椎脱位、齿状突骨折，与2014年9月2日之前的损伤存在直接因果关系。2. 被鉴定人陈甲本次系遭受外力作用造成寰枢椎脱位、齿状突骨折。3. 被鉴定人陈甲2014年9月2日之后的治疗行为与2014年9月2日之前损伤存在直接因果关系。鉴定费为3600元。陈甲的各项经济损失分别为：残疾赔偿金50600元、医疗费65569.48元、后续治疗费30000元、住院伙食补助费600元、护理费1816.64元、交通费2419.5元、住宿费1448元、营养费2700元、鉴定费1500元，共计156653.62元。再加上其主张的精神损害抚慰金10000元，合计166653.62元。

【案件焦点】

监护职责委托他人，因被委托人未尽监护职责致被监护人受到伤害，被委托人是否承担民事责任。

【法院裁判要旨】

福建省福鼎市人民法院经审理认为：公民的生命权、健康权、身体权受法律保护。陈某作为陈甲的监护人，其因职业原因将监护职责全部委托给黄某，由黄某保护孩子的身体健康，照顾孩子的生活。黄某的疏忽大意使未成年的无民事行为能力人陈甲受到伤害，黄某对陈甲的伤情有过错，应承担侵权责任。对陈甲诉讼请求中的各项经济损失合理部分，法院予以支持。陈甲作为无民事行为能力的未成年人，因黄某未履行监护责任而受伤致残，精神上受到一定的痛苦和创伤，考虑到陈甲构成的伤残等级、造成后果的严重程度及黄某的过错程度等因素，对陈甲主张的精神损害抚慰金亦应予以支持。依照《中华人民共和国民法通则》第九十八条、第一百零六条、第一百一十九条，《中华人民共和国侵权责任法》第三条、第六条、第十五条、第十六条、第二十二条，《最高人民法院关于贯彻执行〈中华人民共和国民法通则〉若干问题的意见（试行）》第二十二条，《最高人民法院关于审理人身损害赔偿案件适用法律若干问题的解释》第十七条第一、二款、第十八条第一款、第十九条、第二十一条第一、二款、第二十二条、第二十三条第一款、第二十四条、第二十五条及《最高人民法院关于确定民事侵权精神损害赔偿责任若干问题的解释》第八条第二款、第十条的规定，判决如下：

一、黄某应于本判决生效之日起十日内赔偿陈甲各项经济损失：残疾赔偿金50600元、医疗费65569.48元、后续治疗费30000元、住院伙食补助费600元、护理费1816.64元、交通费2419.5元、住宿费1448元、营养费2700元、鉴定费1500元、精神损害抚慰金10000元，合计166653.62元；

二、驳回陈甲的其他诉讼请求。

黄某不服一审判决，提起上诉。福建省宁德市中级人民法院经审理认为：

一、关于陈甲是否在黄某的看护期间受伤。福建省福鼎市公安局秦屿派出所于2015年1月13日对黄某制作的《询问笔录》可证实陈甲寄托在黄某家中时，脖子活动已受限。陈甲随即于2014年9月2日前往福鼎市第二医院（秦屿）就医、次日前往福鼎市医院就医。因病情未确诊，陈甲随后又辗转多家医院并最终确诊。黄某认为，福建晟蓝司法鉴定所出具的鉴定报告中鉴定人擅自对2014年9月2日、9月3日的X线影像阅片记录增加“枢椎骨质可见不连续”。本院认为，福鼎市第二医院、福鼎市医院的X线影像资料是陈甲就医期间所客观形成的，至于该医疗机构医生对X线影像的阅片记录系医生凭自身医疗技能所作判断，并不影响鉴定人在鉴定过程中依据业已客观形成的X线影像进行重新阅片判断。故鉴定人对同一X线影像资料作出与医疗机构表述不同的“阅片记录”，并非属鉴定人擅自篡改病历资料。黄某对此所提上诉，依据不足，不予支持。福建晟蓝司法鉴定所依据陈甲就医过程形成的影像及病历资料所出具的鉴定结论，依据充分，应予采信。故可认定陈甲系寄托在黄某家中看护期间受伤。

二、一审认定的医疗费损失是否正确。本案医疗费损失系因侵权行为造成，依法由侵权责任承担者负担，不属新型农村合作医疗保险赔付范围，一审法院认定医疗费损失为65569.48元，并无不当。陈甲已报销医疗费金额不属本案审理范围。

综上所述，黄某的上诉请求不能成立，应予驳回。一审判决认定事实清楚，适用法律正确，应予维持。依照《中华人民共和国民事诉讼法》第一百七十条第一款第一项的规定，判决如下：

驳回上诉，维持原判。

【法官后语】

不满八周岁的儿童作为无民事行为能力人，正处在成长发育阶段，因其年幼单纯，身体对外界侵扰的抵抗能力和自身的免疫能力都很差，对事物的判断能力和自我保护能力也很差，特别容易受到伤害，属于社会弱势群体，需要全社会予以重视和关爱，并在法律上给予特殊保护。《侵权责任法》第三十八条规定，针对在教育机构学习、生活期间受到人身伤害的儿童，将教育机构是否尽到教育、管理职责作为是否承担民事责任的标准，并实行过错推定，当其不能证明自己已尽到教育、管理责任时，即推定其有过错并承担民事责任。这不仅贯彻了《未成年人保护法》的精神，而且将我国相关司法解释上升到立法层面，充分体现了我国法律对儿童的特殊保护和国际上奉行的“儿童最大利益原则”。

但是，我国现行的民事法律及司法解释中，均无明确规定监护人将监护职责部分或全部委托他人，因受托人未尽监护职责而致使被监护人受到伤害的民事责任承担，仅在《最高人民法院关于贯彻执行〈中华人民共和国民法通则〉若干问题的意见（试行）》第二十二条规定监护人可以将监护职责部分或全部委托他人，以及监护人、被委托人对于被监护人的侵权行为（即被监护人在此期间对外的侵权行为）需要承担的民事责任。由于我国目前的幼儿入托受幼儿园招录名额、办学条件等的限制，基层乡镇及广大农村地方普遍存在将幼儿寄托在个人家庭中看管、照顾，类似本案监护人陈某身为渔民的特殊职业，将一对儿女寄托在黄某家中。受托的陈甲因黄某未尽到教育、管理责任受到伤害，黄某应如何承担责任？本案判决在法律适用上参照了《侵权责任法》第三十八条的规定，比照教育机构对黄某适用了过错推定原则确定其承担民事责任。作出该评判的主要缘由在于，按照“特别法优于一般法”原则，本案属于侵权类的健康权损害赔偿案件，应优先适用《侵权责任法》，但该法并未明确规定本案情况的责任认定。此时，可以选择综合适用《中华人民共和国民法通则》第一百零六条规定的归责原则及《侵权责任法》第三十八条的立法精神，以法律原则来弥补“规则漏洞”。

最后，建议全国人大常委会在制定《中华人民共和国民法分则》以及最高人民法院在制定贯彻适用《中华人民共和国民法总则》的司法解释时，以对儿童的特殊保护的“儿童最大利益原则”为法理基础，完善未成年人监护职责委托他人的责任认定制度。参照《侵权责任法》第三十八条的规定，条文主要内容建议如下：对于未成年人在受托期间受到人身伤害，受托人不能证明自己已尽到监督、管理、保护职责时，即推定其有过错并应承担民事责任。理由为：监护是对无民事行为能力人和限制民事行为能力人的人身和财产权益进行监督、管理和保护，弥补其民事行为能力不足的民事制度。未成年人的监护人是其法定代理人，监护人将监护职责部分或全部委托他人，双方之间为委托合同关系，未成年人的监护人将其对未成年人的人身和财产权进行监督、管理和保护事务的部分或全部委托给受托人，该合同的标的为受托人提供的劳务，以委托人支付报酬的有偿合同为常见形态，其实质是未成年人的监护人将其法定代理权委托给受托人。根据《中华人民共和国民法总则》和《中华人民共和国婚姻法》的规定，父母对未成年子女的保护和教育不但是义务也是权利。因此，受托人对受托的幼儿也具有保护和教育的权利和义务，在受托期间幼儿受伤害的，由受托人承担过错推定责任，符合相关法律规定的立法精神，有利于加强对幼儿的保护，满足审判实践中法律适用的需求，达到统一司法裁判尺度的目的。

编写人：福建省福鼎市人民法院　朱健忠

（二）未尽安全保障义务的损害赔偿纠纷

4

对公共场所管理人的安全保障义务应作限缩解释

——柯某诉金某、罗某生命权、健康权、身体权案

【案件基本信息】

1. 裁判书字号

云南省昆明市呈贡区人民法院（2017）云0114民初1282号民事判决书

2. 案由：生命权、健康权、身体权纠纷

3. 当事人

原告：柯某

被告：金某、罗某

【基本案情】

2016年10月7日13时许，柯某在昆明市呈贡区某足浴店（以下简称某足浴店）门口和金某等人玩扑克时与金某发生口角，并发生肢体冲突，金某用随身携带的刀具刺伤了柯某的左脸，经昆明医科大学司法鉴定中心出具鉴定意见，柯某构成二级重伤、六级伤残。某足浴店由罗某经营。事发后，金某向柯某赔偿76000元，柯某表示不再向金某主张赔偿。柯某认为，某足浴店的经营者罗某负有安全保障义务，要求其赔偿柯某因金某侵权行为造成的各项损失40%的赔偿责任，赔偿数额为：总损失351778.56元×40%＝140711.424元。

【案件焦点】

1. 罗某是否是本案的安全保障义务人；2. 如罗某应该承担安全保障义务，具体的责任应该怎么划分，原告主张的各项损失应该如何确认。

【法院裁判要旨】

法院认为，《中华人民共和国侵权责任法》第三十七条规定："宾馆、商场、银行、车站、娱乐场所等公共场所的管理人或者群众性活动的组织者，未尽到安全保障义务，造成他人损害的，应当承担侵权责任。因第三人的行为造成他人损害的，由第三人承担侵权责任；管理人或者组织者未尽到安全保障义务的，承担相应的补充责任。""第三人的行为造成他人损害的"规定适用的情形是第三人给受害人造成损害，而在宾馆、商场、银行、车站、娱乐场所等公共场所的管理人或者群众性活动的组织者未尽安全保障义务的情形下，第三人承担全部责任或者第三人不能确定或无力承担赔偿责任时才由安保义务人承担与其过错相对应的补充赔偿责任。罗某不是公共场所的管理人也不是群众性活动的组织者，金某给柯某造成损害是金某的过错导致的，并非罗某的过错。另外，原告要求罗某承担补充赔偿责任，前提是要求侵权人承担全部责任，但侵权人不能确定或无力承担赔偿责任，而原告明确表示放弃要求侵权人金某承担全部赔偿责任，也就不存在要求罗某承担补充赔偿责任的条件。综上，虽然原告提交的证据均真实、合法，但是法院并不能支持其要求罗某承担补充赔偿责任的主张，对于原告的全部诉讼请求，法院依法予以驳回。据此，依照《中华人民共和国侵权责任法》第三十七条，《中华人民共和国民事诉讼法》第六十四条第一款、第一百一十八条之规定，判决如下：

驳回柯某的诉讼请求。

【法官后语】

公共场所的管理人所承担的责任是司法审判实务中的一大课题，由于直接侵权人不明确或者不具备赔偿能力，受害人为维护自身权益可以此为由向法院起诉，但在实践中对该种责任形态的争议较大，审理此类案件的疑难颇多。本案的审理主要从以下几个方面入手：

1. 对责任形态的判断

《侵权责任法》第三十七条规定："宾馆、商场、银行、车站、娱乐场所等公共场所的管理人或者群众性活动的组织者，未尽到安全保障义务，造成他人损害的，应当承担侵权责任。因第三人的行为造成他人损害的，由第三人承担侵权责任；管理人或者组织者未尽到安全保障义务的，承担相应的补充责任。"公共场所的管理人所承担的责任属于有限的补充责任，是一种直接责任人不能承担赔偿责任或者完全不能承担赔偿责任，补充责任人按照其过错程度或者行为的原因力承担相应责任的补充责任形态。

2. 对适用责任主体作限缩的解释

《侵权责任法》第三十七条对公共场所的管理人或者群众性活动的组织者科以法定作为义务，他们对所有以正当理由进入其场所或者参加其组织活动的人员负有安全保障义务，公共场所的管理人或组织活动的人员在该空间内具备一定的管理、组织能力或承担了组织管理的责任，如银行、饭店等场所以及商场、超市组织的促销活动等。一般的个体工商户、自然人经营的场所则不能归入该范围，此类主体的管理组织能力有限，不应科以过高的注意义务和责任。结合本案，罗某经营一家足浴店，足浴店的经营场所设置在其家中，经营规模很有限，平时主要是提供给街坊邻居熟人聚会打牌的，因此罗某不能被纳入公共场所管理人或群众性活动的组织者范围。

3. 有限的补充责任的规则

在有限的补充责任中，构成直接责任与补充责任的竞合，受害人应当首先向直接责任人请求赔偿，直接责任人应当承担侵权责任。直接责任人承担了全部赔偿责任后，补充责任人的赔偿责任即消灭，受害人不得向补充责任人请求赔偿，直接责任人也不得向补充责任人追偿。受害人在直接责任人不能赔偿、赔偿不足或者下落不明，无法行使第一顺序的赔偿请求权时，可以向补充责任人请求赔偿。补充责任人承担补充责任的范围是相应的，即与其过错程度和行为的原因力相适应的范围内，就其相应的部分进行补充赔偿。补充责任人承担的相应的补充责任应当小于直接侵权人应承担的责任，不得超出相应的责任范围进行补充赔偿。结合本案，直接侵权人金某在赔偿原告76000元后，原告放弃向金某主张剩余的赔偿责任，而是向罗某主张赔偿总损失的40%。退一步而言，即使罗某应当承担补充责任，原告要求罗某承担补充赔偿责任的前提是要求侵权人承担全部责任而侵权人不能确定或无力承担赔偿责任，但原告明确表示放弃要求侵权人金某承担全部赔偿责任，也就不存在要求罗某承担补充赔偿责任的条件。

总体而言，法律对注意义务有一个逐步认知的过程，通过基本法律的形式明确规定公共场所的管理人或者群众性活动的组织者对于各类场所进入者负担安全保障义务，具有法律宣传和教育的作用，同时也构成对法官裁判案件的指引，法官在适用法律过程中应明确补充赔偿责任的形态，对责任主体作出限缩解释，如扩大适用范围，科以市场主体过高的注意义务和责任，强化经营风险，将有悖于规范促进市场交易、维护市场主体权益的主旨。

编写人：云南省昆明市呈贡区人民法院　普熙

5

第三人侵权案件中公共场所管理人是否尽到安全保障义务的认定

——刘某诉于某、北京某公司生命权、健康权、身体权案

【案件基本信息】

1. 裁判书字号

北京市第二中级人民法院（2017）京02民终6589号民事判决书

2. 案由：生命权、健康权、身体权纠纷

3. 当事人

原告（上诉人）：刘某

被告（被上诉人）：于某、北京某公司

【基本案情】

2015年1月17日，刘某、于某均到北京某公司开办的××滑雪场滑雪。当日中午，刘某、于某同在中高级雪道滑行，刘某使用双板呈直线路线滑行，于某使用单板呈S形路线滑行，双方于接近雪道末端处发生碰撞，刘某倒地受伤，后被送往中国人民解放军第二五二医院治疗，经诊断为：右眉部及额部多处裂伤。门诊病历中还载明患者被牙齿撞伤，建议注射狂犬疫苗。

北京某公司在××滑雪场内设置了相应的安全告知提示标志，但是并未安装视频监控设备，亦未设置安全员阻止未戴护具的滑雪者进入中高级雪道。该滑雪场有偿提供滑雪护具，由滑雪者自愿购买。本次事故中，刘某在滑雪过程中没有穿戴滑雪护具，也没有带雪杖。刘某与于某发生碰撞后，现场工作人员拨打了急救电话，并对伤者进行了必要的救护工作。

因刘某与于某在滑雪中发生碰撞，同时造成于某受伤，于某向法院起诉刘某及北京某公司。

【案件焦点】

当事人各方应当承担的责任范围以及北京某公司是否尽到了安全保障义务。

【法院裁判要旨】

北京市房山区人民法院经审理认为，于某与刘某在相撞前，于某呈S形路线滑行，刘某呈直线滑行，因直线下滑相较于S形路线下滑距离较短且速度较快，故于某位于刘某前方具有高度可能性。刘某作为位于于某后方的滑雪者，应当与前方滑雪者保持距离并控制速度，由于其在下滑过程中未顾及前方滑雪者的优先权，将前方滑雪者即于某撞伤，刘某对此存有过错。此外，刘某在滑雪过程中未佩戴雪镜与护具等装备亦有过错，故刘某应当对此次事故承担主要责任。于某作为具有完全民事行为能力的成年人，其在中高级雪道上单板斜向滑行时，特别是在接近滑行末端滑行者汇聚的情形下，没有尽到谨慎的注意义务，对此次事故的发生具有一定的过错，应负次要责任。北京某公司作为滑雪场的管理者，虽在滑雪场内竖立了警示牌、循环播放相关安全提示并配备工作人员进行巡视，但由于滑雪是一项具有高度危险性的活动，北京某公司并未安排安全员阻止未戴护具的滑雪者进入中高级雪道，故北京某公司并未尽到应有的安全保障义务，应当承担相应的补充责任。

北京市房山区人民法院依照《中华人民共和国侵权责任法》第六条、第十六条、第二十六条、第三十七条之规定，作出如下判决：

一、于某于本判决生效之日起十日内赔偿刘某医疗费、营养费、交通费共计433.89元；

二、北京某公司在于某不能按照前项判决履行赔偿义务时，承担不超过前项判决总金额百分之十的补充赔偿责任，即43.39元；

三、驳回刘某的其他诉讼请求。

刘某不服一审判决，提起上诉。北京市第二中级人民法院经审理认为，本案的争议焦点为：1. 一审法院对本案各方责任及责任比例的认定是否正确；2. 一审法院确定的本案各项赔偿数额有无不妥。

关于争议焦点1，一审法院的如下认定已为生效判决所确认：于某与刘某在相撞前，于某呈S形路线滑行，刘某呈直线滑行，因直线下滑相较于S形路线下滑距离较短且速度较快，故于某位于刘某前方具有高度可能性；刘某作为于某后方的滑雪者，应当与前方滑雪者保持距离并控制速度，由于其在下滑过程中未顾及前方滑雪者的优先权，将前方滑雪者于某撞伤，刘某对此存有过错。此外，刘某在滑雪过程中未佩戴雪镜与护具等装备亦有过错。因此，一审法院据此认定刘某应当对此次事故承担主要责任正确。

于某作为具有完全民事行为能力的成年人，其在中高级雪道上单板斜向滑行时，特别是在接近滑行末端滑行者汇聚的情形下，没有尽到谨慎的注意义务，故一审法院据此认定于某对此次事故的发生具有一定的过错，应负次要责任也是正确的。

北京某公司作为滑雪场的管理者，虽在滑雪场内竖立了警示牌、循环播放相关安全提示并配备工作人员进行巡视，但其并未安排安全员阻止未戴护具的滑雪者进入中高级雪道，故一审法院据此认定北京某公司并未尽到应有的安全保障义务，应当承担相应的补充责任亦正确。

此外，一审法院确定刘某承担百分之七十的责任，于某承担百分之三十的责任，北京某公司承担不超过百分之十的补充责任，均无不妥。

关于争议焦点2，一审法院根据刘某提交的医疗费票据，考虑本案具体因素，结合相关标准，确定的本案赔偿数额，无明显不妥。刘某主张的精神损害抚慰金，无事实和法律依据，一审法院不予支持正确。

北京市第二中级人民法院依照《中华人民共和国民事诉讼法》第一百七十条第一款第一项的规定，作出如下判决：

驳回上诉，维持原判。

【法官后语】

《侵权责任法》第三十七条规定："宾馆、商场、银行、车站、娱乐场所等公共场所的管理人或者群众性活动的组织者，未尽到安全保障义务，造成他人损害的，应当承担侵权责任。因第三人的行为造成他人损害的，由第三人承担侵权责任；管理人或者组织者未尽到安全保障义务的，承担相应的补充责任。"该条第二款即对第三人侵权情况下公共场所管理人的安全保障义务作出规定，由于该款法条对于公共场所管理人的安全保障义务如何认定并未作出具体说明，根据法院审判实践经验，可以从如下几个方面把握。

从客观行为角度而言，判断公共场所管理人是否尽到了安全保障义务，可以从以下几个方面考量：一是保护措施是否到位，是否合理配备相应的人、财、物以防止他人权益受到损害；二是控制措施是否合理，是否对可能造成他人损害的人或物采取积极的控制措施；三是警告措施是否合理，是否对潜在的或者公开的危险尽到了相应的警示告知义务；四是救助措施是否合理，损害发生后是否采取合理必要的救助措施以防止损害扩大。

从客观标准角度而言，判断公共场所管理人是否尽到安全保障义务，需要把握以下几个方面：一是是否有法定标准，如果法律法规等有具体的规定，应严格遵守相关规定明确作出判断；二是是否有特别标准，如对于未成年人的安全保障义务，经营管理者应履行最高的安全保障义务；三是如果既无法定标准，也无特别标准，则需要根据实际情况判定适用善良管理人标准还是一般标准来确定是否尽到了安全保障义务，具体适用上可从经济因素、经营内容因素、服务对象因素和服务延伸因素等方面加以确定。

此外，对于相应责任比例的把握，还应综合考量当事人之间的关系、原告自身是否存在过错、被告的主体性质以及第三人致害的情况等因素。在确定经营者或管理人的安全保障义务时要考虑义务的可为性，注意区分受害人的身份情况，并区分经营者是专业机构还是非专业机构。

就本案而言，冬天是滑雪的最佳时节，也是滑雪事故多发的时间段。滑雪本身是一项较为危险的室外娱乐运动，滑雪场的管理者对于其承担的安全保障义务应当引起足够重视。法院在审判实践中会结合多方面因素判定滑雪场是否已经尽到了安全保障义务，如滑雪场是否取得合法经营执照、是否设置了警示标志、提示牌、公示牌、是否通过广播播放滑雪警示信息、是否配备了相应的设备设施、是否有专门人员进行巡视、是否采取必要救助措施以防止损害扩大等，并结合事故发生的具体情形进行考察。如果滑雪场采取的措施不足以避免损害结果的发生，就可以认定滑雪场未尽到安全保障义务，从而判定滑雪场承担相应的补充责任。

编写人：北京市房山区人民法院　甄伟超

6

民间自发活动组织者及参加者的安全保障义务及责任承担

——魏某、刘某诉王某、北京市顺义区水务局生命权、健康权、身体权案

【案件基本信息】

1. 裁判书字号

北京市顺义区人民法院（2017）京0113民初13684号民事判决书

2. 案由：生命权、健康权、身体权纠纷

3. 当事人

原告：魏某、刘某

被告：王某、北京市顺义区水务局（以下简称水务局）

【基本案情】

魏某、刘某系魏刘某的父母，魏刘某于1999年11月2日出生。2016年5月至2017年2月，魏刘某曾参加工作，月均收入4000元左右。魏刘某与王某都喜欢养狗，平时经常相约一起遛狗玩耍。2017年7月16日下午，王某在潮白河边遛狗时给魏刘某发微信，询问其是否下班并说了一句“洗个澡凉快”，后又打电话给魏刘某并约在潮白河边遛狗，魏刘某接到电话后带着自己的狗来到潮白河边找王某。王某称，自己当时发微信说“洗个澡凉快”其实是说给狗洗个澡。当天天气炎热，魏刘某到现场时没有和自己语言交流就抱着狗从河边下水给狗洗澡，自己则在二十米以外的树林里，看到魏刘某后就准备走过去和其会合，但还没走到河边，魏刘某就溺水了。事故发生后，王某采取营救措施并报警，顺义公安分局出具调查结论为魏刘某系溺水死亡，不属于刑事案件。王某称，不知道魏刘某的具体年龄，一直以为其是成年人；两人之前一起遛狗时经常给狗洗澡，自己都是把狗扔到水里，但魏刘某会下水；事故发生的地点两人都不熟悉，魏刘某是第一次从溺水处下水。魏某与

刘某称，魏刘某2017年2月从单位离职后没有再外出工作，魏刘某本人并不会游泳。经查，水务局在事发河段岸边立有警示牌，警示牌上注有“水深危险珍爱生命，禁止烧烤游泳捕鱼”等内容。

【案件焦点】

1. 王某对于魏刘某的溺亡是否承担责任；2. 水务局是否违反安全保障义务。

【法院裁判要旨】

北京市顺义区人民法院经审理认为：魏刘某于花样年华不幸离世，确实令人痛心。但事故发生时魏刘某已满17周岁，且2016年5月至2017年2月魏刘某已经参加工作并取得月均4000元左右的工资收入，足以说明其具备独立生活的能力，应对与其自身年龄相适应的危险行为的后果作出较为合理的预期，其在不会游泳并且不熟悉河岸环境的情况下贸然入水，自身对此结果的发生具有重大过错。魏某、刘某虽主张王某知道魏刘某为未成年人，但并未提交相关证据予以证明。

王某约魏刘某到河边遛狗的行为并不必然导致魏刘某溺亡事件的发生，但王某与魏刘某两人经常一起在河边遛狗，是基于共同的兴趣爱好和信任而结伴，互相之间形成一种互助的依赖和信赖关系，因而在他们之间产生了比一般注意义务更高的注意义务。尽管魏刘某死亡属于意外，事发后王某已尽必要的救助义务，但考虑到王某作为这次活动的邀约者，在对事发地的河岸环境尚不了解的情况下疏忽大意，对魏刘某下水这种危险行为并未及时提醒和阻止，存在一定过失，应对魏某、刘某予以适当赔偿，具体数额由法院综合以上情况予以酌定。

水务局作为顺义区政府水利主管部门，按照《中华人民共和国水法》的规定，承担的是对河道的行政管理职责，即开发利用水资源和防治水害。该局已在事发地岸边醒目位置设立了警示标牌，说明管理者已警示了河道的危险性，其已经尽到合理限度范围内的安全保障义务，故不应对魏刘某的死亡承担责任。

北京市顺义区人民法院依照《中华人民共和国侵权责任法》第六条、第二十六条、第三十七条第一款之规定，作出如下判决：

一、王某自本判决生效之日起七日内给付魏某、刘某赔偿金50000元；

二、驳回魏某、刘某的其他诉讼请求。

【法官后语】

要正确认定活动组织者及参加者是否对意外伤亡者承担赔偿责任，首先应明晰组织者与参加者相互之间的权利义务关系。王某与魏刘某虽然不存在合约上的权利义务关系，但其作为结伴游玩活动的组织者、参与者基于信任或相同爱好而形成临时性的组织，相互之间应具有互帮互助、互相提醒、避免参加具有高度人身危险性的活动以使自己及其他参加者免受人身、财产损害风险的义务，但此种义务也是有限的，各参加者均应对自身的安全承担最高程度的注意义务。

本案中，魏刘某事发前已年满16周岁，其外出打工能以自己的劳动收入作为主要生活来源，可视为完全民事行为能力人。退一步讲，即使是限制民事行为能力人，也应当对下河游泳行为的危险性具有充分的预见和认识，魏刘某严重疏于自我安全保护，不会游泳仍贸然下河，其自身的冒险行为是造成死亡后果的根本原因，故其自身对于溺亡的发生存在重大过失，应当承担此次损害后果的主要责任。

聚会、出游等民间自发活动的组织者，其承担的注意义务虽然低于商业性活动组织者的安全保障义务，但应承担比一般活动参加者更高的谨慎组织的注意义务。王某主动邀约魏刘某来到环境不熟悉的陌生河滩遛狗，并提出洗澡的建议，显然未尽到合理的保障同行者安全的注意义务，其上述行为与事故发生之间存在一定的因果关系。虽然王某在魏刘某落水后尽力救助，但为时已晚，王某的行为存在一定过失，应对魏刘某的父母予以适当赔偿。

另，水务局承担的是对河道的行政管理职责，即防治水害、确保水利设施健全及功能完好等保障义务。本案中，水务局在事发河段岸边醒目位置设立了警示标牌，已经尽到合理限度内的安全保障义务，故不应对魏刘某的死亡承担责任。

编写人：北京市顺义区人民法院　李鹏

7

房屋所有人对使用人意外死亡是否存在过错的认定

——马某仓等诉林某燕、张某成生命权案

【案件基本信息】

1. 裁判书字号

北京市海淀区人民法院（2017）京0108民初48382号民事判决书

2. 案由：生命权纠纷

3. 当事人

原告：马某仓、李某知、韩某君、朱某锋、朱某古

被告：林某燕、张某成

【基本案情】

马某仓、李某知系夫妻，马某平系二人之女。韩某君系马某平与前夫之子。马某平与朱某锋系夫妻，婚后未生育子女。朱某古系朱某锋与前妻之子。

2015年8月，马某平自林某燕处租住北京市海淀区上庄镇某处平房2号房屋(即涉案房屋)，与韩某君共同居住。2016年2月18日，马某平提出退租，准备次日离京，经允许于当晚继续居住于涉案房屋。2016年2月19日4时左右，马某平被发现于该房屋内死亡，韩某君被送医救治。经北京市公安局海淀分局公安司法鉴定中心鉴定，马某平系一氧化碳中毒死亡。

另，涉案房屋以燃煤炉取暖。2015年11月、12月、2016年2月，当地预防煤气中毒协调小组多次对涉案房屋取暖问题进行检查。其中，2015年12月检查显示，涉案房屋没有煤气报警器、缺少风斗，小组成员告知该房屋住户暂停煤火取暖，安装煤气报警器前窗户上部不得关闭，安装风斗，宋某兵以出租房房主的名义对此签字确认；2016年2月检查显示，涉案房屋仍未安装风斗。

马某平系河北省衡水市阜城县某村村民，2015年8月到京后曾在某超市工作数

月，2015年年底辞职。韩某君系外埠农民，于2007年2月12日出生，2015～2016学年度第一学期在北京市海淀区某学校借读。

张某成与林某燕认可涉案房屋无建房审批手续，林某燕于2005年与张某成签订《转让协议》。林某燕、张某成均明确主张涉案房屋事宜与张某成无关。另外，林某燕主张涉案房屋有电暖气、床上铺有电热毯，马某平没有必要燃煤取暖，其对马某平因使用燃煤炉导致一氧化碳中毒并死亡不存在过错，不同意承担赔偿责任。此外，林某燕主张出事前一晚，双方已口头解除房屋租赁关系。

【案件焦点】

1. 死者马某平与林某燕之间是否属于房屋租赁关系；2. 林某燕是否对马某平负有安全保障义务、就马某平与林某燕之间的过错程度及责任比例如何认定。

【法院裁判要旨】

北京市海淀区人民法院经审理认为：林某燕将缺乏建设审批手续的房屋擅自出租受益，本身即存在过错。林某燕作为房主及出租人，有义务确保房屋及其附属设施符合安全居住标准。当地历次安全检查情况亦证明，林某燕及其家人对涉案房屋存在安全隐患等问题均知情，但并无证据显示其曾对马某平不恰当使用燃煤炉的行为予以劝阻或为其提供安全合格的防护设施、辅助设备。因此，林某燕对马某平的死亡存在过错。至于事发时马某平是租住还是借住涉案房屋，都不影响林某燕作为房主对居住者负有的安全提示、注意义务，其在未尽到相关义务时对马某平的死亡负有赔偿责任。马某平作为完全民事行为能力人，在未审核房屋是否具备出租居住条件的情况下承租房屋，在明知燃煤炉存在安全隐患的情况下未采取有效防范措施，是导致事故发生的直接原因，其本身也存在过错。至于张某成，其与林某燕已于2005年就涉案房屋签订转让协议。事发时，林某燕系房主及受益人，张某成并未参与房屋管理、使用。林某燕亦主张房屋事宜与张某成无关。故张某成就此事故不承担责任。综上，对于马某平的死亡，法院综合双方过错程度、双方行为与事故发生之间的因果关系等情况，酌定林某燕承担40%的责任，马某平自行承担60%的责任。

马某仓、李某知作为马某平的父母，朱某锋作为马某平的丈夫，韩某君作为马某平之子，有权就马某平死亡主张林某燕承担相应赔偿责任。朱某古系朱某锋与前妻之子，二人离婚时虽约定朱某古由朱某锋抚养，但并无充分证据证明朱某古与马某平长期共同生活。结合朱某锋与马某平的婚姻状况、马某平去世前的生活情况，法院认为不足以认定与马某平与朱某古形成抚养关系，故朱某古不具备原告主体资格，无权主张获得相应赔偿。

关于马某平的死亡，马某仓、李某知、韩某君、朱某锋有权主张死亡赔偿金，但马某平系外地农民，来京居住务工不足半年，事发前亦准备离京返乡，故马某仓、李某知、韩某君、朱某锋主张按照城镇标准计算死亡赔偿金，缺乏事实和法律依据，具体数额法院依法予以核定。对于其中的被扶养人生活费部分，韩某君尚年幼且正在上学，无劳动能力及收入，其主张被扶养人生活费于法有据，法院予以支持，被扶养人生活费计算标准应按照农村标准计算，具体数额依法核定。马某仓、李某知虽年事较高，但并未就其二人丧失劳动能力且无其他生活来源提交证据，对其二人主张属于系马某平的被扶养人，法院不予支持。

北京市海淀区人民法院依据《中华人民共和国侵权责任法》第六条、第十六条、第二十六条，《中华人民共和国民事诉讼法》第六十四条之规定，判决如下：

一、林某燕于本判决生效后七日内赔偿马某仓、李某知、韩某君死亡赔偿金（含被扶养人生活费）151873.8 元、丧葬费 12755.7 元；

二、林某燕于本判决生效后七日内赔偿朱某锋死亡赔偿金 41138 元；

三、驳回马某仓、李某知、韩某君、朱某锋的其他诉讼请求；

四、驳回朱某古的全部诉讼请求。

【法官后语】

本案的难点是对房屋所有人过错的认定。对此，应依次考量以下两点：

1. 涉案关系的性质。本案事发前，林某燕与马某平就涉案房屋存在租赁关系，林某燕辩称事发当晚双方已解除租赁关系，马某平系借住。因一方当事人已故，故在没有书面证据的情况下，双方就涉案房屋建立的究竟是租赁关系还是借住关系难以认定。但无论是何种关系，涉案房屋系由林某燕提供给马某平使用都是基本事实。

2. 过错的认定。在认定了林某燕将涉案房屋提供给马某平使用的基础上，应当明确，无论房屋是出租还是出借，使用人在使用过程中，因房屋存在安全隐患造成损失的，使用人有权依据合同法要求房屋所有人承担违约责任，也有权依据侵权责任法要求房屋所有人承担侵权责任。一般来说，侵权责任的构成以行为人过错为必备要件。本案的受害人选择了生命权、健康权、身体权纠纷的诉由，属于侵权责任法调整范围。房屋使用过程中，房屋所有人为使用人提供安全的使用条件是最基本的要求。《合同法》赋予出租人提供安全保障的合同义务，出租人出租财产的，有义务保证该财产的适用性及安全性，使承租人的人身、财产安全不会因为该租赁物而受到威胁。换言之，房屋出租人对于其所出租的房屋及其配套设施必须确保没有危及人身安全、生命健康、财产权益的危害因素，如果存在上述因素则应承担维修、更换等义务。借住关系中，出借人亦应当承担相应的安全保障义务，只是因其具有无偿性，承担义务的标准低于出租人的标准。从合同关系角度，该安全保障义务属合同义务；从不侵犯他人人身、财产安全的角度，该安全保障义务属法定义务。本案中，对涉案房屋具有重大安全隐患这一事实，林某燕及马某平都是明知的。林某燕对房屋安全隐患不及时采取相应措施，置房屋使用人的生命安全于不顾，放任危害后果的发生，违反了房屋所有人的安全保障义务，其当然存在过错。马某平作为房屋使用人，而且是完全行为能力人，对自身安全应负有注意义务，对既存的安全隐患亦有义务采取措施，但其对自身安全也采取了放任的态度，以致发生损害后果，亦有过错。因此，在受害人选择侵权责任提出赔偿请求的情况下，林某燕和马某平就涉案房屋的法律关系的性质不是本案侵权责任成立与否的决定性要素。林某燕将自己具有重大安全隐患的房屋提供给马某平使用，具有过错，应当对马某平的死亡承担责任；马某平自身亦具有过错，应减轻林某燕的责任。

编写人：北京市海淀区人民法院　胡喜辉　周宇蕾

8

道路管理主体及管理缺陷的认定

——刘甲等诉广西沿海铁路股份有限公司等生命权案

【案件基本信息】

1. 裁判书字号

广西壮族自治区钦州市中级人民法院（2017）桂07民终1208号民事判决书

2. 案由：生命权纠纷

3. 诉讼双方

原告（上诉人）：刘甲、刘乙、刘丙

被告（被上诉人）：广西沿海铁路股份有限公司（以下简称沿海铁路公司）、钦州市钦北区平吉镇人民政府（以下简称平吉镇政府）、广西钦州市钦北区公路管理局（以下简称钦北公路局）

【基本案情】

劳某系刘甲、刘乙、刘丙三人的母亲。2016年8月8日6时许，劳某未戴安全头盔驾驶电动车行经平吉镇水车江桥头黎钦铁路桥底水泥路时，因驾车操作不当，未确保安全，跌倒至铁路桥底水泥道旁后受重伤，经抢救无效于同月10日死亡。刘甲、刘乙、刘丙报案后，交警部门认为属于单方事故不作处理。事发路段原为坡地泥路，沿海铁路公司修建铁路经过，征收相关土地并阻断原有的跨过旧铁路的乡道（人行），为了群众通行便利，根据南宁铁路局要求，沿海铁路公司出资并交由铁路的承建公司（中铁九局公司）一同将铁路桥底的泥道铺成水泥道路，于2015年年底投入使用，但该道路至今未办理工程竣工验收手续，也未交由有关部门养护、管理。

经法院现场勘查，事故路段的铁路桥前后有限高3.7米标志，铁路桥下的水泥道北边路口为平吉镇西江大道与吉盛大道分界处，西南边通向钦灵公路，水泥道北南走向呈字母“C”形状，路面宽约6.86米，与上方的铁路桥形成立体交叉状；铁路桥底的水泥道转弯处的两边为平面泥地，江边方向的水泥道边的泥地距离桥墩（边坡）大约10.9米。整个水泥道路面平整，没有明显坑洼（坑槽）、坍塌、凹凸不平和堆积物，可以正常通行。从钦灵路方向往铁路桥底水泥道路段为下坡，水泥道东南方向的限高标志位置距离铁路桥底的水泥道转弯处平面落差约1.55米。铁路桥下的水泥道两边无转弯、坡度、限速等标识。

【案件焦点】

1. 涉案铁路桥下水泥路段的管理者和维护者的主体问题；2. 被告对涉案路段是否存在管理和维护过错，如存在，该过错是否与受害人的死亡有因果关系，被告应否及如何承担赔偿责任。

【法院裁判要旨】

广西壮族自治区钦州市钦北区人民法院经审理认为：第一，关于谁是管理维护者的问题。事发路段的道路与铁路属于立体交叉，一般情形下，铁路由铁路部门进行管理，道路、公路按照法律规定由公路管理部门进行管理，包括立交交叉工程，乡、民族乡、镇人民政府负责本行政区域内的乡道的建设和养护工作。事发地点为铁路桥下的乡镇道路，虽然投资修建为沿海铁路公司，投资者不一定为管理者，但是沿海铁路公司并没有证据证明涉案路段修建已竣工验收且其已经将该路段的产权和管理维护移交给平吉镇政府或其他管理部门，故沿海铁路公司仍为该道路的管理者，对其未移交的公路应尽相应的维护、管理职责。平吉镇政府和钦北公路局均不是涉案道路的管理者。

第二，关于过错和责任承担问题。关于沿海铁路公司是否存在管理过错的问题，虽然刘甲、刘乙、刘丙并无证据证明沿海铁路公司应当在所修建的水泥道靠近边坡方向设置相应的防护栏，事发水泥道路也没有明显的缺陷或安全隐患、没有存在妨碍通行的物品，正常谨慎行驶情形下不会发生不可避免的危险，但是依据本案水泥道路的落差、转弯的情况以及水泥道的边坡为江河且存在危险落差的具体实际情况，对该水泥道路除了有限高标志（维护铁路）之外，还应当设置必要的交通警示，如减速和引导设施标志等，而沿海铁路公司并没有进行相关的设置，在一定程度上未尽足警示义务，因此存在轻微的管理上的缺陷和漏洞。这些管理缺陷或漏洞在某种程度上与受害人发生死亡事故具有一定的牵连性，因此沿海铁路公司具有一定的过失。根据法律规定，因道路管理维护缺陷致机动车发生交通事故造成损害的，当事人请求道路管理者承担相应赔偿责任的，应予支持。沿海铁路公司作为事发道路的管理维护者，应对事发道路欠缺应有警示标识这一管理维护瑕疵承担相应赔偿责任。受害人系完全行为能力人，在天未亮、照明不充足的情形下驾驶电动车在道路上行驶，没有保持必要的安全车速，没有佩戴必要的安全护具，没有尽到必要的安全注意义务，导致单方交通事故的发生，自身存在明显的主要的过错，应承担绝大部分的责任。综合考量各方的过错程度、造成的损害后果、本案的实际情况和各项因素，酌情确定沿海铁路公司承担5%的赔偿责任。

第三，关于刘甲、刘乙、刘丙的合理损失问题。刘甲、刘乙、刘丙请求的死亡赔偿金566480元（28324元/年×20年）、丧葬费30120元（5020元/月×6个月）、医疗费10837.41元，计算标准和方式符合法律规定，可以确认；亲属办理丧事的交通费，虽然没有提交有效票据，但是鉴于实际支出的事实，酌情予以支持500元，办理丧事误工费按职工月平均工资4582元计算，确认为1374.57元（4582元/月÷30日×3人×3天），上述损失共计609311.98元。虽然受害人的死亡造成了刘甲、刘乙、刘丙的精神损害，但本事故主要因受害人的个人原因造成，故刘甲、刘乙、刘丙请求沿海铁路公司赔偿精神损害抚慰金没有事实和法律依据，不予支持。沿海铁路公司应赔偿原告损失为30465.6元（609311.98元×0.5%）。

依照《中华人民共和国民法通则》第一百二十六条，《中华人民共和国侵权责任法》第六条、第十六条、第十八条、第二十六条，《最高人民法院关于审理人身损害赔偿案件适用法律若干问题的解释》第十六条、第十九条、第二十二条、第二十七条、第二十九条，《中华人民共和国民事诉讼法》第六十四条第一款之规定，判决：

一、沿海铁路公司于本判决发生法律效力之日起十日内赔偿刘甲、刘乙、刘丙各项经济损失共计30465.6元；

二、驳回刘甲、刘乙、刘丙的其余诉讼请求。

刘甲、刘乙、刘丙不服一审判决，提起上诉。广西壮族自治区钦州市中级人民法院经审理同意一审法院裁判意见。

【法官后语】

1. 关于道路管理主体的认定

对于在公路、道路发生事故造成受害人死亡或伤残的事件，公路或者道路的产权人、管理者或有关单位往往推卸自身责任，这与现实当中存在管理不明确的情形有关联，主要是相关主体忽视自身的职责、疏于管理。那么对于此类纠纷，应如何确定赔偿主体？《中华人民共和国公路法》第八条规定："国务院交通主管部门主管全国公路工作。县级以上地方人民政府交通主管部门主管本行政区域内的公路工作；但是，县级以上地方人民政府交通主管部门对国道、省道的管理、监督职责，由省、自治区、直辖市人民政府确定。乡、民族乡、镇人民政府负责本行政区域内的乡道的建设和养护工作。县级以上地方人民政府交通主管部门可以决定由公路管理机构依照本法规定行使公路行政管理职责。"由此可以看出，我国对于道路管理采取不同层级管理不同道路的管理模式，不同类别的道路由不同的管理者进行管理。一般而言，道路管理者往往是公路局等国家机关。经营性公路的道路管理者为公路经营企业。公路经营企业是受让公路收费权和投资建设公路的国内外经济组织依法成立的开发、经营公路的企业。涉案道路是位于乡镇范围内的乡道，虽然上方与铁路交叉，但是一般情形下应由当地镇政府负责养护管理。沿海铁路公司作为水泥路投资者及建设者，在道路建设完毕之后，应通过竣工验收，并将相关的产权和管理权移交给当地镇政府或相应的管理部门，但其并没有履行该职责，那么，其仍系道路的管理者。

2. 关于道路管理缺陷赔偿责任的构成要件

《最高人民法院关于审理道路交通事故损害赔偿案件适用法律若干问题的解释》第九条第一款规定："因道路管理维护缺陷导致机动车发生交通事故造成损害，当事人请求道路管理者承担相应赔偿责任的，人民法院应予支持，但道路管理者能够证明已按照法律、法规、规章、国家标准、行业标准或者地方标准尽到安全防护、警示等管理维护义务的除外。"《最高人民法院关于审理人身损害赔偿案件适用法律若干问题的解释》第十六条规定："下列情形，适用民法通则第一百二十六条的规定，由所有人或者管理人承担赔偿责任，但能够证明自己没有过错的除外：（一）道路、桥梁、隧道等人工建造的构筑物因维护、管理瑕疵致人损害的；（二）堆放物品滚落、滑落或者堆放物倒塌致人损害的；（三）树木倾倒、折断或者果实坠落致人损害的。前款第（一）项情形，因设计、施工缺陷造成损害的，由所有人、管理人与设计、施工者承担连带责任。”由此可见，构筑物因管理瑕疵致人损害属于特殊侵权，采用过错责任原则，适用的是过错推定的方法，加害人应对自己没有过错加以证明，如果加害人不证明或者不能证明自己没有过错，则认定其存在过错。如果加害人能够证明自己没有过错，则不构成侵权行为，不承担相应的民事责任。道路管理者责任适用过错推定原则，构成要件需要考虑：(1) 事故的发生与道路存在缺陷是否有因果关系；(2) 道路管理者存在管理上的过错或者缺陷；(3) 道路管理者未能证明其具有免责事由。在道路上发生事故原因多种多样，有的是单一的原因，有的是综合原因。然而，道路管理者并非要对所有的事故承担责任，道路管理者也不可能保障在道路上不发生任何交通事故。《中华人民共和国公路法》第三十五条规定：“公路管理机构应当按照国务院交通主管部门规定的技术规范和操作规程对公路进行养护，保证公路经常处于良好的技术状态。”《公路安全保护条例》第四十四条规定：“公路管理机构、公路经营企业应当加强公路养护，保证公路经常处于良好技术状态。前款所称良好技术状态，是指公路自身的物理状态符合有关技术标准的要求，包括路面平整，路肩、边坡平顺，有关设施完好。”因此，道路管理者承担的是一般的注意义务，包括：对于路面障碍物应及时予以清扫；对路面出现的坑洼、断裂等路面受损造成通行危险或者困难的应及时予以维修；对于有可能存在安全隐患的路段应设置标牌标识等。只要其按照法律法规等要求，尽到了管理维护义务，就应当免责。因道路管理维护缺陷发生交通事故的情形下，如果不具有法律规定的免责事由，则道路的管理者应当承担侵权责任。沿海铁路公司作为管理者，在存在安全风险的路段没有设置警示标牌或标志，也没有法定的免责事由，应承担相应的侵权责任。虽然受害者的利益应当得到充分的保障和救济，但是也应公平、公正地适用法律，不能随意扩大道路、公路管理者的义务和责任，否则会导致其承担事实上的无过错责任。本案判决的赔偿比例正是从各方的过错程度、行为对损害后果的原因力大小、行为时所处的环境、损害后果等方面综合分析确定的，既肯定了被告存在一定的管理瑕疵，应给予受害人亲属相应的赔偿，又明确了受害人自身才是事故的主要过错方，应负大部分责任。

编写人：广西壮族自治区钦州市钦北区人民法院　陆珏燕

9

乘坐公交车被其他乘客砸伤应由谁担责

——钱某诉石河子市公共交通有限责任公司、朱某健康权案

【案件基本信息】

1. 裁判书字号

新疆生产建设兵团第八师中级人民法院（2017）兵08民终517号民事判决书

2. 案由：健康权纠纷

3. 当事人

原告（被上诉人）：钱某

被告（上诉人）：朱某

被告（被上诉人）：石河子市公共交通有限责任公司（以下简称石河子公交公司）

【基本案情】

2016年9月30日10时30分许，石河子市公共交通有限责任公司驾驶员林某驾驶线路为16路的“宇通”牌双层公交车，沿石河子市北三路由西向东的公交线路行驶至糖厂生活区站停车上下乘客时，朱某右手提一小拉车从一层楼梯上二层，由于手没有抓住楼梯把手，摔到一层，将乘坐在一层的钱某砸伤。经石河子市公安局交通警察支队城区大队认定，各方当事人均无违法行为，该事故属于交通意外事故。

原告受伤后，于事发当日入住石河子市人民医院治疗，2016年10月14日出院。出院诊断：左眼眼挫伤。其他诊断：左眼眶骨骨折（眶内壁骨折）；双眼老年性白内障（未熟期）；双眼玻璃体混浊；腰12椎体刺突骨折；腰椎退行性病变。原告住院14天，花费住院费9474.43元。原告在住院期间及出院后由其子潘某进行护理。

2016 年 11 月 3 日至 15 日，原告先后在石河子市人民医院门诊检查，花费门诊检查费 1161.75 元。原告为复印病历花费复印费 24.50 元。

另查明：1. 新疆生产建设兵团 2015 年度在岗职工平均工资为 54599 元/年。2. 石河子市公共交通有限责任公司在 16 路事故车上贴有标语："老年人、行动不便者请勿上二层。"

【案件焦点】

石河子市公共交通有限责任公司、朱某是否应承担责任。

【法院裁判要旨】

新疆维吾尔自治区石河子市人民法院经审理认为：公民的人身权利受法律保护。行为人因过错侵害他人健康权，应当承担侵权责任。虽然石河子市公共交通有限责任公司在自己的公交车内贴有警示标示，但是林某作为该公司的驾驶员，应当在确保乘客安全的情况下停驶车辆。由于林某的停车行为造成正在上楼梯到二层过程中的朱某不慎摔下，身体砸向原告，造成原告受伤，林某的行为具有重大过错，应当对其给原告造成的损失承担 80% 的赔偿责任。朱某在未确保安全的情况下手拿小车通过楼梯上至二层时不慎被摔下，正好摔在原告身上，其行为具有一定的过错，应当对原告的损失承担 20% 的赔偿责任。用人单位的工作人员在履行其单位工作任务过程中造成他人损害的，用人单位承担赔偿责任，故林某给原告造成的损失由其单位石河子市公共交通有限责任公司根据林某的过错程度承担相应的赔偿责任。

法院对原告的损失确定如下：1. 医疗费。原告住院治疗期间花费住院费 9474.43 元、门诊检查费 1161.75 元，系原告为治疗创伤必须花费的费用，法院予以认定。2. 住院伙食补助费。原告住院 14 天，参照国家机关工作人员出差补助标准，原告的住院伙食补助费为 1680 元（120 元/天 × 14 天）。3. 营养费。根据原告的年龄及身体状况，原告在住院期间及出院后确需加强一定的营养，法院对原告的营养期确定为 30 天，每天 15 元，原告的营养费为 450 元（30 天 × 15 元/天）。4. 护理费。根据原告的受伤部位，原告在住院期间及出院后的一定时期内确需护理。参照《中华人民共和国公共安全行业标准 GA/T 1193 – 2014 人身损害误工期、护理期、营养期评定规范》第 9.3.1 条之规定，结合原告亲属护理的实际情况，法院综合确定原告的护理期为40天，每天护理为1人为宜，参照新疆生产建设兵团2015年度在岗职工平均工资，经核算，原告的误工费为5983.45元（54599元/年÷365天×40天）。5. 复印费。原告为复印病历所花费的复印费24.50元，属于处理交通事故受伤事宜的合理费用，法院予以认定。以上，原告的损失合计为18774.13元，由石河子市公共交通有限责任公司赔偿15019.30元（18774.13元×80%），朱某赔偿3754.83元。

虽然此次事故造成原告受伤，但是原告并无证据证明对其造成严重精神损害，故对其要求赔偿精神损害抚慰金的请求，法院不予支持。

依照《中华人民共和国侵权责任法》第六条、第十六条，《最高人民法院关于审理人身损害赔偿案件适用法律若干问题的解释》第十七条第一款、第十九条、第二十条、第二十二条之规定，判决如下：

一、石河子市公共交通有限责任公司赔偿钱某各项损失15019.30元；

二、朱某赔偿钱某各项损失3754.83元。

朱某不服一审判决，提起上诉。二审法院认为，本案的争议焦点如下：本案性质如何确定；本案是否漏列主体，即保险公司是否应当作为当事人参加诉讼；本案赔偿责任应如何确定；原审确定的赔偿费用是否合理。

关于第一个争议焦点，本案是一起发生在运营的公交车上的人身损害赔偿纠纷。公路旅客运输合同纠纷是指承运人在公路上使用运输工具将旅客运往目的地而签订的合同在履行中产生的纠纷，属合同之诉。《中华人民共和国合同法》第一百二十二条规定，因当事人一方的违约行为，侵害对方人身、财产权益的，受损害方有权选择依照本法要求其承担违约责任或者依照其他法律要求其承担侵权责任。故依何种法律关系主张权利的选择权在钱某而非朱某。钱某明确表明其选择侵权之诉，即要求侵权人承担侵害其身体健康的损害赔偿责任。原审依据《民事案件案由规定》确定本案案由为健康权纠纷正确。

关于第二个争议焦点，本案系健康权纠纷，应由行为人根据过错程度承担侵害他人健康权的侵权责任，保险公司并非本案的相对方，与本案不属同一种法律关系。且朱某未提供证据证实涉案车辆投保有车辆座位险。原审法院不追加保险公司作为被告的处理并无不当。

关于第三个争议焦点，公民的身体健康受法律保护。公民、法人由于过错侵害他人财产、人身的，应承担相应的民事责任。朱某作为乘客，应当预见双层公交车在行驶中存在正常轻微颠簸现象，在车辆行驶时上下楼梯更应尽谨慎注意义务，因其未尽到安全注意义务，并因此导致钱某受伤，具有过错。钱某作为七旬老人，在车厢内较为拥挤的情况下，坐在楼梯口处的行为并无不当，对损害不具有过错，不应承担责任。事发双层公交车一层上二层的楼梯两侧均设有扶手供乘客上下楼梯使用，其设置不存在不合理。原审根据实际情况，综合考虑过错程度，酌情确定朱某承担20%的责任并无不当。

关于第四个争议焦点，其一，关于门诊检查费，系治疗过程中实际产生的费用，与此次纠纷具有关联性，原审依票据确认并无不当。其二，护理费根据护理人员的收入状况和护理人数、护理期限确定。护理人员有收入的，参照误工费的规定计算，护理人员原则上为一人，但医疗机构或者鉴定机构有明确意见的，可以参照确定护理人员人数。钱某出院诊断左眼眶骨骨折（眶内壁骨折）、腰12椎体刺突骨折等，医嘱及注意事项中载明要求一周复查，加之其岁数较大，恢复较慢，因此护理一定程度上是需要的，原审酌定40天合理。其三，营养费是指受害人在遭受损害后，为辅助治疗或使身体尽快康复而购买日常饮食以外的营养品所支出的费用。合理营养是促进康复的物质基础。原审根据钱某的伤情及住院天数酌定营养费并无不当。

综上所述，朱某的上诉请求不能成立，应予驳回；一审判决认定事实清楚，适用法律正确，应予维持。依照《中华人民共和国民事诉讼法》第一百七十条第一款第一项的规定，判决如下：

驳回上诉，维持原判。

【法官后语】

本案系一起违约责任与侵权责任竞合的案件。《中华人民共和国合同法》第一百二十二条规定："因当事人一方的违约行为，侵害对方人身、财产权益的，受损害方有权选择依照本法要求其承担违约责任或者依照其他法律要求其承担侵权责任。"因此，本案在庭审时，法院向原告释明其享有选择的权利。因原告选择了侵权责任，故本案按照侵权责任纠纷进行了审理。

1. 关于石河子公交公司承担责任的问题

乘客自购票或者踏入公共交通车辆内那一刻开始，就与公交公司形成了客运合同关系，公交公司作为客运合同的承运人，应当在约定期间或者合理期间内将乘客安全送到目的地。据此，在客运合同法律关系中，承运人所负义务有两个基本方面：第一是按照约定或者合理时间将乘客运至目的地，即合理运输义务；第二是对乘客的人身、财物负有安全保障责任，即对于运营过程中遇到的安全隐患或危险情况，驾驶员应尽到基本的提醒、警示义务，并给予乘客必要的帮助。如承运人未尽上述义务，并因此导致乘客受到伤害的，即构成侵权。本案中，石河子公交公司的驾驶员在到站时急刹车，由于机动车的惯性作用，公交车内正在上二层的朱某不慎从楼梯上摔至一层，砸伤正在一层正常乘坐公交车的原告。虽然石河子公交公司在公交车一层位置贴有警示标示，但是也不能减轻或者免除其应当承担的基本义务。因此，石河子市公共交通有限责任公司驾驶员的急刹车行为与原告的受伤结果存在因果关系，理应对原告被朱某砸伤负相应赔偿责任。

2. 关于朱某承担责任的问题

乘客在乘车时应当遵守乘车规范，安全上下公交车，且在乘车时应对自身和他人安全做到谨慎注意和防范，从根本上预防和规避事故的发生。本案中，石河子公交公司的公交车在到站上下乘客时，朱某未注意公交车内安全提示，手提小车从公交车的一层上二层，不仅没有注意自身安全，而且在司机急刹车时，朱某因站立不稳，双手脱离楼梯扶手，导致其由公交车二层摔至一层砸向原告，其行为具有一定的过错，应当在过错范围内对原告的损失承担相应的赔偿责任。

编写人：新疆维吾尔自治区石河子市人民法院　杜世成

10

高速公路管理者的赔偿责任认定

——李甲、李乙诉山东高速股份有限公司生命权、健康权、身体权案

【案件基本信息】

1. 裁判书字号

山东省济南市中级人民法院（2017）鲁01民终2372号民事判决书

2. 案由：生命权、健康权、身体权纠纷

3. 当事人

原告（上诉人）：李甲、李乙

被告（被上诉人）：山东高速股份有限公司（以下简称山东高速）

【基本案情】

2016年1月28日16时15分，田某驾驶车辆，沿京台高速由南向北行驶至442.8公里处，与由东向西横过道路的李丙发生交通事故，造成李丙死亡。经交警部门认定，田某负事故次要责任，李丙负事故主要责任。2016年1月，李甲（李丙之夫）、李乙（李甲、李丙之子）以田某、石家庄翔驰运输有限公司、藁城市集城汽车队、中国人民财产保险股份有限公司石家庄分公司为共同被告，向法院提起诉讼。法院经审理于2016年5月21日作出（2016）鲁0113民初1582号民事判决，认定李丙承担事故60%的责任，机动车方承担事故40%的责任，因肇事车辆在中国人民财产保险股份有限公司石家庄分公司投保了商业三者险及交强险，故判决由中国人民财产保险股份有限公司石家庄分公司赔偿李甲、李乙医疗费4317元、精神损害抚慰金5000元、死亡赔偿金302742元、丧葬费10000元、交通费400元、误工费518.52元。该判决已生效，且已履行完毕。现李甲、李乙主张事发路段附近高速公路右侧的护栏及防护网均有缺损，山东高速存在过错，要求依法判令山东高速赔偿死亡赔偿金、丧葬费等损失。

【案件焦点】

1. 山东高速是否已履行道路管理维护义务，应否承担赔偿责任；2. 李甲、李乙在提起交通事故责任纠纷的诉讼后是否有权另案向山东高速主张赔偿。

【法院裁判要旨】

山东省济南市历下区人民法院经审理认为：山东高速作为涉案高速公路路段的管理者，应当履行对高速公路设备设施的维护、修复义务。事发路段高速公路右侧的护栏和防护网均有缺损，而山东高速未履行及时修复的义务，存在过错。根据李甲、李乙的主张，涉案交通事故应为田某、李丙、山东高速的共同过错而导致，但是，在（2016）鲁0113民初1582号案的诉讼中，李甲、李乙并未将山东高速列为共同被告，且法院已就涉案事故的全部责任划分作出了认定，由李丙承担60%的责任，由机动车方承担40%的责任，该判决已生效。在此情况下，李甲、李乙无权要求山东高速另行承担赔偿责任。依照《中华人民共和国侵权责任法》第七十六条、《中华人民共和国民事诉讼法》第六十四条之规定判决：

驳回李甲、李乙的诉讼请求。

李甲、李乙不服一审判决，提起上诉。山东省济南市中级人民法院经审理认为：李丙发生交通事故的京台高速由南往北约443公里附近的高速公路护栏及防护网存在缺损情况。山东高速作为涉案高速公路路段的管理者，应当履行对高速公路设备设施的维护、修复义务，其未履行该义务，造成交通事故发生，对于李丙的死亡，山东高速应承担相应的赔偿责任。李丙的死亡后果是其自身违法行为、驾驶员田某驾驶制动性能不良机动车上路行驶以及山东高速未履行道路维护义务三者结合所导致的，各主体之间并无意思联络，不属于共同侵权行为。对于李丙的死亡后果，涉案交通事故中的机动车一方与山东高速应分别承担相应的赔偿责任。由此，法院虽已作出（2016）鲁0113民初1582号民事判决，并已履行完毕，但不影响李甲、李乙向山东高速主张权利。一审判决驳回李甲、李乙的诉讼请求错误，应予纠正。根据本案情况，法院酌定山东高速承担20%的责任，其应赔偿李甲、李乙损失81466.86元［（521651.3元－医疗费4317元－精神损害抚慰金5000元－死亡赔偿金105000元）×20%］。

综上，李甲、李乙的上诉理由成立。依照《中华人民共和国民事诉讼法》第一百七十条第一款第二项的规定，判决：

一、撤销济南市历下区人民法院（2016）鲁0102民初4788号民事判决；

二、山东高速于本判决生效之日起十日内赔偿李甲、李乙死亡赔偿金等损失81466.86元；

三、驳回李甲、李乙的其他诉讼请求。

【法官后语】

本案是由高速公路交通事故引发的纠纷，特殊之处在于受害人为行人，且权利人在第一次诉讼中未向高速公路管理者主张赔偿。众所周知，行人不得进入高速公路，《道路交通安全法》对此有明确规定，但这并不意味着由此发生的损害高速公路管理者可以免责。《最高人民法院关于审理道路交通事故损害赔偿案件适用法律若干问题的解释》第九条第二款规定，依法不得进入高速公路的车辆、行人，进入高速公路发生交通事故造成自身损害，当事人请求高速公路管理者承担赔偿责任的，适用侵权责任法第七十六条的规定。《侵权责任法》第七十六条规定，未经许可进入高度危险活动区域或者高度危险物存放区域受到损害，管理人已经采取安全措施并尽到警示义务的，可以减轻或者不承担责任。据此，行人未经许可进入高速公路受到损害，受害方应举证证实高速公路管理者未尽到管理维护义务，高速公路管理者已经采取安全措施并尽到警示义务的，可以减轻或者不承担责任。即高速公路管理者应根据其过错承担相应的责任。本案中，一、二审法院均认定在事发路段高速公路右侧的护栏和防护网均有缺损，山东高速因未履行及时修复的义务而存在过错。因此，对于李丙的死亡，山东高速的侵权赔偿责任成立。

一审法院未支持李甲、李乙的诉讼请求，其认为李甲、李乙在前一诉讼判决生效后已无权要求山东高速另行承担赔偿责任。该认定欠妥当。根据本案事实，李丙的死亡后果是由其自身违法行为、驾驶员田某驾驶制动性能不良机动车上路行驶以及山东高速未尽到管理维护义务三者结合所导致的，各主体之间并无意思联络，不属于共同侵权行为，各责任主体应根据各自过错承担相应的赔偿责任，即按份责任。因此，前一诉讼中由李丙承担的60%责任，实际包含了山东高速的责任份额。本案中，李甲、李乙要求山东高速承担相应的赔偿责任，并不违反法律规定。综上，二审法院支持了李甲、李乙的部分诉讼请求。

编写人：山东省济南市中级人民法院　马立营

11

安全保障义务人违反义务担责的认定标准

——施某某诉李某某、北京某某体育运动有限公司生命权、健康权、身体权案

【案件基本信息】

1. 裁判书字号

北京市第二中级人民法院（2017）京02民终10532号民事判决书

2. 案由：生命权、健康权、身体权纠纷

3. 当事人

原告（被上诉人）：施某某

被告（上诉人）：李某某

被告（被上诉人）：北京某某体育运动有限公司（以下简称北京某某公司）

【基本案情】

2016年1月1日晚，施某某在北京某某公司开办的滑雪场购票滑雪，20时许，李某某在该滑雪场初级道自上而下滑下，将施某某撞倒，当时施某某出现腰部及臀部疼痛、不能活动等反应，被送至滑雪场医务室检查，后转往中国人民解放军总医院急诊治疗，因治疗需要又转送至北京丰台医院治疗，被诊断为尾骨骨折。施某某认为李某某应保持与前方滑雪者的距离，但在下滑过程中未尽注意义务，作为侵权行为人应当依法赔偿其各项损失；北京某某公司作为滑雪场的开办者和管理者，缺乏必要的提醒、疏导和管理措施，管理上存在瑕疵，应承担相应的赔偿责任，要求李某某、北京某某公司赔偿其医疗费、误工费、交通费、伙食补助费、营养费、护理费、精神损害抚慰金。李某某、北京某某公司均不同意施某某的全部诉讼请求。

【案件焦点】

1. 北京某某公司作为滑雪场的经营者和管理者是否已尽到安全保障义务；2. 北京某某公司是否应该承担赔偿责任。

【法院裁判要旨】

北京市丰台区人民法院经审理认为：行为人因过错侵害他人民事权益，应当承担侵权责任。侵害他人造成人身损害的，应当赔偿医疗费、护理费、交通费等为治疗和康复支出的合理费用，以及因误工减少的收入。受害人遭受人身损害，因就医治疗支出的各项费用以及因误工减少的收入，包括医疗费、误工费、护理费、交通费、住宿费、住院伙食补助费、必要的营养费，赔偿义务人应当予以赔偿。

李某某在北京某某公司开办的滑雪场滑雪时，因处理不当，将施某某撞倒导致施某某受伤，对因此给施某某造成的经济损失，李某某应承担民事赔偿责任；北京某某公司在此事件中没有过错，不应承担责任。李某某辩称该事件发生时施某某滞留在雪道中间，导致其躲闪不及，证据不足，法院不予采信。该民事赔偿责任包括施某某的医疗费、护理费、误工费、交通费、住院伙食补助费和营养费，经鉴定施某某的伤情未构成伤残，故对其要求精神损害赔偿的诉讼请求，法院不予支持。经计算，施某某发生在北京丰台医院的住院医药费为 8108.33 元，施某某认可其中 5000 元系李某某支付，应予扣除；经鉴定施某某的误工期限可考虑为 150 日、护理期限可考虑为 60 日、营养期限可考虑为 60 日，故施某某的误工费应参考其工资标准、按照 150 日（5 个月）计算，护理费参考护工收费标准（160 元/日）、按照 60 日计算，营养费应按照每日 50 元、按照 60 日计算，施某某就医发生的交通费由法院酌定；住院伙食补助费按照施某某的住院天数按照 100 元/日计算。施某某实际发生的误工时间多于 150 日，其超出部分的误工费，不应由李某某负担。北京市丰台区人民法院依照《中华人民共和国侵权责任法》第六条、第十六条，《最高人民法院关于审理人身损害赔偿案件适用法律若干问题的解释》第十七条第一款、第十九条第一款、第二十条第一款、第三款、第二十一条第一款、第二十二条、第二十三条第一款、第二十四条之规定，判决如下：

一、李某某于本判决生效后七日内赔偿施某某医药费 3108.33 元、住院伙食补助费 2100 元、交通费 300 元；

二、李某某于本判决生效后七日内赔偿施某某误工费 94730 元、护理费 8000

元、营养费3000元;

三、驳回施某某的其他诉讼请求。

李某某不服一审判决，提起上诉。北京市第二中级人民法院认为：本案争议焦点是原审法院对于本案责任问题的认定是否正确、确定的赔偿数额是否妥当。

公民的身体健康权受法律保护；行为人因过错侵害他人民事权益，应当承担侵权责任。滑雪系存在较大风险的运动，在滑雪过程中，李某某应当与前方保持安全距离，尽到谨慎注意义务。因李某某未能控制自己的滑雪行为，在下滑过程中将施某某撞倒，故李某某存在过错，应承担民事责任。李某某主张施某某存在滞留雪道的事实，施某某对于双方相撞的损害结果存在过错，因无充分证据佐证，故法院不予采信。北京某某公司在此事件中并无过错，不应承担责任。原审法院对于本案责任的认定并无不当。

根据施某某提交的医疗诊断、住院病案、医疗费票据、结算费用明细等，原审法院对于医疗费损失的认定正确；关于误工费损失数额，原审法院根据施某某的工资及奖金损失情况所做的认定并无不当。李某某对于此项损失数额的上诉主张，法院不予采信。对于施某某的其他各项损失，一审法院认定正确。依照《中华人民共和国民事诉讼法》第一百七十条第一款第一项之规定，判决如下：

驳回上诉，维持原判。

【法官后语】

本案的争议焦点之一是对侵权责任的认定，要判断滑雪场的经营者是否应承担侵权责任，需要弄清一个法律概念，即“安全保障义务”。2003年出台的《最高人民法院关于审理人身损害赔偿案件适用法律若干问题的解释》第六条规定，安全保障义务的主体包括从事住宿、餐饮、娱乐等经营活动或者其他社会活动的自然人、法人、其他组织，保护的权益范围一般限于人身损害，义务人有过错的，在其能够防止或者制止损害的范围内承担相应的赔偿责任，且有向第三人追偿的权利。2009年，安全保障义务被明确规定在《侵权责任法》第三十七条，相比上述司法解释，虽也采用了过错推定责任原则，但义务人不再有追偿权，且该义务人范围、保护权益范围均有所扩大。司法实践中处理此类纠纷一般适用《侵权责任法》第三十七条，但在归责原则、补充责任等方面一直存有争议，同案不同判现象时有发生，给司法适用带来了不便。

第一，关于归责原则，结合民法理论与司法实践来看，在此类纠纷中没有采用严格责任原则的必要性和合法性，更多的是采用过错责任原则还是过错推定原则的争议。司法实践中，从更好地保护被侵权人的角度出发，采用过错推定原则更合适。由安全保障义务人证明自己不存在违反安全保障义务的客观行为，方能免除其侵权责任。

第二，关于义务内容，至少可分为两大类：一类包括建筑物及配套设施、消防、电梯、设备等的安全及人员配备等硬件方面；另一类包括安全引导、安保措施、服务管理等软件方面。安全保障义务内容的确定直接影响义务人履行义务的范围。

第三，关于未尽安全保障义务判定标准，《侵权责任法》第三十七条没有对违反安全保障义务标准作出明确规定，在司法实践中，对未尽到安全保障义务的判定存在一定难度，一般是从法律的规定、危险程度、预防与控制能力、义务人是否获利等参考因素来限制安全保障义务的范围。特别是在本身存在一定危险性的活动中，如滑雪、滑翔、蹦极、跳伞等，参与者自愿承担风险理应作为义务范围的参考因素。

随着具有一定危险性或危险性较大的运动、娱乐项目越来越受到民众的喜爱，对于安全保障义务范围的界定，应尽量避免泛化，以免对某些行业的经营或发展产生不当抑制，抑或放任民众忽视甚至放弃对自身安全的注意义务。对“合理限度”的判断，应当结合义务人所从事的行业性质、危险性大小、危险控制义务的履行情况、被侵权人的基本生活经验、在存在一定危险性活动中应当预料到发生一定程度伤害的可能性等方面来综合认定，促使人们对自己和他人的安全、生命、健康等积极尽到最高程度的注意义务，以防止危险的发生。本案中，北京某某公司提出其滑雪场在营业期间安排了专业人员进行疏导、不间断巡逻、在大厅入口及出口设有相应安全提示等抗辩，能够证明其对于施某某被撞伤并无过错，不应承担责任。

编写人：北京市丰台区人民法院　王雪

12

水库管理人是否负有安全保障义务

——何某、唐某诉蓝某、韦某刚生命权、健康权、身体权案

【案件基本信息】

1. 裁判书字号

广西壮族自治区来宾市中级人民法院（2017）桂13民终971号民事判决书

2. 案由：生命权、健康权、身体权纠纷

3. 当事人

原告（上诉人）：何某、唐某

被告（被上诉人）：蓝某、韦某刚

【基本案情】

何某、唐某系夫妻关系，何甲是何某、唐某的儿子。何甲溺水身亡的水库位于广西忻城县欧洞乡欧洞村板江屯（以下简称板江屯）。2017年2月22日，蓝某作为韦某刚的委托代理人与板江屯签订了承包合同，由韦某刚承包该水库养鱼。后韦某刚将水库挖深，在水库中间建成一条大坝，把水库一分为二。韦某刚开挖水库及在水库里建坝的行为造成水库上游积水。2017年5月14日，何甲及同班同学谭甲到该水库浅水区玩耍，何甲不慎落入浅水区旁边韦某刚所挖的深水里。何甲沉溺深水后，谭甲惊慌跑到其家桑树地里找到其父亲谭乙和何甲的爷爷，告知何甲落水一事。谭乙、何甲的爷爷、蔡某等七人赶到水库将何甲打捞上岸并对何甲进行抢救，不久忻城县欧洞乡派出所民警、卫生院救护车赶到事故现场，经医生抢救约40分钟无效，何甲溺水身亡。

【案件焦点】

水库的管理人是否负有安全保障义务。

【法院裁判要旨】

广西壮族自治区忻城县人民法院经审理认为：公民因过错侵害他人民事权益，应当承担民事责任。韦某刚承包板江屯水库后，将水库挖深蓄水养鱼，作为水库的管理人，其未设置明显的安全警示标志，对水库疏于管理，导致何甲在该水库深水区溺水死亡，应承担相应的民事责任。公民可以通过代理人实施民事法律行为。代理人在代理权限内以被代理人的名义实施民事法律行为，被代理人对代理人的代理行为，承担民事责任。蓝某提出其并非该水库的承包人，而是作为韦某刚的代理人，代理韦某刚签订水库承包合同，韦某刚予以确认，其签订合同的效力归于委托人韦某刚。因此，蓝某提出其并非本案适格的诉讼主体，不应承担侵权责任，理由充分，法院予以采纳。被侵权人对损害的发生也有过错的，可以减轻侵权人的责任。何甲作为 8 岁的儿童，对水库的危险性应具有一定的认识，故其对事故的发生应承担相应的责任。何某、唐某作为何甲的法定监护人，应当履行监护职责，保护未成年人人身、财产的合法权益。何某、唐某怠于履行监管义务，将未成年子女留在农村给老人照看，导致损害结果的发生，应承担主要的民事责任。何某、唐某主张的经济损失参照 2017 年度广西道路交通事故损害赔偿项目计算标准计算，诉请的死亡赔偿金 189340 元、丧葬费 27492 元、处理后事误工费 837 元，共计 217669 元，该三项未超出法律规定，法院予以确认。法院综合双方的过错程度，由韦某刚承担 20% 的赔偿责任，即 43533. 80 元。关于何某、唐某诉请精神损害赔偿金 50000 元，何甲的溺水身亡对二原告确已造成严重的精神损害，结合当地的生活水平、双方的过错程度等综合因素，法院酌情支持精神损害抚慰金 10000 元。

广西壮族自治区忻城县人民法院依照《中华人民共和国民法通则》第六十三条，《中华人民共和国侵权责任法》第十六条、第二十二条、第二十六条，《最高人民法院关于审理人身损害赔偿案件适用法律若干问题的解释》第十六条、第二十七条、第二十九条之规定，判决如下：

一、韦某刚赔偿何某、唐某各项经济损失 53533. 80 元；

二、驳回何某、唐某的其他诉讼请求。

何某、唐某不服一审判决，提起上诉。广西壮族自治区来宾市中级人民法院经审理认为：韦某刚承包水库后，基于用益物权获得对该水库进行管理、使用和收益的权利，是直接的管理人，其挖深水库养鱼是对水库的一种管理行为，也经过了发包人的同意。在管理过程中，韦某刚挖掘的深坑因未及时设置警示标志和告示，加之雨后涨水，形成了危险区域，导致安全事故的发生。韦某刚在对水库的管理上未尽到相应的提示义务，存在过失，应承担一定的法律责任，但与主动做出侵权行为的责任不同，韦某刚承担的只是一种管理上的过失责任。而相对于韦某刚的管理责任，何某、唐某的监护责任就显得更为重要。何甲作为一个8岁的小孩，其属无民事行为能力人，几乎没有什么安全意识，监护人的安全责任意识和监护能力决定了被监护人的行为是否安全得当。何某、唐某因外出打工，何甲由老人临时监护，就更应加强对何甲的安全防范意识教育，不能由其随便外出，放任监护，更不能让何甲到水库等具有人身危险的地方独自玩耍。退一步说，即使没有挖掘出来的深坑，现在的农村仍有大量其他的危险源存在，都有可能导致安全事故的发生，可见监护人是否尽责、监护是否到位与损害结果有直接的关系，对此何某、唐某应自负主要责任。另外，事发地域地势虽相对平缓，但对小孩而言仍有一定的危险性，严格来讲，该地域与真正意义上的“公共场所”仍有本质的区别。一审法院考虑到水库为开放性水库，又位于村边不远的地方，平时供村民取水及生产、生活，为无限制的放牧地，才作出由韦某刚承担一定法律责任的判决，该处理结果符合本案的实际，责任比例的划分合理，并无不当。

至于蓝某的责任问题，目前尚无证据表明其是作为合伙人之一参与了涉案水库经营承包活动，一审法院判决其不承担任何责任正确。

综上，上诉人要求被上诉人承担主要赔偿责任的上诉理由不能成立，法院不予支持。一审法院对本案的处理结果正确。依照《中华人民共和国民事诉讼法》第一百七十条第一款第一项的规定，判决如下：

驳回上诉，维持原判。

【法官后语】

本案的特殊之处在于被告经营的水库是否为开放的公共场所，因此在判断其管理者是否应当承担赔偿责任时需要明确以下问题：(1) 水库的管理人是否负有安全保障义务；(2) 这种安全保障义务的内容和要求有哪些、水库管理人有无尽到合理范围内的安全保障义务。

1. 关于开放场所管理人的安全保障义务

在《最高人民法院关于审理人身损害赔偿案件适用法律若干问题的解释》（以下简称《人赔解释》）施行前，传统观点一般将安全保障义务人局限于与受害人有合同关系，而且基本是有偿的经营合同关系的相对人，在《人赔解释》起草时，也曾对安全保障义务人界定为“从事住宿、餐饮、娱乐等经营活动的自然人、法人、其他组织”，但最终该规定将安全保障义务的主体范围扩大到“从事住宿、餐饮、娱乐等经营活动或者其他社会活动的自然人、法人、其他组织”，这里的“社会活动”是“经营活动”的上位概念，并不以有偿（交易）为必要，因此安全保障义务主体是否获利也不再是其承担责任的前提。对经营活动的主体，该条规定采取了部分列举的方法，也就是说，除从事住宿、餐饮和娱乐等经营活动的主体外，还包括车站、公共浴室、银行、邮电、通信部门的经营场所、体育馆（场）等向公众开放的场所的经营者。对于从事其他社会活动的主体，如公园、展览馆等场所的维护者、管理者和所有者等也对参加相关社会活动的人承担安全保障义务。简言之，承担安全保障义务的主体为服务场所的所有者、管理者、经营者或者具有事实上控制力的公民、法人或其他社会组织。与此相对应的权利主体为包括消费者在内的实际参与该经营活动或社会活动的任何人。本案中，水库作为供村民灌溉、生活用水、承包经营者养殖的活动场所，管理人所从事的虽非经营行为，但开放并不等于免责，这种开放也属于社会活动的范畴，故水库承包管理者依然对公众的人身、财产安全负有一定的安全保障义务。

2. 安全保障义务的内容和要求

安全保障义务的设定，是为了尽量减少经营活动或其他社会活动中的危险因素，以避免参与活动者的人身及财产损害的发生，这就要求水库的承包者、经营者或责任人采取各种风险控制设施及流程设计，履行合理的谨慎注意和安全提示义务。水库的管理者对水库可能出现的各种危险情况要进行明显的警示，采取有效的预警、防范措施，包括警告、指示说明、通知等义务。

3. 水库的承包者、管理者未尽合理范围内的安全保障义务的认定

合理限度范围，应当根据与安全保障义务人所从事的活动相适应的必要性与可能性，结合案件具体情况考虑。水库开挖后，何甲溺水处水深约 2 米，水库承包者作为管理者应当能充分预见和认识到这么深的水塘足以淹死成人，对好奇心重、自

我防护能力差的孩子而言更具危险性，所以应当采取积极有效的措施来防范和制止危险的发生，且被告未在水库周围设置危险提醒标志，而这种未尽安全保障义务的行为与何甲溺水死亡的后果之间具有一定的因果关系，这是一、二审法院判令水库承包人承担相应责任的依据所在。而相对于韦某刚的管理过失责任，何某、唐某的监护责任就显得更为重要。监护人是否尽责、监护是否到位与损害结果有直接的关系，故上诉人应自负主要的监护责任。该案判决生效后，韦某刚根据自己的经济能力积极分期向何某、唐某履行了赔偿义务。

在现代，多少父母为了生活不得不外出务工，把年幼的孩子留在农村给祖辈照看，留守儿童的安全、教育问题日益突出，这也是本案裁判意欲起到的社会警示作用。

编写人：广西壮族自治区忻城县人民法院　韦善导

13

共同从事危险货物运输人员安全注意义务的标准

——梁某等诉刘某等生命权、健康权、身体权案

【案件基本信息】

1. 裁判书字号

北京市第二中级人民法院（2017）京02民终5762号民事裁定书

2. 案由：生命权、健康权、身体权纠纷

3. 当事人

原告（被上诉人）：梁某、张某、隗某

被告（上诉人）：于某

被告（被上诉人）：刘某、北京某商贸公司

【基本案情】

死者张某某系隗某之子、梁某之夫、张某之父。刘某与张某某原均系道路危险

货物运输人员。2013年12月19日13时许，刘某驾驶重型半挂牵引车（内乘张某某），运输芳烃行至北京市房山区长阳镇南六环长阳出口时，停车并与张某某私自向郭某出售芳烃，因油罐阀门未能及时关闭导致油罐车内的芳烃泄漏，部分芳烃喷洒到二人的身上。后刘某继续驾车与张某某驶离现场。张某某坐在副驾驶座位上点烟时引燃喷洒在自己身上的芳烃，后其打开车门跳出车外。刘某未对张某某进行救助即驾车离开，后张某某死亡。经北京市公安司法鉴定中心鉴定，张某某系被烧死。刘某因犯危险物品肇事罪，于2015年12月18日被法院判处有期徒刑八个月，刑期起止日分别为2015年12月15日和2016年8月14日。

另，于某非北京某商贸公司的员工，其从北京某商贸公司处购车，因个人没有危险品运输资质，故使用北京某商贸公司的资质及名义经营，至张某某死亡时，该车辆仍登记在北京某商贸公司名下。张某某与刘某均由于某雇用，日常工作、管理由于某安排，工资由于某发放。

事发之后于某给付梁某、张某、隗某赔偿款5000元。现原告请求判令于某、刘某、北京某商贸公司赔偿经济损失709764元，其中死亡赔偿金445000元、丧葬费43000元、被扶养人生活费116764元、交通费2000元、误工费3000元、精神损失费100000元。

【案件焦点】

1. 从事危险货物运输的工作人员在自身存在过错的情况下死亡的责任认定标准为何；2. 共同从事危险货物运输行为人、危险货物运输责任单位和个人的责任应如何分担。

【法院裁判要旨】

北京市房山区人民法院经审理认为：公民的身体健康权受法律保护，行为人因过错侵害他人民事权益，应当承担侵权责任。公民、法人违反合同或者不履行其他义务的，应当承担民事责任。被侵权人对损害的发生也有过错的，可以减轻侵权人的责任。张某某出现死亡的结果，系多种原因结合所造成。

关于张某某的责任问题。根据（2015）房刑初字第998号刑事判决书等可以认定，张某某作为道路危险货物运输人员，违反危险货物运输规定，与刘某私自向他人出售芳烃，在因油罐阀门未能及时关闭导致油罐车内芳烃泄漏，并喷洒到身上之后，本应提高安全防范意识，稳妥审慎行事，但却违反危险货物运输安全法规，在驾驶室内点烟，张某某本人对损害结果的发生具有重大过错，应自行承担主要责任。

关于刘某的责任问题。道路危险货物运输较普通货物运输而言，本身就存在较高的危险性，运输过程中任何的安全隐患都可能产生严重的危害后果，甚至危害公共安全和财产安全。我国在道路危险货物运输驾驶员、押运员从业资格取得上也设置了更为严格的标准，《危险化学品安全管理条例》第四十八条第一款规定，通过道路运输危险化学品的，应当配备押运人员，并保证所运输的危险化学品处于押运人员的监控之下，即必须二人共同运输。驾驶员、押运员之间也因先行的共同运输行为而产生了相应的安全注意义务，即对对方出现的危险举动或人身危险给予安全提醒、照顾或救助的义务。

关于共同从事危险货物运输的人员是否存在过错，应从以下几个方面进行判断，即对对方实施的不符合安全运输标准行为是否进行提醒、制止、监督，对可能发生的损害后果能否预见和避免，以及发现突发、异常情况后是否积极采取有效措施等。刘某作为与张某某共同从事危险货物运输的同车人员，其过错体现在以下几个方面：首先，刘某与张某某存在共同偷油行为。刘某在运输芳烃过程中，停车并伙同张某某私自向他人出售芳烃，因油罐阀门未能及时关闭导致油罐车内的芳烃泄漏，部分芳烃喷洒到二人身上。刘某作为道路危险货物运输人员，违规在中途停车，并伙同张某某卖油，其并没有对对方的行为进行监督、提醒，还积极参与。其次，刘某对张某某吸烟行为没有制止。刘某作为道路危险货物运输人员，经过了从业资格培训，明知道车内有人吸烟或使用明火会对危险物品运输产生隐患或危害，却在张某某在车内打火点烟时未予制止。即对可能发生的危害后果可以预见，仍未采取措施。最后，在张某某身体起火后，没有积极救助。刘某在共同行的张某某身体燃烧后，未及时自行进行施救，也未及时通知相关机关和个人进行施救，亦未提交充分证据证实采取了适当的安全保障措施、履行了谨慎的安全注意义务，其行为与张某某的死亡存在因果关系，应对本案损害后果承担相应的民事赔偿责任。法院综合考虑案件事实及各责任人过错大小，酌定刘某应承担的责任比例为10%。

关于于某及北京某商贸公司的责任问题。于某本身没有资质进行道路危险品运输，却使用北京某商贸公司的资质及名义经营，无法提供充分证据证实其对刘某及张某某进行过培训，与此案损害后果的发生存在一定的因果关系，应对此事的发生承担赔偿责任；北京某商贸公司作为从事道路危险品货物运输的企业，将行政机关核准发放给其公司的许可证交给无资质进行道路危险品货物运输的于某，并允许于某以其公司名义进行道路危险品货物运输，且由于某自行雇用、管理员工，其行为提高了危险品货物运输的危险性，产生了货物运输隐患，应对此事的发生与于某承担连带赔偿责任。法院综合考虑案件事实及各责任人过错大小，酌定于某和北京某商贸公司应承担的责任比例为20%。

原告的合理损失包括：死亡赔偿金，按照2015年北京市农村居民人均可支配收入计算20年，为411380元；丧葬费，按照2015年北京职工月平均工资标准，以6个月总额计算，为42519元；被扶养人生活费，根据抚养义务人人数，以2015年农村居民人均年生活消费支出为标准予以计算，为66406.2元；交通费，考虑到原告处理张某某后事的需要，酌定为2000元；误工费，考虑到原告处理张某某后事的需要，酌定为3000元；精神损害抚慰金，由于刘某的行为已构成犯罪且被判处刑罚，原告主张该项赔偿于法无据，法院不予支持。综上，张某、梁某、隗某合理的经济损失共计525305.2元。扣除于某已经给付的5000元，于某、北京某商贸公司还应赔偿原告各项经济损失100061.04元，刘某应赔偿原告各项经济损失52530.52元。于某关于本案已经超过诉讼时效的答辩意见，因本案事实部分需要经刑事审判予以确定，诉讼时效期间应从刑事裁判文书生效之日起重新计算，故对此答辩意见法院不予采纳。

需要指出的是，本案绝非仅为满足原告追索经济赔偿的诉求，本案的诉讼价值更多的是法律对生命的尊重和敬畏，以及对危险品货物运输这种特殊行业风险与利益的平衡考量，法院也衷心希望原告能够尽快走出悲伤的阴影，以积极乐观的心态面对未来的生活。

北京市房山区人民法院根据《中华人民共和国侵权责任法》第六条、第十六条、第二十六条，《中华人民共和国民法通则》第一百零六条，《最高人民法院关于审理人身损害赔偿案件适用法律若干问题的解释》第十七条、第二十条、第二十二条、第二十七条、第二十八条、第二十九条，《中华人民共和国民事诉讼法》第一百四十四条之规定，判决如下：

一、刘某于本判决生效之日起七日内赔偿张某、梁某、隗某各项损失共计

52530.52元；

二、于某于本判决生效之日起七日内赔偿张某、梁某、隗某各项损失共计100061.04元，北京某商贸公司对以上费用承担连带赔偿责任；

三、驳回张某、梁某、隗某的其他诉讼请求。

于某不服一审判决，提起上诉。北京市第二中级人民法院审理过程中，于某提交撤回上诉申请。北京市第二中级人民法院准许于某撤回上诉。

【法官后语】

本案争议的焦点是共同从事危险货物运输人员的注意义务问题。"注意义务"是《侵权责任法》中的重要概念。实践中，一般从注意义务是否存在和注意义务是否违反两方面来判断是否需要承担侵权责任。

关于注意义务的存在基础一般包含以下几类：1. 法律、法规规定的注意义务；2. 因合同关系而产生的注意义务；3. 因先行行为而产生的注意义务；4. 因特定身份关系而产生的注意义务。即法定义务、约定义务、先行行为义务和基于特定身份的义务。就本案而言，《危险化学品安全管理条例》规定，通过道路运输危险化学品的，应当配备押运人员，并保证所运输的危险化学品处于押运人员的监控之下，驾驶人员、押运人员等应当了解危险化学品的危险特性和出现危险情况时的应急处置方法，即对于驾驶员的注意义务进行了规定。而驾驶员、押运员之间亦因为共同运输的特殊关系，彼此之间产生了信赖与被信赖、依赖与被依赖的联系，双方因为共同的行为而建立信任关系，一方对另一方具有阻止、解除其陷入的困境的义务。故驾驶员和押运员基于法律的规定及其共同运输的关系彼此产生了相应的注意义务。

注意义务以其内容为标准，分为行为致害后果预见义务和行为致害后果避免义务。关于注意义务是否违反，实践中一般从以下几个方面来认定：1. 对一方实施的危险、异常行为是否进行提醒、制止、监督；2. 对可能发生的损害后果是否能够预见和避免；3. 发生突发、异常情况后是否积极采取有效措施、避免损害后果。本案中，刘某作为道路危险货物运输人员，违规在中途停车，并伙同张某某卖油，其不仅没有对对方的行为进行监督、提醒，还积极参与，没有尽到提醒义务，同时明知道在车内使用明火对于危险物品运输是一种严重的隐患或危害，在张某某在车内打火点烟时未制止，即对可能发生的危害后果事前未采取避免措施；在张某某身体燃烧后，未及时采取事后的施救，显然违反了对张某某的安全注意义务，其行为与张某某的死亡存在因果关系，应承担相应的民事赔偿责任。

编写人：北京市房山区人民法院 刘莹

（三）过错的认定

14

被侵权人特定身份对认定侵权过错程度的影响

——郭某诉刘某、黄骅市琨洋购物广场有限公司生命权、健康权、身体权案

【案件基本信息】

1. 裁判书字号

河北省沧州市中级人民法院（2017）冀09民终3108号民事判决书

2. 案由：生命权、健康权、身体权纠纷

3. 当事人

原告（被上诉人）：郭某

被告（上诉人）：刘某

被告：黄骅市琨洋购物广场有限公司（以下简称琨洋公司）

【基本案情】

2014年12月6日，琨洋公司与刘某签订装修合同，约定“琨洋公司委托刘某进行琨洋公司内经营设施的日常维修和部分设施的更新装潢……第二条 工程时间：2014年12月6日~2016年12月5日……第五条 安全责任……3. 如果员工及顾客出现人身伤害，由刘某自行解决处理，琨洋公司不负责任何损失……”2015

年11月18日11时26分，刘某将两块木板装卸在琨洋公司4号门出口悬挂的棉门帘（该棉门帘底部不透光）处后，安排一名工人进行看管。11时28分，该工人离开门口接打电话，郭某从4号门出来时，被刘某放置在4号门出口棉门帘处的木板绊倒摔伤。

郭某系黄骅市南大港农场南社区人，原系琨洋公司职工，事故发生当日郭某休班到琨洋公司购物。事故发生后，从2015年11月18日至2015年12月7日，郭某在黄骅市人民医院住院治疗19天，经诊断为踝关节骨折。经法院委托，法医鉴定中心出具司法鉴定意见书，认定郭某因摔伤至右腓骨远端、内踝、后踝骨折，右下肢活动受限，构成十级伤残，另需二次手术费5500元。2016年2月25日，郭某诉至法院，要求刘某、琨洋公司连带赔偿其各项损失128615元。刘某认为其不应承担责任，事故发生时是按照琨洋公司的要求将木板堆放到4号门的，位置不是在行人通道，郭某是脚踏上了堆放的板子滑倒的，当时速度特别快，刚把板子放下，郭某就小跑着出来，踏上了板子，不是碰到了板子。而且，郭某在发生事故时，作为琨洋公司的一名员工，应该知道4号门是运货通道，应当预见到4号门通道门外有可能堆放货物，出门应当先看门外有没有东西，因为他不是顾客，所以郭某受伤跟刘某及琨洋公司没有关系，是自己造成的。

【案件焦点】

1. 如何认定各事故方的过错程度及侵权责任；2. 被侵权人的特定身份能否作为减轻其他侵权人责任的合法事由。

【法院裁判要旨】

河北省黄骅市人民法院经审理认为：公民的身体权受法律保护，行为人因过错侵害他人民事权益的，应当承担侵权责任。刘某为琨洋公司进行装修维护的过程中，将工作用料（木板）放置在行人通道出口棉门帘处，而该棉门帘底部不透光，阻挡准备离开商场的顾客对门外情况观察的视线，且刘某在放置木板后未在出口内外放置警示牌等安全警示标志，虽安排工人看管，但该工人未尽到看管职责。刘某将工作用料（木板）放置在行人出口的不当行为是造成郭某受伤的主要原因，因此刘某应对郭某的损失承担主要赔偿责任（70%）。刘某主张郭某系琨洋公司员工，知道4号门是运货通道而非顾客通道，其受伤跟刘某、琨洋公司无关，但并未提供证据。根据郭某提供的监控录像显示，事故发生前后，4 号门均有顾客出入，刘某主张 4 号门为货运通道，顾客不应通行证据不足，不予采信。琨洋公司将商场内部经营设施的维修等工作委托给刘某，其对刘某的工作负有监督与管理职责；琨洋公司作为商场管理方，其对商场亦负有安全保障义务。综上，依据琨洋公司的过错，其应对郭某的损失承担 20% 的赔偿责任。琨洋公司与刘某之间关于“如果员工及顾客出现人身损害，由刘某自行解决处理，琨洋公司不负责任何损失”的约定，不能对抗郭某的主张。郭某作为成年人，为确保自身安全，在出入门口时应仔细观察，慢行通过，因其未尽到相应注意义务，故其自身亦应对事故的发生承担 10% 的责任。

河北省黄骅市人民法院依照《中华人民共和国侵权责任法》第六条第一款、第十二条、第十五条第一款第六项、第十六条、第二十二条，《最高人民法院关于审理人身损害赔偿案件适用法律若干问题的解释》第一条、第三条第二款、第六条，《中华人民共和国民事诉讼法》第一百四十四条之规定，作出如下判决：

一、刘某于本判决生效之日起十日内赔付郭某各项损失共计 74106. 86 元；

二、琨洋公司于本判决生效之日起十日内赔付郭某各项损失共计 21364. 82 元。

刘某不服一审判决，提起上诉。河北省沧州市中级人民法院经审理认为：郭某的经常居住地和主要收入来源地均为城镇，一审判决按河北省 2015 年度城镇居民人均可支配收入 26152 元计算郭某的残疾赔偿金，并无不当。行为人因过错侵害他人民事权益的，应当承担侵权责任。被侵权人对损害的发生也有过错的，可以减轻侵权人的责任。事发商场 4 号门在事故发生前后均有顾客出入，此处具有供顾客通行的功能。本案事故发生的主要原因是：刘某将工作用料（木板）放置在该通道出口底部不透光的棉门帘处，且未在出口内外放置安全警示标志，其所安排看管的工人未尽到看管职责，造成郭某被绊倒摔伤。一审根据刘某的过错程度判决其对郭某的损失承担 70% 的赔偿责任，并无不妥。刘某的上诉请求不能成立，应予驳回。

河北省沧州市中级人民法院依照《中华人民共和国民事诉讼法》第一百七十条第一款第一项之规定，作出如下判决：

驳回上诉，维持原判。

【法官后语】

随着经济的不断发展，人们日常的活动方式不断丰富，发生的侵权纠纷也日益多样化。根据《中华人民共和国侵权责任法》的规定，行为人因过错侵害他人民事权益，应当承担侵权责任，根据法律规定推定行为人有过错、行为人不能证明自己没有过错的，应当承担侵权责任，即除无过错责任的特殊案件外，认定侵权责任以存有过错为前提，且过错程度大小直接影响最终的责任承担，被侵权人对损害结果的发生存有过错的，可以减轻侵权人的责任。

本案中，认定责任同样要先判断三方当事人对事故发生是否存有过错以及过错程度。刘某将木料放置在不透光的棉帘底下，又未放置警示标志的行为是事故发生的直接原因，琨洋公司作为商场管理方，其对商场亦负有安全保障义务。刘某及琨洋公司的过错在本案中显而易见，主要争议则在于被侵权人郭某除未尽合理的注意义务外，是否还因其系琨洋公司的员工而负有程度更高的注意义务，要为损害结果承担更大的责任。郭某事发前虽为琨洋公司的员工，较其他普通顾客更熟悉商场的布局设置，但事发地4号门虽然为商场的主要货运通道，事实上却允许顾客出入，此处具有供顾客通行的功能，刘某也未因装修而设置禁行或注意的标志，琨洋公司一直也未因货物运输而禁止顾客通行。郭某作为员工知道该门为货运通道，但也知道此门可供顾客通行，因此不存在其在知道4号门为货运通道的情况下而加重其自身责任的情形。假使事故发生时，琨洋公司确实将4号门仅作为货运通道，不允许顾客通行，尤其对内部员工进行过明确告知，那么员工无论是上班期间还是在工作之余作为顾客经该门通行，在明知存有安全隐患的情况下，都应承担更高的注意义务，或避免从此门通行，或谨慎通行，对于损害后果也应承担更多的责任。

在侵权类案件中，侵权行为可谓多种多样，单一侵权行为及结果的案件比较容易处理，但是存在多个侵权行为及侵权主体的案件，同一损害结果往往由不同的侵权行为导致，在具体赔偿责任的承担上，首先要认定的是各侵权行为对损害结果发生所起的作用，然后根据侵权行为和具体经过再确定各侵权行为对损害结果的作用程度及各行为之间的关联关系，由此判断对于同一损害结果有几方赔偿义务人、是否需要承担连带赔偿责任、如为按份责任又应当如何分担等。

编写人：河北省黄骅市人民法院　许淑月

15

自建房施工期间，施工用电器电击他人致死的责任承担

——欧某等诉汪某、毕某生命权案

【案件基本信息】

1. 调解书字号

广西壮族自治区金秀瑶族自治县人民法院（2018）桂 1324 民再 1 号民事调解书

2. 案由：生命权纠纷

3. 当事人

原告（再审被申请人）：欧某、魏某乙、魏某丙

被告（再审申请人）：汪某、毕某

【基本案情】

欧某系死者魏甲（享年 47 岁）的妻子，魏某乙、魏某丙系魏甲与欧某的女儿。汪某与毕某系夫妻。上述人员均为某村村民，欧某、魏某乙、魏某丙与汪某、毕某系邻居。两年前，汪某、毕某开始建新房，并交给村中的农民施工队进行承建。建房过程中，因需要使用吊砖机，汪某即向案外人苏某借用了电动吊砖机。事发前，该电动吊砖机放置于被告家中三楼楼顶，并于事发前不久仍在使用。2017 年 7 月 4 日 8 时左右，魏甲与案外人黄某一同来到汪某家中，约十分钟后，黄某发现魏甲赤脚倒在汪某家三楼，黄某当即判断其系因触电而倒地，遂边到连接电动吊砖机的二楼拔掉电源插头边呼叫汪某。随后，汪某与黄某对魏甲进行了紧急抢救，由汪某进行人工呼吸，由黄某进行心脏按压，两人一并呼叫了医护人员并通知魏甲家属。不久，魏甲的兄弟、亲家及其他同村成年人等来到现场，医院的医护人员也到现场对魏甲进行抢救，但在抢救 30 分钟后，医护人员宣布魏甲经抢救无效死亡。在场人员遂采用农村土办法用沙子覆盖住魏甲的身体再进行施救，但最终确认魏甲已经死亡。

被告家中的吊砖机放置于三楼楼顶，其用电系从二楼的插排接入，事发时，电动吊砖机处于连接电路状态。该吊砖机平时由建房工人使用，汪某、毕某平时并不留意监管该吊砖机的使用。被告家二楼到三楼之间未安置隔门，人可直接从二楼进入三楼楼顶处，三楼楼顶亦未安置顶棚，处于露天状态。事发当日，三楼楼面有雨后积水。

事发后，原告与被告对魏甲的死亡赔偿问题进行了协商，原告提出，被告须向原告支付30000元丧葬费和300000元赔偿款，被告只向原告赔偿了30000元丧葬费，对300000元的赔偿款予以拒绝。协商无果后，原告的亲属韦某向金秀县公安局头排派出所报案，派出所民警调查了解情况后传唤了汪某、黄某等人到所进行询问并制作了《询问笔录》。

2017年7月12日，原告诉至法院，请求判令被告赔偿各项经济损失302364.5元。当日，原告一并提交了《鉴定申请书》，申请法院依法委托司法鉴定机构对死者魏甲的原因进行司法鉴定。经依法委托，桂林市正华司法鉴定中心于同年8月31日出具了正华司法鉴定中心〔2017〕病鉴字第56号《司法鉴定意见书》，认为魏甲系生前遭受电击死亡。

另，被告在事发后向原告支付了3000元尸体冷冻费，包含在丧葬费30000元在内，被告向原告支付了33000元。

【案件焦点】

1. 义务帮工是否成立；2. 过错侵权责任下谁应对死者的死亡承担责任。

【法院裁判要旨】

广西壮族自治区金秀瑶族自治县人民法院经审理认为：行为人因过错侵害他人民事权益，应当承担侵权责任。关于魏甲与被告之间是否形成帮工与被帮工的法律关系的问题，仅有与魏甲具有利害关系的证人证言能够证明魏甲与被告之间存在上述法律关系，无其他证据相佐证。因此，对于原告认为魏甲与被告之间形成帮工与被帮工的法律关系的主张，证据不足，不予支持。关于被告是否对魏甲的死亡承担赔偿责任的问题，被告在建房过程中，没有对工人使用后的电动吊砖机进行安全查看，没有及时发现电动吊砖机处于通电状况的隐患，对电动吊砖机的管理存在过失、对建房工地的安全管理也存在疏漏，被告对魏甲的死亡存在过错，应当承担侵权责任。但是，魏甲在明知被告家为建房工地而未采取任何安全保护措施的情况下即赤脚进入工地，亦存在一定过错，可以减轻被告的责任。因此，对于被告认为其不存在过错，不应承担赔偿责任的主张，理由不充分，不予支持。结合本案发生的原因及双方过错大小，酌定减轻被告 40% 的责任，即汪某、毕某共同承担 60% 的侵权责任。原告在本案事故中的损失为：死亡赔偿金 207180 元（10359 元/年 ×20 年）、丧葬费 30120 元（5020 元/月 ×6 个月）、办理丧事误工费 1564. 5 元（104. 3 元/天 ×3 人 ×5 天）、交通费 500 元（酌情支持）、鉴定费 8800 元、因鉴定产生的出诊费、交通费、差旅费、住宿费 4200 元、精神损害抚慰金 40000 元（酌情支持），故被告应承担的赔偿责任为 175418. 7 元［（207180 + 30120 + 1564 + 500 + 8800 + 4200 + 40000）元 ×60%］，扣除被告已经给付的丧葬费 30000 元，被告应该赔偿欧某、魏某乙、魏某丙 145418. 7 元。综上，依照《中华人民共和国侵权责任法》第六条第一款、第十六条、第十八条、第二十六条，《最高人民法院关于审理人身损害赔偿案件适用法律若干问题的解释》第十七条、第十八条、第二十条、第二十二条、第二十七条、第二十九条的规定，判决如下：

汪某、毕某在本判决生效之日起共同赔偿欧某、魏某乙、魏某丙各项经济损失共计 145418. 7 元。

一审判决生效后，汪某、毕某申请再审。广西壮族自治区金秀瑶族自治县人民法院经审判委员会讨论决定，裁定对本案进行再审。本案在再审审理过程中，经法院主持调解，双方当事人自愿达成协议，该协议不违反法律规定，法院予以确认。

【法官后语】

本案历经原审、再审，关于农村建房施工场地外来人因触电身亡引发的人身损害赔偿责任承担的问题也历经两重审理程序的考验。《侵权责任法》确立了过错责任原则、无过错责任原则和公平责任原则三项归责原则，归责原则既是认定侵权构成、处理侵权纠纷的基本依据，也是指导损害赔偿的准则。本案中，双方当事人系农村相邻居民，一方亲属在对方家里的建房施工场地触电身亡，该人身损害应该采取何种归责原则？

无过错责任和过错推定责任（属过错责任的特别归责方式）的适用均须有法律的明文规定。原审中，欧某、魏某乙、魏某丙主张死者魏甲与汪某、毕某存在帮工关系，要求汪某、毕某承担全部赔偿责任，即主张按照无过错责任进行赔偿，但该主张仅有与魏甲有姻亲关系的证人证言予以证明，帮工如何形成、是否构成帮工、帮工的形式与成果如何，欧某、魏某乙、魏某丙都无法举证证实，帮工关系难以认定，故该案不属于因帮工遭受人身损害的情形，不能适用无过错责任。另，因事发场地为农村私房建房施工现场，其情形不属于《侵权责任法》第九十一条规定的地面施工致人损害的适用过错推定责任的范畴，亦与《侵权责任法》第三十七条规定的公共场所不同，不能适用公共场所管理人违反安全保障义务的条款进行考量。

综合本案案情，应适用过错责任原则进行处理。本案案发场所为农村自建房的施工场地，属私人领域，具有一定的封闭性，在聚焦魏甲与汪某、毕某应承担的过错责任时，应着眼于各自对自身以及他人应承担什么注意义务、对损害结果的造成实施了什么行为（包括作为与不作为）。汪某、毕某对自家的建房施工场地负有安全监管之职责，应意识到施工现场的机器、工具、通行状况对他人有潜在的危险，对此危险应采取适当的安全措施，保障施工人员以及其他出入人员的人身安全。但其二人疏于对三楼放置的电器设备（电动吊砖机）的管护查看，使其雨天裸露置放且保持通电状态，外人进出上下亦畅通无阻，未设置任何预防措施，由此可认定汪某、毕某对建房施工场地的安全管理存在过失，未尽到一个谨慎社会人的注意义务，对魏甲在其家中因遭受电击死亡的后果具有过错。而死者魏甲作为汪某、毕某的邻里，明知其邻舍在建房，施工场地存在不安全因素，却赤脚进入施工场地，未尽到理性成年人对自身的安全注意义务，其对死亡结果也具有过错。故魏甲与汪某、毕某对魏甲意外身亡均应承担责任。关于责任比例的分担，原审认定汪某、毕某承担60%的责任，魏甲承担40%的责任。再审中，经法院主持调解，双方当事人就本案的责任承担自愿达成了调解协议，双方各自承担50%的责任。

在社会生活中，并非所有的损害事故均可构成侵权，侵权责任法的功能在于兼顾行为自由与权益保护。每个主体在从事行为时都要尊重他人的权益，约束自我的行为。只有使个人自由和社会安全两种利益关系得到协调和平衡，才能避免损害后果的发生，而兼顾两种利益的裁判结果也更合乎法律和人情，获得更好的社会效果与法律效果。

编写人：广西壮族自治区金秀瑶族自治县人民法院　刘晓霞

16

高校对在校学生自杀是否具有过错的认定

——苏某、陆某诉某某大学生命权、健康权、身体权案

【案件基本信息】

1. 裁判书字号

北京市第一中级人民法院（2017）京 01 民终 7167 号民事判决书

2. 案由：生命权、健康权、身体权纠纷

3. 当事人

原告（上诉人）：苏某、陆某

被告（被上诉人）：某某大学

【基本案情】

苏甲系苏某、陆某之女。2013 年，苏甲被某某大学录取。2015 年 8 月 23 日，苏甲在假期期间提前返校。2015 年 8 月 28 日早，苏甲寝室同学发现苏甲无法唤醒，遂通知辅导员、宿舍楼长并呼叫 120 急救。120 急救认定苏甲已无生命体征，宣布死亡。公安侦查现场后，发现苏甲在笔记本电脑桌面留有遗书，认定苏甲系服用苯巴比妥钠中毒死亡。事后，某某大学陪同苏某、陆某办理善后事宜，承担了苏某、陆某及其亲属在京住宿及苏甲丧葬费用。

【案件焦点】

某某大学对于苏甲死亡事件是否存在过错、是否应承担侵权责任。而上述争议的关键点在于：1. 某某大学是否知晓苏甲购买了自杀药物；2. 某某大学是否应当对苏甲采取干预措施。

【法院裁判要旨】

一审法院认为，苏某、陆某提供了何某邮件，周某与苏甲微信聊天记录，某某

大学老师谈话录音，苏某、陆某与周某电话录音等证据材料。根据质证，能够认定的事实是：苏甲在大学一年级时心理测试中被评定为心理健康程度二星，某某大学定期回访未见异常，遂将苏甲的心理健康评级为一星；某某大学了解到苏甲购买了药品，但未明确是何种药物，因苏甲在校期间一直表现优异，为防止事件激化，某某大学采取了对苏甲进行密切观察的方式。在无充分证据证明苏甲购买的是自杀药品的情形下，就某某大学是否应立即对苏甲采取干预措施这一问题，法院认为，个体选择极端行为结束生命，一般是在具有严重的心理危机条件下发生的，这种心理危机应当具有外部表象，即该个体运用寻常的方式不能处理目前所遇到的内部、外部应激而陷于极度的焦虑、抑郁乃至失去控制、不能自拔的状态。在此情形下，应当对有上述倾向的个体及时转诊就医，或要约面谈，确定危机预警的范围和对象，使个体在身处危机时能及时得到帮助。但苏甲并无上述明显症状，在其各方面表现正常甚至优异，仅有其可能持有药物的传闻的情况下，要求某某大学立即采取干预措施，并将苏甲的病情告知父母、转诊就医，缺乏充分的理由。某某大学为稳定学生的情绪、保护学生的正常学习生活、尊重学生的隐私，采取密切观察的措施是适合的、妥当的、善意的。另，苏甲自杀时正值学生放假期间，要求学校在此期间承担管理不当的责任亦缺乏依据。苏甲事发时已年满18周岁，作为成年人，在完全具备识别、认知和判断能力、能够控制自己的行为、完全知道自己行为的后果的情况下，其仍选择自杀，由此产生的后果应由苏甲自行承担。故某某大学在此事件中并不存在侵权行为，苏某、陆某主张某某大学承担赔偿责任，不予支持。某某大学出于人道主义精神和最大限度维护学生利益的目的，在承担苏甲家属在京住宿及丧葬费用近50000元的情况下，仍自愿支付60000元精神抚慰金，表示对苏某、陆某的慰问，法院不持异议。

依据《中华人民共和国侵权责任法》第二十七条、《中华人民共和国民事诉讼法》第六十四条的规定，判决：

一、驳回苏某、陆某的全部诉讼请求；

二、某某大学于判决生效后七日内支付苏某、陆某60000元。

苏某、陆某不服一审判决，提起上诉。二审法院认为，依据《中华人民共和国侵权责任法》第六条、参考《学生伤害事故处理办法》第十二条之规定，衡量学校在涉及学生自杀、自伤问题上是否具有责任，应该审查学校是否履行了相应的职责、是否在管理上明显失当。

自杀行为因受个人内部以及外部环境因素影响，其心理成因异常复杂。既可能归因于强烈挫折而导致的个体自怜心理，也可能归因于受不同思想文化冲击而产生的生命无意义心理等。受不同心理因素影响，不同个体在感受痛苦时的外部表征亦不一样。学校并非医疗机构，负责日常管理学生的工作人员也并非医务人员，而学生作为群体之一员，也时刻处于群体对其的审视与评价当中。因此，判断学校在履行管理职责上是否明显失当，不能简单以自杀结果反观其生前行为表征，获得某种“情况极其严重”的主观印象，进而得出学校管理明显不当的结论，而是要从学生平时表现、群体观察等是否足以引起学校警惕以及采取的方法是否合理来综合评价学校的管理行为。

第一，苏甲入学时确实在新生心理调查中出现一些异常。对此，某某大学通过筛选后对苏甲进行了心理回访。该事实表明，某某大学在管理制度层面上并没有忽视对学生心理问题的干预。

第二，苏甲学习成绩极其优异，积极参加学校和社会活动，无任何反常表现。苏甲的外在表现不可能让人感觉到其有严重的心理问题，某某大学基于此种表现逐渐降低对苏甲心理问题的评级，未给予其更多的心理关注。这是一种正常的做法。

第三，学生辅导员何某确实通过案外人得知苏甲有“网上购药”的情况。案外人将该事实向辅导员报告，说明其主观上认为该信息具有某些危险成分，否则其不可能将此事报告给辅导员。而某某大学在得知该信息后的处理是否得当就成为衡量其管理是否失当的主要评价依据。

首先，对于该信息，某某大学并没有充耳不闻。辅导员得知后即安排苏甲的寝室舍友密切观察，在之后的学生组例会上汇报了该情况，这说明某某大学没有忽视对苏甲的关注。

其次，苏甲网上所购到底系何种药物其实并不明确。因案外人及其他寝室舍友没有见到过该药物，苏某、陆某也没有向法院提交苏甲的网上购物清单以证明其所购何种药物，故根据一般理性人的判断，某某大学只能怀疑而不能确信该药物就是用于自杀的极其危险的药物。虽然某某大学代表在苏甲去世后和苏某、陆某的谈话中有过明确的表示，即“属于采取极端行为的药”，但做出这样的判断是因为极端行为事件毕竟已经发生了，并不能说明某某大学在当时已经判断出该危险是现实的、紧迫的，已经到了十分紧急的地步。

最后，某某大学对苏甲情况的判断和采取的措施符合基本的认知。当时的事实呈现出两个矛盾方面，能够准确判断的一面是苏甲长期的良好表现和积极乐观的生活态度。可以说群体观察和个体表现中均没有出现让人警惕的情况。而不确定的另一面是苏甲可能持有某种药物，是否用于自杀也不可知。在这两种相互矛盾的信息中，某某大学依据苏甲的长期表现判断其不会发生自杀但保有一些警惕并要求寝室舍友密切观察，这样的认知和措施是合理的。某某大学在管理中没有不当情形，不应该承担侵权责任。

综上所述，一审认定事实清楚，适用法律准确，苏某、陆某认为某某大学应该承担侵权责任的意见没有事实和法律依据。苏某、陆某的上诉请求和理由应予以驳回。依据《中华人民共和国民事诉讼法》第一百七十条第一款第一项的规定，判决如下：

驳回上诉，维持原判。

【法官后语】

本案核心问题在于考察某某大学就损害的发生是否存在过错和违法行为。几点意见分述如下：

1. 高校与大学生之间的法律关系

高校依据相关部门的行政授权从事高等教育活动，学生在高校中进行长期且相对固定的高等教育学习，高校与学生之间的法律关系具有多重性和复杂性。一方面，高校颁发或撤销学位证书、管理学籍等的权力源于行政授权，具有明显的行政权力特征，与学生之间形成一种行政法律关系；而另一方面，从双方之间订立的教育合同出发，高校与学生之间系平等独立的民事主体，双方权利义务相对等，是一种民事法律关系。因此，高校与学生之间发生纠纷时，其法律关系兼具行政和民事法律关系色彩，不能对其一概而论，而应根据双方参与的具体事务性质进行分类，并确定通过何种法律予以调整。本案涉及高校大学生自杀事件，与学校肩负的行政权力并无直接关联，该纠纷亦不应通过行政诉讼寻求救济。发生大学生自杀事件时，是否应归责于校方应从民事法律关系进行考察。一般情况下，进入高校的大学生应是完全民事行为能力人，对自己的行为及行为后果有合理的认知。高校学生在校期间自杀是否应由高校承担责任、其产生的损害是否由高校承担应基于民事法律关系考察高校是否充分履行职责，即是否尽到相应的管理或注意义务。因此，高校学生自杀应通过民事法律关系进行救济。

2. 高校对学生应尽到的相应义务及标准

高校对学生具有一种民事上的管理或注意义务。需要强调的是，因大学生一般已经具备完全民事行为能力，在法律地位上与未成年人有很大区别，故高校对大学生的管理显然更加宽松，在管理义务的程度上也低于幼儿园或中小学校。在学界，有观点认为因为高等教育活动具有群体性特征，所以高校在预防学生伤害事故的注意义务在性质上属于《侵权责任法》第三十七条规定的安全保障义务。[①] 我们认为，在学生安全层面上，高校对学生的管理或注意义务不能完全等同于《侵权责任法》所规定的安全保障义务。相较于公共场所而言，高校与学生之间基于教育合同关系形成的是一种相对长期、固定的且更为紧密的关系，其对学生的安全负有更高的保障义务，正如面对学生在学校自杀与旅客在宾馆自杀这两种情形，法院在判断损害责任时显然会对学校和宾馆适用不同的义务认定标准。因此，可以说在对待行为人自伤或自杀时，高校对学生负有一种特殊的安全保障义务，此种义务的标准低于教育机构对未成年人的监管，而高于一般公共场所管理人的安保义务。

3. 学校是否应承担责任的判断

在一般侵权责任中，判断行为主体是否应承担责任应考察其是否存在过错。依据《学生伤害事故处理办法》第十二条第四项之规定，因学生自杀、自伤造成的学生伤害事故，学校已履行了相应职责，行为并无不当的，无法律责任。值得注意的是，自杀行为因受个人内部以及外部环境因素影响，其心理成因异常复杂。学校并非医疗机构，不能简单以自杀结果反观其生前行为表征，获得某种“情况极其严重”的主观印象，进而得出学校管理明显不当的结论。本案中，某某大学在苏甲入学后对其进行了心理普查。在苏甲就读期间，无任何反常表现。在学生辅导员贺某通过案外人得知苏甲可能购买危险药物的情况后，安排苏甲寝室舍友密切观察并在学生组例会上汇报了该情况。综合以上事实可以得知，某某大学首先设置了对学生进行心理测评的制度，其次在管理层面上并没有忽视对学生心理问题的干预，最后

---

① 葛建义:《大学生自杀事故中高校的注意义务》，载《中国青年研究》2014 年第 2 期。

在不确定苏甲是否购买了危险药物并且苏甲外在表现非常良好的情形下，仍然采取了相关措施。因此，某某大学尽到了其应当尽到的安全保障义务，对苏甲自杀的后果不应承担责任。

编写人：北京市第一中级人民法院　刘雅播

（四）因果关系的认定

17

保健品销售同服用保健品之后死亡之间侵权因果关系的界定

——王某、秦某诉赵某生命权案

【案件基本信息】

1. 裁判书字号

重庆市第三中级人民法院（2017）渝03民终956号民事判决书

2. 案由：生命权纠纷

3. 当事人

原告（被上诉人）：王某、秦某

被告（上诉人）：赵某

【基本案情】

王某、秦某系夫妻，王甲系其长子，生前患癫痫病近十年，曾多次、多处就医治疗，需长期服用药物控制病情。2016年5月初，赵某从邻居刘某处获知王甲长期患病，遂在刘某带领下到家中推介某品牌保健品。通过手机测试，赵某告知王某、秦某及王甲等人，王甲所患“肾虚”服用其药物应有疗效，秦某遂决定购买某品牌保健品给王甲服用。2016 年 5 月 10 日，赵某将可服用两个月的某品牌保健品送至王某、秦某家中，以王甲身体不好为由，要求王甲加大剂量服用，并建议治疗癫痫病的药物应与某品牌保健品间隔时间服用。王某、秦某收下某品牌保健品，支付货款 8294 元，赵某出具收款清单。王甲按赵某要求服用某品牌保健品，停服治疗癫痫病药物。5 月 11 日起，王甲偶发癫痫病，其后发作越加频繁。秦某在王甲癫痫病发作后，多次电话联系赵某反映王甲癫痫病发作情况，赵某均称系服用某品牌保健品正常反应。其间，赵某前往王某、秦某家中探望王甲。5 月 18 日凌晨，王甲病逝。赵某来到王某、秦某家中，双方协商善后处理事宜未果，王某、秦某遂向公安机关报案。重庆市涪陵区公安局义和派出所先后多次对赵某、秦某、金某、应某、刘某进行询问。王某、秦某与赵某多次协商赔偿事宜未果，向法院提起诉讼，并于 2016 年 11 月 4 日申请撤回起诉，法院依法予以准许。王某、秦某要求赵某承担王甲死亡的民事赔偿责任，双方多次协商未果，王某、秦某遂再次起诉。

另，王某、秦某分别系听力二级残疾人、秦某为肢体四级残疾人。赵某推销某品牌保健品，公司分别按照零售、销售折让等形式支付提成作为赵某的报酬。

【案件焦点】

赵某应否对王甲死亡承担民事赔偿责任。

【法院裁判要旨】

一审法院认为，公民享有的生命健康权受法律保护，不得非法侵害。行为人因过错侵害他人生命健康权的，应当依法承担侵权责任。赵某并非某品牌保健品的生产者，其虽向王某、秦某及王甲销售并提供某品牌系列产品，但王某、秦某在诉讼中并未提供证据证明，王甲死亡系因某品牌保健品存在产品质量问题，故对赵某辩称王甲的死亡与某品牌保健品质量并无因果关系，法院予以采信。但王某、秦某明知王甲所患癫痫病需服用治疗药物控制病情，并在王甲服用某品牌保健品时停服治疗癫痫病药物，在王甲癫痫病已经频繁发作时并未及时送医治疗，故王甲因病死亡的主要责任在于死者自身疾病及王某、秦某照顾护理失责。

此外，赵某作为保健品销售人员，明知王甲患病多年，多次住院治疗且需长期服用治疗药物控制癫痫病发作，却称王甲系肾虚，服用某品牌保健品即可取得疗效，博得王甲及家人信任，要求王甲同时服用多种某品牌保健品且刻意加大剂量服用，在王甲服用某品牌保健品而停服治疗药物致癫痫病频繁发作时称系正常反应，致使王某、秦某等人错失送医治疗时机，王某、秦某据此主张赵某对王甲的死亡存在过错，符合常理和日常生活经验法则，予以采纳，赵某应对王甲的死亡承担次要的责任。综合本案案情及责任划分，赵某赔偿王某、秦某因王甲死亡的死亡赔偿金、丧葬费、交通费等损失5万元，并赔偿王某、秦某精神损害抚慰金1万元，合计6万元。

综上，为教育并规范保健品销售从业人员诚信执业，保护民事主体合法权益，预防并制裁侵权行为，促进社会和谐稳定，依照《中华人民共和国侵权责任法》第六条、第十六条、第二十六条，《中华人民共和国民法通则》第九十八条、第一百一十九条，《中华人民共和国民事诉讼法》第十三条、第六十四条、第六十五条，《最高人民法院关于适用〈中华人民共和国民事诉讼法〉的解释》第九十条、第一百零五条、第一百零八条、第一百一十条之规定，判决如下：

一、赵某在判决发生法律效力后十日内，赔偿王某、秦某死亡赔偿金、丧葬费、交通费、精神损害抚慰金等损失合计6万元；

二、驳回王某、秦某的其他诉讼请求。

赵某对一审判决不服，提起上诉。二审法院同意一审法院裁判意见。

【法官后语】

现实情况中，保健品销售人员向病人推销是一种常见的营销方法。而有些病人服用保健品之后，会出现病情恶化甚至死亡的情况。病人或者家属因此而提起生命权、健康权诉讼。该类诉讼中，当事人的争议焦点集中在服用保健品同损害之间是否存在因果关系上。如果主张被侵权方未能举证证明生命权、健康权遭受的损害同服用保健品之间存在因果关系，则其要求销售保健品一方承担侵权损害赔偿责任的请求会难以被法院支持。法院驳回其诉讼请求之后，往往会激化其情绪，引发社会矛盾。

主张被侵权方未能尽到举证责任，很大程度上和其举证态度、能力并无太大关系，难点在于现在的技术条件很难证明服用保健品同生命权、健康权受侵害之间的因果关系。因为保健品大多为合格产品，所以其是否是引起病情恶化或者服用者死亡的原因是一个非常复杂的问题。在这种情况下，即使法院组织鉴定也往往不能够确定因果关系。况且，有些纠纷中当事人已将生命权受侵害的被侵权人的尸体火化，如本案中王某、秦某之子王甲的尸体已经火化，鉴定处于客观不能的状态。在这种情况下，如果单纯以原告方未尽到举证责任为由驳回其诉讼请求，未免过于草率，与公平原则不符。

保健品只是食品的一个种类，虽具有调节人体机能的功效，但不能够治疗疾病，其在国外一般称为膳食补充剂（Dietary Supplements）。保健品不是药品，这一点应为常识。保健品推销人员为了达到销售目的，常常夸大保健品的功效，赋予保健品以药品的治疗功能。对于某些判断能力较差、缺乏辨别能力的群体，如本案中的王某、秦某，销售人员的该种说辞往往会误导其治疗行为，这正是销售人员所期待的结果。因此，销售人员明知其不当的推销会误导消费者而仍然实施此类行为，显然具有过错。也就是说，其误导行为正是其过错的体现，对于损害后果具有参与度，相互之间具有因果关系。在通过技术手段无法确证因果关系的情况下，从这一角度出发，有利于维护被侵权一方当事人的利益、规范保健品销售行为、促进保健品市场的健康发展。

编写人：重庆市第三中级人民法院　张东一

18

求助时意外造成他人死亡的侵权责任的认定

——郭某等诉王甲生命权案

【案件基本信息】

1. 裁判书字号

河南省南阳市中级人民法院（2017）豫13民终2538号民事判决书

2. 案由：生命权纠纷

3. 当事人

原告（上诉人）：郭某、王一、王二、王三、王四、王五、王六、王七（以下简称郭某等八人）

被告（被上诉人）：王甲

【基本案情】

2016年2月21日晚上，王甲酒后驾驶摩托车，行至王乙家附近摔倒，头部受伤流血。因王甲与王乙有亲属关系，故其到王乙家求助，王甲进入王乙家有呕吐现象，王乙在为王甲倒水时因冠心病发作而猝死。22日凌晨3点8分，邓州市公安局接报警称发现王乙在家中死亡，经公安机关尸检分析，王乙生前患有冠心病，结合本案案情，王乙倒地后很快死亡，死者系冠心病猝死，冠心病猝死大多有一定的体力活动或精神紧张等诱因，但也有在睡眠、休息或轻度劳动中发生猝死者，尸体检验鉴定意见为“王乙符合冠心病猝死”。

郭某系王乙之妻，王一、王二、王三、王四、王五、王六、王七系王乙之子女。郭某等八人认为：王甲深夜满脸是血地到王乙家中，对一个有心脏病的老人来说，一定会造成紧张或者惊吓，王甲的出现与王乙的死亡有直接因果关系，故要求被告赔偿各项损失158159元。

王甲辩称：被告与王乙有亲属关系，有困难找亲人寻求帮助是人之常情，自己没有过错，不应承担责任。

【案件焦点】

王甲醉酒摔伤，向王乙求助后王乙死亡，王甲对此是否有过错、是否要承担赔偿责任。

【法院裁判要旨】

河南省邓州市人民法院经审理认为：《中华人民共和国侵权责任法》第六条第一款规定，行为人因过错侵害他人民事权益，应当承担侵权责任。王甲深夜摔伤进入王乙家呕吐，后王乙因冠心病发作而猝死，但根据尸检鉴定分析，冠心病猝死存在多种诱因和情形，即并不能确定王乙冠心病猝死的具体原因，从而也无法证实王甲的行为与王乙的死亡存在必然因果关系，也不能确定对于王乙的死亡王甲是否存在过错，故王甲不应承担过错责任。《最高人民法院关于适用〈中华人民共和国民事诉讼法〉的解释》第九十条规定：“当事人对自己提出的诉讼请求所依据的事实或者反驳对方诉讼请求所依据的事实，应当提供证据加以证明，但法律另有规定的除外。在作出判决前，当事人未能提供证据或者证据不足以证明其事实主张的，由负有举证证明责任的当事人承担不利的后果。”郭某等八人未能提供证据证明王甲的行为与王乙死亡之间存在因果关系及被告在主观上有过错。但依照《中华人民共和国侵权责任法》第二十四条“受害人和行为人对损害的发生都没有过错的，可以根据实际情况，由双方分担损失”的规定，郭某等八人不能证明王甲主观存在过错，王乙主观亦不存在过错，应视为双方均无过错。结合本案实际，考虑事发时已入深夜，其情形与尸检报告分析的冠心病猝死诱因等具有高度盖然性，且王甲也认可王乙在打水过程中倒地不起，并自认所担责任不大等，法院认为应以王甲补偿原告 20000 元为宜。

综上所述，王乙的死亡给郭某等八人造成巨大的物质损失和精神痛苦，值得同情。但郭某等八人以王甲行为致王乙死亡为由，要求王甲承担赔偿责任，理由不当，法院不予支持，但王甲应适当补偿部分经济损失。依照《中华人民共和国侵权责任法》第二十四条、《最高人民法院关于适用〈中华人民共和国民事诉讼法〉的解释》第九十条之规定，判决：

王甲于判决生效后十日内补偿郭某等八人经济损失 20000 元。

八原告不服一审判决，提起上诉。河南省南阳市中级人民法院经审理同意一审判决理由，认为一审判决认定事实清楚、适用法律正确，遂判决：

驳回上诉，维持原判。

【法官后语】

王乙的意外死亡值得同情和惋惜。就本案而言，王甲酒后发生交通事故撞得头破血流到王乙家求助，当时的情形对一个正常人来说都可能会产生惊慌害怕的心理，而对一个有心脏病的人来说，对其心理产生的影响只会更甚。但因没有充足证据证实两者有直接的因果关系，也无法认定被告有过错行为，故原告以被告的行为直接导致王乙死亡为由，要求被告承担赔偿责任的理由因没有充足的证据而无法得到支持。也就是说，如果依据过错责任原则要求被告承担赔偿责任，显然在法理上说不通。从事情发生的具体情况而言，王乙的死亡与王甲的求助是有一定关系的。在事发过程中，王甲并没有过错或过失，但却造成了王乙的意外死亡，也就是说王甲受伤后的求助行为与王乙死亡的客观后果的发生还是有一定的关联性。故，根据《民法通则》第一百三十二条“当事人对造成损害都没有过错的，可以根据实际情况，由当事人分担民事责任”以及《侵权责任法》第二十四条“受害人和行为人对损害的发生都没有过错的，可以根据实际情况，由双方分担损失”的规定，通过公平责任要求王甲分担原告的损失，更为妥当。

公平责任又称衡平责任，是我国民事领域特别是侵权责任上的一种损失分担方法，具体表现在：行为人和受害人都没有过错，在损害事实已经发生的情况下，以公平考虑作为价值判断标准，根据实际情况和可能，由双方当事人公平地分担损失。在我国民法体系中，公平责任原则主要体现在《民法通则》第一百三十二条以及《侵权责任法》第二十四条的规定上。一般认为，作为民法特别法的《侵权责任法》，其第二十四条本身就来自《民法通则》第一百三十二条。然而，在这种继受的过程中，对于公平责任的界定却发生了变化。从民法来看，公平责任原则应当是一种对于责任承担分配的规则，换言之，当某项侵害致损的情况发生时，倘若通过其他规则无法认定或者不应当适用其他规则来认定彼此之间的责任时，应当通过运用《民法通则》第一百三十二条来明确双方之间的责任。请注意，责任是先于具体承担的损失额度存在的。而《侵权责任法》第二十四条已经不区分各方在某一事件中的责任分配了，而是一步到位，直接讨论损失应该分别由各自承担多少。因此，“公平责任原则”在侵权责任法中，并不是一个归责原则，而是一个损失分担原则，换句话说是一个补偿原则。但分担损失的前提是“损害与行为具有某种因果关系”，本案中，王甲深夜受伤的求助行为虽不会直接导致王乙死亡，但不可否认这是王乙死亡的一个诱因。在公平责任的司法运用中，尽管行为人没有过错也应承担责任，但并非不考虑行为人的行为与受害人的损害之间的关系，“行为人分担受害人损失的前提，就是损害与其行为具有某种因果关系”。所以依据公平责任，王甲对王乙的死亡所造成的损失应该酌情分担一部分。“这也就体现了立法本意上的公平、合理。”

在双方均无过错的侵权案例中，如果依照法律规定不能适用无过错责任，而不赔偿受害人遭受的损失又显失公平，公平责任就成为对受害人损失进行合理分担的一种方法。由人民法院根据当事人的财产状况及其他实际情况，责令加害人对受害人的损失给予适当补偿，既可以使损失的分担更为公平合理，也有利于解决当事人之间的争议和矛盾。

编写人：河南省邓州市人民法院　朱小旭　张剑波

（五）其他

19

聚餐后醉酒死亡，组织者与同饮者应当担责

——曹甲、陈甲诉陈乙等生命权案

【案件基本信息】

1. 裁判书字号

四川省广安市武胜县人民法院（2017）川1622民初1070号民事判决书

2. 案由：生命权纠纷

3. 当事人

原告：曹甲、陈甲

被告：陈乙、赵甲、赵乙、赵丙、唐甲、王甲、刘甲、舒甲、卢甲（以下简称陈乙等九人）

【基本案情】

2016年，陈乙将房屋修建工程发包给赵甲修建。赵甲雇请曹乙以及赵乙、赵丙、卢甲、唐甲等人为陈乙家修建房屋，陈乙平时不负责工人的生活。2017年1月13日，陈乙按农村风俗举行"立房子"仪式。当日中午，陈乙宴请了包括曹乙在内的建房工人及其他亲朋好友参加宴席，陈乙提供了白酒、啤酒及饮料。曹乙与赵甲、赵乙、赵丙、唐甲、王甲、刘甲、舒甲、卢甲共九人一起在同一桌吃饭。其间，九人共喝了近2斤白酒，其中仅舒甲、卢甲没有饮酒，曹乙喝了7两左右的白酒，有敬酒的行为。13时40分左右，酒席结束后，曹乙出现了站立不稳、行走东倒西歪的状况，还与陈乙的邻居发生了语言争执。曹乙想骑摩托车回家，被赵乙、

舒甲等人阻止，舒甲、赵乙二人将曹乙送到曹甲、陈甲家中，当时曹甲在家。之后，曹乙被原告发现死亡。2017年1月20日，曹乙的亲属委托重庆市法医学会司法鉴定所对曹乙的死亡原因进行鉴定。2017年2月27日，重庆市法医学会司法鉴定所出具司法鉴定意见书，曹乙身体内乙醇含量为537.2mg/100ml，鉴定意见为：曹乙系乙醇中毒死亡。经与陈乙等九人协商未果后，曹甲、陈甲诉至法院，要求判令九被告连带赔偿原告因曹乙死亡的丧葬费、死亡赔偿金、被扶养人生活费、精神损害抚慰金、交通费、误工费等共计206762.78元。

另，曹乙系二原告之子，二原告育有四女一子，曹乙未结婚，平时喜好喝酒。

【案件焦点】

陈乙等九人对于曹乙的死亡是否存在过错。

【法院裁判要旨】

四川省广安市武胜县人民法院经审理认为：曹乙系乙醇中毒死亡，其饮酒的行为与死亡具有直接因果关系。曹乙作为完全民事行为能力人，明知酒精的危险性而不控制酒量或轻信能够避免，且平时好酒，其本人具有重大过失，应对其伤亡后果承担主要责任，法院酌情认定其责任为60%。

陈乙作为酒席的组织者、白酒的提供者，其负有必要的安全注意义务，应在必要时避免有可能影响客人安全的行为的发生。曹乙在饮酒过程中，陈乙未能有效地阻止曹乙喝酒。在曹乙醉酒后，也未能将其送往医院救治。对于曹乙的死亡后果，陈乙存在一定的过错，应当承担相应的民事赔偿责任。

同桌用餐的其他八人辩称在吃饭过程中没有相互劝酒、敬酒的行为，其不应当承担赔偿责任。按照本地的风俗习惯，举行结婚仪式与“立房子”仪式等，朋友相聚一桌却不敬酒、劝酒，不符合常理。同时，在共同饮酒过程中，其中一人处于或者可能处于醉酒的危险状态中，即使同桌用餐人之间没有相互劝酒致人醉酒的行为，也应负担先前行为引起的特殊安全注意义务。这种安全注意义务是指具体的“注意义务”，是指同桌用餐人之间应当承担的劝阻、通知、协助、照顾和救护等义务，履行这种义务的表现形式应当是明示的作为义务。其中，劝阻义务是指同桌用餐人之间均应互相劝告少饮酒或者不饮酒，并且阻止已进入兴奋状态不能自拔的人停止饮酒。死者曹乙确实存在敬酒的行为，其喝了7两左右的白酒，酒后醉态明显，已经存在因醉酒而危及自身安全的危险。从现有证据来看，没有证据证实同桌用餐的其他八人有效地尽到了劝阻曹乙喝酒的义务或者尽到了曹乙醉酒后的照顾与救护义务。在饮酒者已失去或即将失去对自己的控制能力，神志不清无法支配自身行为时，应直接将醉酒者送往医院进行救治，以免错过抢救的最佳时机。事实上，陈乙等九人未将处于醉酒状态的曹乙送往医院抢救。因此，对于曹乙醉酒死亡的后果，其他八名同桌用餐的人均存在一定的过错，应当承担相应的民事赔偿责任，故对于与曹乙同桌用餐的其他八人的辩称意见不予采信。赵乙、舒甲在曹乙醉酒后将曹乙送回家中，虽然未能有效地阻止曹乙死亡，但是较其他同桌用餐人尽到了较多的注意与救助义务，可以适当减轻赵乙、舒甲的民事赔偿责任。舒甲、卢甲在用餐过程中没有饮酒，可以适当减轻舒甲、卢甲的民事赔偿责任。综合陈乙等九人在本案中的过错程度，法院酌情认定由陈乙、赵甲、赵丙、唐甲、王甲、刘甲六人分别承担5%的民事赔偿责任，赵乙、卢甲二人分别承担4%的民事赔偿责任，舒甲承担2%的民事赔偿责任。本案损害事实的发生系多因一果，原告要求九被告承担连带赔偿责任，无法律依据，法院不予支持。

四川省广安市武胜县人民法院依照《中华人民共和国侵权责任法》第六条、第十二条、第十五条第一款第六项、第十六条、第十八条、第二十二条、第二十六条和《最高人民法院关于审理人身损害赔偿案件适用法律若干问题的解释》第十七条第三款、第二十七条、第二十八条、第二十九条的规定，作出如下判决：

一、陈乙、赵甲、赵丙、唐甲、王甲、刘甲分别赔偿曹甲、陈甲合理费用14118.77元，赵乙、卢甲分别赔偿曹甲、陈甲合理费用11295.02元，舒甲赔偿曹甲、陈甲合理费用5647.51元；

二、驳回曹甲、陈甲的其他诉讼请求。

【法官后语】

近年来，因过量饮酒或不良饮酒习俗造成人身伤亡的事件屡见不鲜。饮酒导致受害人死亡后，死者亲属请求酒席的组织者与同桌饮酒人承担责任的案例越来越多。对此类型案件的法律责任归属问题并无法律明文规定，导致各地法院对该类案件的判决结果各异。在中国裁判文书网上搜索该类案例，有的认定死亡者责任自负而判决驳回原告的诉讼请求，有的判决被告出于人道主义给予适当补偿，还有的根据当事人的过错程度判决由被告承担相应的民事赔偿责任。笔者认为，审理该类案件，要着重审查是否符合一般侵权行为的构成要件，若确系酒精中毒致死，且组织者及同饮者未尽合理的注意义务，则符合一般侵权行为的构成要件，酒席的组织者与同饮者应当担责。当然，这种责任是有限的，死者作为完全民事行为能力人，应当预见到过量饮酒的后果，但其不加控制，导致自身醉酒死亡，基于过失相抵规则，其对自己的死亡应当负主要责任。现综合评析如下。

1. 有加害行为

民事损害事实都由特定的加害行为所造成，加害行为可以是作为，也可以是不作为，但以作为的形式居多。以不作为构成加害行为的，一般以行为人负有特定的义务为前提，行为人应该尽某义务而未尽到该义务以致他人民事权益损害。在共同饮酒中，同饮者彼此应尽的安全注意义务即先前饮酒行为引起的特殊安全注意义务。这种安全注意义务是指具体的“注意义务”，是指同饮者之间应当承担的劝阻、通知、协助、照顾和救护等义务，如果未尽到相应的注意义务，则应认定其构成不作为加害（消极加害），符合民事侵权行为中加害行为的构成要件。

2. 有损害事实

损害事实，是指因一定的行为或事件对他人的财产或人身造成的不利影响，可分为财产损害、人身伤害和精神损害三种。其中，人身伤害专指自然人而言，系由侵害自然人的人身所造成，具体包括生命的损害、身体的损害、健康的损害三种情况。共同饮酒致人酒精中毒死亡是对生命造成的损害，是损害事实的具体体现。

3. 加害行为与损害事实有因果关系

侵权责任认定中的因果关系主要是指损害事实系由加害行为所引起的情形。侵权责任认定中的因果关系较为复杂，其具体表现形式主要有：一因一果、一因多果或者多因一果。在共同饮酒过程中，虽然同饮者对于醉酒人的劝阻可能无效，最终也不能避免醉酒者死亡悲剧的发生。但就一般情况而言，通常情况下同饮者如果有效地履行了充分的劝阻注意义务，其他饮酒者就有可能少饮酒或不饮酒，其损害后果发生的可能性就会大大降低。同时在饮酒者醉酒后，若同饮者能够有效地履行附随的照顾、救护义务即及时将醉酒者送往医院进行抢救，那么醉酒致人死亡的悲剧就有可能不会发生。故共同饮酒中行为人未履行上述特殊注意义务的不作为行为，与醉酒致死的损害事实之间存在因果关系，成立侵权责任的因果关系要件。

4. 行为人主观上有过错

构成一般侵权行为，除须具备上述要件外，还要以行为人主观上有过错为必要条件。过错是行为人决定其行为的一种心理状态。行为人是否有过错直接关系到对其行为性质的认定。衡量行为人是否有过失，应以行为人是否尽到注意义务而定。对行为人注意义务的确定，应根据具体的时间、地点和条件等多种因素综合进行评判。过量饮酒会让人神志不清，行为举止也难以控制，导致损害发生的风险大大增加，此乃常识。故酒席的组织者和客人之间、同桌就餐的人之间就彼此负有照顾对方安全的注意义务。如果酒席的组织者与同饮者未有效地尽到先前饮酒行为引起的特殊安全注意义务，其不作为就是对自身注意义务的违反，将使过量饮酒者处于不安全的状态，构成过错，进而符合民事侵权行为构成的主观要件。

编写人：四川省广安市武胜县人民法院　孙永红　滕俊贤

20

死亡赔偿金非精神损害抚慰金，不属于精神损害赔偿范畴

——李某、汤某诉延甲、延乙生命权、健康权、身体权案

【案件基本信息】

1. 裁判书字号

北京市第二中级人民法院（2017）京02民终7448号民事判决书

2. 案由：生命权、健康权、身体权纠纷

3. 当事人

原告（被上诉人）：李某、汤某

被告（上诉人）：延甲、延乙

【基本案情】

李某与汤某系李甲的父母，李甲于1988年10月14日出生，于2016年10月16日死亡，生前未婚、无子女。延甲与延乙系延某的父母，延某于1986年3月4日

出生，于2016年10月16日死亡，生前未婚、无子女。2016年10月16日，延某携带事先准备好的作案工具至某大厦B座10层，趁李甲不备，持铁锤多次打击李甲头部，造成李甲颅脑损伤死亡。之后，延某自杀身亡。事发当日，公安机关决定对“延某故意杀人案”立案侦查，2016年10月17日，公安机关因犯罪嫌疑人延某已经死亡而决定撤销该案。李甲生前为北京市××律师事务所实习律师，户别为本市非农业户籍。

李某、汤某认为，延某实施了侵犯他人生命权的故意杀人行为，延甲、延乙作为延某的父母和法定继承人，依法应承担侵权赔偿责任，故起诉至法院，请求法院判令延甲、延乙赔偿其死亡赔偿金1057180元、丧葬费42516元、精神损害抚慰金10000元。

【案件焦点】

死亡赔偿金是否等同于精神损害抚慰金、死亡赔偿金应否属于本案侵权责任的赔偿范围。

【法院裁判要旨】

北京市西城区人民法院经审理认为：行为人因过错侵害他人民事权益，应当承担侵权责任。侵害他人造成人身损害的，应当赔偿医疗费等为治疗和康复支出的合理费用。造成死亡的，还应当赔偿丧葬费和死亡赔偿金。侵害他人人身权益，造成他人严重精神损害的，被侵权人可以请求精神损害赔偿。因受到犯罪侵犯，提起附带民事诉讼或者单独提起民事诉讼要求赔偿精神损失的，人民法院不予受理。被侵权人死亡的，其近亲属有权请求侵权人承担侵权责任。继承遗产应当清偿被继承人依法应当缴纳的税款和债务，缴纳税款和清偿债务以他的遗产实际价值为限。超过遗产实际价值部分，继承人自愿偿还的不在此限。

关于侵权事实及赔偿责任的认定。延某生前持械杀害李甲，显然构成对李甲生命权的侵害，现李甲、延某均已死亡，李某、汤某作为被侵权人李甲的父母有权依法提起诉讼主张相应民事权利；延甲、延乙作为侵权人延某的法定继承人，依法应当在继承延某遗产的范围内承担相应民事赔偿责任。

关于法律适用及赔偿范围的认定。因延某死亡，相关案件在侦查阶段被依法撤销，李某、汤某客观上无法行使在刑事诉讼过程中提起附带民事诉讼的法定权利。李某、汤某现提起民事诉讼主张民事侵权赔偿，故本案应当适用《中华人民共和国侵权责任法》（以下简称《侵权责任法》）等民事法律规定进行裁决。从《侵权责任法》相关条款规定看，死亡赔偿金与精神损害赔偿为不同条款并列规定的法定赔偿项目，二者并无明确的涵盖关系；《最高人民法院关于审理人身损害赔偿案件适用法律若干问题的解释》（以下简称《人身损害赔偿解释》）相关条款亦明确规定，被侵权人死亡的，赔偿义务人应当赔偿包括被扶养人生活费、死亡补偿费等费用；死亡赔偿金计算标准条款载明计算要素包括人均收入统计数据、被侵权人死亡时年龄、通常预期寿命、住所地等。从计算要素看，死亡赔偿金虽然可能具有精神抚慰的功能，但是其本质上更是对被侵权人正常生活情况下预计收入减损的弥补、赔偿；在人身侵权案件审判实践中，大量生效案例按照被侵权人伤残、死亡的情况，同时判决支持残疾、死亡赔偿金和精神损害抚慰金，实际上确认了死亡赔偿金不属于精神损失范畴。综上，李某、汤某在侵权人已经死亡的情况下按照民事侵权法律关系主张的死亡赔偿金，不属于刑事诉讼相关规定的精神损失范畴。结合李甲死亡时的年龄、就业、户籍情况等，李某、汤某关于死亡赔偿金、丧葬费的主张符合法律规定，法院予以采纳。李甲突遭杀害，李某、汤某作为其父母确实遭受了难以承受的巨大精神痛苦，但是李某、汤某关于精神损害抚慰金的主张不符合相关司法解释的明文规定，故法院无法予以采纳。

北京市西城区人民法院依照《侵权责任法》第六条第一款、第十六条、第十八条第一款、第二十二条，《中华人民共和国继承法》第三十三条，《人身损害赔偿解释》第十七条、第二十九条，《最高人民法院关于适用〈中华人民共和国刑事诉讼法〉的解释》第一百三十八条之规定，作出如下判决：

一、判决生效后三十日内，延甲、延乙在继承延某的遗产价值范围内赔偿李某、汤某死亡赔偿金 1057180 元、丧葬费 42516 元；

二、驳回李某、汤某的其他诉讼请求。

延甲、延乙不服一审判决，提起上诉。北京市第二中级人民法院经审理认为：

首先，从法律适用上看，本案系因延某生前杀害李甲而引发的民事侵权责任纠纷案件，现延甲、延乙上诉主张本案应属刑事案件引发的附带民事赔偿案件，应当适用我国刑事诉讼的相关法律及司法解释之规定，但延某生前持械杀害李甲，其行为已经构成对李甲生命权的侵害，且公安机关因延某在立案侦查阶段死亡而依法作出了撤销案件之决定，该案未能提起刑事诉讼，导致李某、汤某客观上无法行使提起刑事附带民事诉讼之权利，现二人作为赔偿权利人单独提起民事诉讼，要求延某的父母在继承延某的遗产范围内承担相应的民事侵权责任，故一审法院认定本案应当适用《侵权责任法》等民事法律相关规定，处理正确。延甲、延乙的该项上诉主张，依据不足，法院不予支持。

其次，从民事侵权责任的赔偿范围来看，《侵权责任法》第十六条规定，侵害他人造成人身损害的，应当赔偿医疗费、护理费、交通费等为治疗和康复支出的合理费用，以及因误工减少的收入。造成残疾的，还应当赔偿残疾生活辅助具费和残疾赔偿金。造成死亡的，还应当赔偿丧葬费和死亡赔偿金。故李某、汤某要求延甲、延乙赔偿死亡赔偿金的诉讼请求，符合上述法律规定，具有事实及法律依据，应当予以支持。

最后，从死亡赔偿金的性质上看，《侵权责任法》第二十二条规定，侵害他人人身权益，造成他人严重精神损害的，被侵权人可以请求精神损害赔偿；同时，《人身损害赔偿解释》第二十九条对死亡赔偿金数额的计算方式进行了明确规定，该司法解释第三十一条亦规定“人民法院应当按照民法通则第一百三十一条以及本解释第二条的规定，确定第十九条至第二十九条各项财产损失的实际赔偿金额。前款确定的物质损害赔偿金与按照第十八条第一款规定确定的精神损害抚慰金，原则上应当一次性给付”。从上述法律及司法解释规定看，死亡赔偿金与精神损害赔偿应属于并列的法定赔偿项目，两者并不等同；此外，虽然《最高人民法院关于确定民事侵权精神损害赔偿责任若干问题的解释》（以下简称《精神损害赔偿解释》）第九条规定“精神损害抚慰金包括以下方式：（一）致人残疾的，为残疾赔偿金；（二）致人死亡的，为死亡赔偿金；（三）其他损害情形的精神抚慰金”，但是该司法解释自2001年3月10日起施行，而《人身损害赔偿解释》自2004年5月1日起施行，《人身损害赔偿解释》第三十六条第二款规定“在本解释公布施行之前已经生效施行的司法解释，其内容与本解释不一致的，以本解释为准”。根据新法优于旧法之法律适用原则，本案关于死亡赔偿金的处理亦应当适用《人身损害赔偿解释》的相关规定。鉴于此，死亡赔偿金是针对人的生命的侵害而形成的赔偿义务项目，是基于受害人的死亡而产生的独立的经济赔偿义务，应当属于物质性损失，而非精神损失。现延甲、延乙上诉主张死亡赔偿金属于精神损失范畴，按照我国刑事诉讼法律之规定不属于法定赔偿范围的上诉理由，依据不足，法院难以采纳。

综上所述，延甲、延乙的上诉请求不能成立，应予驳回；一审判决认定事实清楚，适用法律正确，应予维持。

北京市第二中级人民法院依照《中华人民共和国民事诉讼法》第一百七十条第一款第一项之规定，作出如下判决：

驳回上诉，维持原判。

【法官后语】

本案系涉刑事犯罪的民事赔偿案件，双方在二审争议的焦点问题为死亡赔偿金应否属于此类案件的民事赔偿范围以及死亡赔偿金是否属于精神损失的范畴，该问题在理论界和司法实践中亦有争论。本案裁判认为，死亡赔偿金属于物质性损失，而非精神损失，对此，判决从我国现行法律规定、法律适用方面对二者的本质区别进行了详细的分析、论理。笔者在此拟从死亡赔偿金的性质及赔偿依据方面进一步阐释二者的区别。

1. 从性质上看，死亡赔偿金应属于财产损失，而非精神损失。首先，《人身损害赔偿解释》第十七条①和第十八条②非常明确地划分了收入的财产损失与精神损害赔偿，两者不同。其次，死亡赔偿金是针对人的生命的侵害而形成的赔偿义务项目，是基于受害人的死亡导致其家庭未来收入的减少，是一种独立的经济赔偿义务，应当属于物质性的财产损失，而非精神抚慰。精神损失是指受害人或其近亲属因受害人的身体、健康或生命等人身权益遭受侵害导致其遭受生理、心理上的痛

---

① 《人身损害赔偿解释》第十七条规定，受害人遭受人身损害，因就医治疗支出的各项费用以及因误工减少的收入，包括医疗费、误工费、护理费、交通费、住宿费、住院伙食补助费、必要的营养费，赔偿义务人应当予以赔偿。受害人因伤致残的，其因增加生活上需要所支出的必要费用以及因丧失劳动能力导致的收入损失，包括残疾赔偿金、残疾辅助器具费、被扶养人生活费，以及因康复护理、继续治疗实际发生的必要的康复费、护理费、后续治疗费，赔偿义务人也应当予以赔偿。受害人死亡的，赔偿义务人除应当根据抢救治疗情况赔偿本条第一款规定的相关费用外，还应当赔偿丧葬费、被扶养人生活费、死亡补偿费以及受害人亲属办理丧葬事宜支出的交通费、住宿费和误工损失等其他合理费用。

② 《人身损害赔偿解释》第十八条规定，受害人或者死者近亲属遭受精神损害，赔偿权利人向人民法院请求赔偿精神损害抚慰金的，适用《精神损害赔偿解释》予以确定。精神损害抚慰金的请求权，不得让与或者继承。但赔偿义务人已经以书面方式承诺给予金钱赔偿，或者赔偿权利人已经向人民法院起诉的除外。

苦、折磨等，精神损害不是财产上的损害，它没有引起受害人现有财产的减少和未来可期待利益的丧失。精神损害抚慰金亦针对受害人因身体受伤或因亲人去世而遭受精神痛苦而给与的一种救济方式。最后，财产损失赔偿与人的生命期限有关，而与受害人或亲属遭受的精神痛苦无关，精神损害赔偿则直接与受害人或亲属所遭受的精神打击、损害程度相关，而与人的生命期限无直接关系。

2. 从赔偿依据上看，死亡赔偿金与受害人死亡时的年龄和职业相关。死亡赔偿金采取受害人死亡时的实际年龄和法定赔偿年限相结合，确认赔偿数额的计算方法。[①] 而精神损害抚慰金则由侵权人的侵害手段、获利情况等综合因素确定且计算方法不一。[②]

综上，死亡赔偿金不同于精神损害抚慰金，不属于精神损失赔偿的范畴。本案中，对于李某、汤某主张的死亡赔偿金，延甲、延乙认为是精神损害抚慰金，理据不足，死亡赔偿金应属于本案的民事赔偿范围。

编写人：北京市第二中级人民法院　马兴芳

---

① 《人身损害赔偿解释》第二十五条规定，残疾赔偿金根据受害人丧失劳动能力程度或者伤残等级，按照受诉法院所在地上一年度城镇居民人均可支配收入或者农村居民人均纯收入标准，自定残之日起按二十年计算。但六十周岁以上的，年龄每增加一岁减少一年；七十五周岁以上的，按五年计算。受害人因伤致残但实际收入没有减少，或者伤残等级较轻但造成职业妨害严重影响其劳动就业的，可以对残疾赔偿金作相应调整。

② 《精神损害赔偿解释》第十条规定，精神损害的赔偿数额根据以下因素确定：(一) 侵权人的过错程度，法律另有规定的除外；(二) 侵害的手段、场合、行为方式等具体情节；(三) 侵权行为所造成的后果；(四) 侵权人的获利情况；(五) 侵权人承担责任的经济能力；(六) 受诉法院所在地平均生活水平。法律、行政法规对残疾赔偿金、死亡赔偿金等有明确规定的，适用法律、行政法规的规定。

21

恋人之间法律上救助义务的认定

——李某某等诉沈某某人格权案

【案件基本信息】

1. 裁判书字号

北京市房山区人民法院（2016）京0111民初8332号民事判决书

2. 案由：人格权纠纷

3. 当事人

原告：李某某、孟某某、孟小某

被告：沈某某

【基本案情】

孟某某、李某某系死者孟某之父母，孟小某系孟某之女。2015年孟某与沈某某相识并很快确立恋爱关系，沈某某将孟某接到单位宿舍居住。2016年3月初，沈某某与孟某二人一起租房同居生活。2016年3月19日零点左右，沈某某与孟某争吵后收拾行李，准备搬出同居房屋，孟某情绪激动，以跳楼相威胁挽留沈某某，后不慎坠楼身亡。公安机关认定：1. 孟某生前饮用过大量的酒；2. 符合高坠致创伤失血性休克死亡；3. 孟某死亡一案不属于刑事案件。现三原告请求法院依法判令被告赔偿死亡赔偿金1057180元、被扶养人生活费126488元、丧葬费42516元、处理事故人员误工费10000元、交通费3000元、住宿费3000元、精神抚慰金100000元，以上共计1342484元的50%即671242元。

【案件焦点】

1. 沈某某应否对孟某的死亡承担民事责任；2. 恋人之间是否存在法律上的救助义务。

【法院裁判要旨】

北京市房山区人民法院经审理认为：公民的生命权受法律保护，行为人因过错侵害他人民事权益，应当承担侵权责任。被侵权人对损害的发生也有过错的，可以减轻侵权人的责任。当事人对自己提出的主张，有责任提供证据。没有证据或者证据不足以证明当事人事实主张的，由负有举证责任的当事人承担不利后果。

根据公安机关制作的《关于孟某死亡的调查结论书》，孟某的死亡不属于刑事案件，故本案的争议焦点主要是沈某某在孟某坠楼死亡事件中是否存在过错。其中过错主要包括两个方面：一是在孟某产生跳楼的想法及准备跳楼的过程中沈某某是否存在过错；二是在孟某坠楼过程中及坠楼后，沈某某是否存在怠于施救的过错。

沈某某在已经结婚的情况下与孟某长期同居，违反了《中华人民共和国婚姻法》关于禁止有配偶者与他人同居的法律规定，应当予以谴责。公安机关制作的2016年3月19日及2016年4月18日对沈某某的询问笔录显示，事发当天孟某与沈某某因感情纠葛发生矛盾，孟某在沈某某要搬离同住房屋的情形下以“你要走，我就跳楼”相威胁并往窗口走去，由此可知孟某已存在轻生念头，并有跳楼的可能。公安机关制作的2016年3月19日对案外人丁某的询问笔录显示，丁某在进入1304号房间后看到“（孟某）正站在门口正对（的）阳台上扯西侧窗户的纱窗”，沈某某“就在门口正对的客厅西侧的沙发边上收拾衣服”，由此可知事发时沈某某与孟某共处一室，其对孟某跳楼的想法及准备行为未采取任何劝阻、安抚、疏导等措施。事发当晚孟某还曾与沈某某等人一起大量饮酒。饮酒会降低人的控制和判断能力，饮酒后通常更易于产生一些危险行为。因此，饮酒人之间先行的饮酒行为会在席间和席后产生一定的安全注意义务，即对他人出现的危险举动或异常反应给予适当的安全提醒、照顾或救助。作为孟某饮酒的同席人之一，同时作为与孟某具有特殊亲密关系的人，沈某某在明知孟某大量饮酒后因两人分手情绪失控而产生自杀念头并开始实施的情形下，没有采取任何措施进行疏导、劝阻、安抚，对孟某造成了进一步的刺激，故沈某某在孟某坠楼死亡事件中存在一定的过错。

关于沈某某是否怠于施救，在发现孟某双手拽着阳台外的铁栅栏底部时，沈某某和丁某积极展开营救，但未果。孟某坠楼后沈某某与丁某第一时间拨打了110和120。被告在施救过程中和孟某坠楼后尽到了相应的义务，不存在过错。

因此，孟某不能控制自己的情绪，在感情受挫的情况下轻率以跳楼相威胁并将自己置于坠楼的危险之中，是其死亡的主要原因，应自行承担主要责任。沈某某在孟某大量饮酒并以跳楼相威胁时，作为同席饮酒及特殊亲密关系的人对此处理不当，存在一定过错，其过错行为与孟某的死亡存在因果关系，应对本案损害后果承担相应的民事赔偿责任。法院综合考虑案件事实及双方过错大小，酌定沈某某应承担的责任比例为30%。

孟某某、李某某、孟小某的合理损失包括：死亡赔偿金1057180元、被扶养人生活费126488元、丧葬费42516元、误工费1650元、交通费1000元、住宿费2100元、精神损害抚慰金50000元，共计1280934元。对于以上损失，沈某某按照30%的比例承担，赔偿数额为384280.2元。需要指出的是，本案绝非仅为满足受害人亲属追索经济赔偿的诉求，经济赔偿虽可对受害人亲属有所安慰，但人的生命是无价的。本案的诉讼价值更多的是体现法律对生命的尊重和敬畏，以及对社会活动风险与利益的平衡考量，同时也提示有关个人，在参与社会活动时，应该以人为本，将人的生命和安全利益视为最高利益而优先考虑。此外，法院也衷心希望原告能够尽快走出悲伤的阴影，以积极乐观的心态面对未来的生活。

北京市房山区人民法院根据《中华人民共和国侵权责任法》第六条、第十六条、第二十二条、第二十六条，《最高人民法院关于审理人身损害赔偿案件适用法律若干问题的解释》第十七条、第十八条、第二十条、第二十二条、第二十七条、第二十八条、第二十九条以及《中华人民共和国民事诉讼法》第六十四条之规定，判决如下：

一、沈某某于本判决生效之日起七日内赔偿李某某、孟某某、孟小某死亡赔偿金、被扶养人生活费、丧葬费、误工费、交通费、住宿费、精神损害抚慰金共计384280.2元。

二、驳回李某某、孟某某、孟小某的其他诉讼请求。

【法官后语】

根据救助义务来源，可将行为人的救助义务分为法定义务、约定义务、先行为的义务和基于特定身份的义务。其中，基于特定身份引起的救助义务常见于夫与妻、父母与子女、教师与学生、医生与病人之间。那么，恋人之间是否具有特殊身份关系？基于该特殊关系，在遭受某种危险或面临某种困境时，彼此是否要承担救助义务、采取合理的救助措施帮助对方摆脱困境？如果没有做到，是否要承担侵权责任？

《中华人民共和国婚姻法》第二十条规定，夫妻有互相扶养的义务。夫妻间的扶养权利义务是以婚姻这一特殊关系为前提，以经济上互相供养、生活上互相扶助为内容的权利义务关系，是婚姻得以维系和存在的基本保障。恋爱关系有别于婚姻关系，是一种特殊的亲密关系，恋人尤其是同居期间的恋人之间是否可类推适用婚姻法规定的夫妻扶养关系，从而产生一定的救助义务在理论界和实务界历来存在争议。一种观点认为，恋人关系是一种受道德支配的典型社会关系，是只具有道德内容的关系，非法律上的权利义务关系，受道德规范调整而不受法律规制。[①] 恋人之间不能类推适用夫妻间权利义务的规定，当一方处于危险境地时，另一方没有相应的救助义务，对其因此遭受的损失也不应承担侵权责任。另一种观点认为，特殊关系理论就是在某些特定的情况下将道德义务上升为法律义务，从而使义务人承担义务的理论。[②] 应将恋爱关系归入特殊关系，男女双方在恋爱期间遭受某种危险或困境时，彼此都要承担救助义务。这一观点具有以下主张：当双方存在恋爱关系时，一方对另一方处于危险具有可预见性；一方对另一方存在高度信任，会使一方的自我保护能力降低；当一方处于危难时，另一方的施救条件与地位具有优越性；恋爱特殊关系的存在，一定程度上排斥了他人介入救助的可能性。[③]

笔者认为，生命权具有高于一切民事权利的至高地位，在特定危险情形下，应对现行法进行扩张解释，赋予恋人尤其是具有同居关系的恋人一定的救助义务。这不仅具有正当性，也符合法律及社会道德规范所宣扬的价值观念，但该义务应当结合具体案情，严格把控，以恋人尽到一般理性人的救助义务标准为限，而不能对其提出过高的要求。

本案中，孟某与沈某某以恋人身份同居，关系亲密，异于普通朋友，沈某某欲结束恋爱关系并搬离同居房屋的行为对孟某造成较大的精神刺激，导致其产生自杀

---

① 梁慧星：《民法总论》，法律出版社2001年版，第61页。

② 竺伟东、陆春：《恋人之间的救助义务探析——以“特殊关系理论”为视角》，载《法学研究》2013年第4期。

③ 竺伟东、陆春：《恋人之间的救助义务探析——以“特殊关系理论”为视角》，载《法学研究》2013年第4期。

念头。在孟某以跳楼相威胁以挽留沈某某并着手实施的情况下，沈某某对孟某的坠楼危险显然具有可预见性；作为恋人，孟某高度信任沈某某不会放任其跳楼自杀，并会在危急关头救助自己；孟某做出跳楼相威胁的危险行为时，沈某某的施救条件与地位具有优越性与便利性；二人恋爱特殊关系的存在和房屋密闭空间的特殊性，一定程度上排斥了他人介入救助的可能性。因此，沈某某对孟某的跳楼自杀行为有制止和救助的义务。又因其二人当晚曾共同与朋友一起大量饮酒，基于饮酒这一先行危险行为，沈某某作为同席饮酒者对孟某应当尽到合理的注意义务，即孟某在酒后出现过激行为且产生危险时，作为同饮者和同居恋人，沈某某对孟某的人身安全应承担更高的注意义务。当然，孟某作为具有完全民事行为能力的成年人，不能控制自己的情绪，在感情受挫的情况下轻率地以生命安全作为赌注并将自己的生命置于危险之中，这无疑是其死亡的主要原因，应由其自行承担主要责任。法院综合案情，判定沈某某承担30%的赔偿责任。

编写人：北京市房山区人民法院　王友娟

22

过失相抵原则在无过错归责的雇主责任案件中的适用

——刘某诉北京科利源热电有限公司身体权案

【案件基本信息】

1. 裁判书字号

北京市海淀区人民法院（2016）京0108民初27492号民事判决书

2. 案由：身体权纠纷

3. 当事人

原告：刘某

被告：北京科利源热电有限公司（以下简称科利源公司）

【基本案情】

刘某系科利源公司聘用的收费员，聘用期限至2015年8月。2015年6月10日，科利源公司组织员工进行跳绳比赛，因刘某所在部门已选定的参赛选手不能参赛，遂由刘某顶替参赛。刘某在集体项目开始前曾在室内进行了适应性练习，移出室外进行正式比赛后，刘某因借用的鞋不适脚，滑倒摔伤，造成其右膝内侧着地。后刘某被送至北京大学人民医院（以下简称人民医院），急救费170元及前期检查费107.61元由科利源公司支付。2015年6月10日至7月21日，刘某在人民医院住院，科利源公司为其支付个人应付的医疗费48490.97元及护理费3000元、住院伙食费1000元，刘某自付了护工租床费150元。

刘某出院时医嘱转北京市西城区展览路医院（以下简称展览路医院）进行康复治疗，2015年7月21日至8月12日、9月15日至12月4日，刘某均在展览路医院进行康复治疗。2015年8月12日至9月15日、2016年5月30日至6月15日，刘某先后在人民医院行右膝关节镜探查、清理、关节松解术和右胫骨内固定取出术。上述康复及后续手术期间，医疗费19357.92元及护理费30690元、残疾器具费（拐杖）100元均由刘某自行支付。2015年12月23日，刘某自行委托北京通达首诚司法鉴定所对其伤情进行鉴定。2015年12月31日和2016年8月12日，人民医院向刘某出具诊断证明书和住院许可证，仅注明住院押金6万元，未注明后续治疗费数额。其出院后，曾先后在中国人民解放军第306医院和北京市朝阳区亚运村街道安翔里社区卫生服务站取药，自行支出2322.53元，其中1145.87元为取阿伦磷酸钠片、骨化三醇胶囊药物及数字化摄影的费用。刘某与科利源公司协商赔偿事宜未果后，诉至法院，请求法院判令科利源公司赔偿刘某医疗费、护理费、误工费、营养费、住院伙食补助费、鉴定费、精神损害抚慰金、伤残赔偿金、残疾辅助器具费、租床费和后续治疗费共计459634.35元。

【案件焦点】

1. 过失相抵原则可否适用于无过错归责的雇主责任案件；2. 如果适用过失相抵原则，雇员和雇主的责任承担比例如何确定。

【法院裁判要旨】

北京市海淀区人民法院经审理认为：雇员在从事雇佣活动中遭受人身损害，雇主应当承担赔偿责任。科利源公司未能核对参赛选手身份，从而造成顶替选手在比赛中受伤，其应对此承担管理、组织不当的责任，应负主要赔偿责任。涉案比赛场地在比赛时并无积水及阴湿痕迹，刘某在运动过程中亦无其他阻碍情形，故其关于科利源公司让员工在湿滑的场地比赛系造成其摔伤的表述，法院不予采信。被侵权人对损害的发生也有过错的，可以减轻侵权人的责任。刘某在明知其系顶替参赛的情况下，未使用适合自身的运动装备，且其自身患有严重的骨质疏松，上述事实也是造成其受伤的原因之一，故刘某存在重大过失，应承担相应责任，该责任比例判定为20%。刘某主张的赔偿项目及数额，在法院判定是否属于治疗必需的合理费用并扣除科利源公司已垫付的款项后，根据双方的责任承担比例基数予以确定。

北京市海淀区人民法院依照《中华人民共和国侵权责任法》第七条、第十六条、第二十六条，《最高人民法院关于审理人身损害赔偿案件适用法律若干问题的解释》第十一条第一款、第二十条，《最高人民法院关于确定民事侵权精神损害赔偿责任若干问题的解释》第八条第二款之规定，判决如下：

一、科利源公司赔偿刘某医疗费55417.9元、护理费24552元、误工费6400元、营养费2400元、住院伙食补助费8560元、鉴定费2520元、精神损害抚慰金8000元、残疾赔偿金169148.8元、残疾辅助器具费80元、租床费120元，上述共计277198.7元，扣除科利源公司已垫付的52768.58元，余款224430.12元于本判决生效后七日内付清；

二、驳回刘某的其他诉讼请求。

【法官后语】

法院审理雇主责任案件需要注意以下两个问题：

1. 归责原则的确定

本案属于雇员在从事雇佣活动中遭受人身损害的案件类型，当雇主为用人单位时，应适用《最高人民法院关于审理人身损害赔偿案件适用法律若干问题的解释》（以下简称《人身损害赔偿解释》）第十一条第一款“雇员在从事雇佣活动中遭受人身损害，雇主应当承担赔偿责任……”的规定。该条对雇主责任采用无过错责任原则。

无过错责任原则，即不把加害人的过错作为民事责任的构成要件，只要法律规定应该承担责任，就应对损害结果承担责任。该原则主要体现在《中华人民共和国民法通则》（以下简称《民法通则》）第一百零六条第三款和《中华人民共和国侵权责任法》（以下简称《侵权责任法》）第七条。无过错责任原则和其免责事由的适用需有法律的明文规定，不得任意扩大或缩小适用范围。

2. 赔偿责任比例的确定

在无过错责任原则的前提下，行为人是否承担责任并不取决于其有无过错，而取决于行为和损害后果之间是否有因果关系。本案中，无论是刘某自行委托的鉴定结论还是法院委托的鉴定结果都显示刘某的受伤与参加比赛直接相关，该比赛由科利源公司组织进行，故其需要承担赔偿责任。而该责任应全面赔偿还是适用过失相抵原则成为本案的裁判难点。

过失相抵原则是指在加害人依法应承担损害赔偿责任的前提下，若受害人对损害结果的发生或扩大也存有过失，法院可依职权减轻加害人的赔偿责任，从而公平合理地分配损害的一种制度。过失相抵原则主要体现在《侵权责任法》第二十六条。《人身损害赔偿解释》第二条明确过失相抵原则可适用于无过错责任案件。《民法总则》实施后，《民法通则》并没有废止，而是根据新法优于旧法的原则在适用，故上述司法解释仍属有效。具体到雇主责任案件，可否适用过失相抵原则主要取决于雇员对损害结果的发生是否存在重大过失。民法上的重大过失，是指违反具有一般知识和经验的普通人的注意义务，如行为人仅用一般人的注意即可预见到行为的危害，却又怠于注意，就可认定行为人存在重大过失。

本案中，刘某明知自己年纪较大，患有比较严重的骨质疏松，仍主动顶替缺席员工参赛，本身就为损害结果的发生留下了隐患。加之其在比赛前穿了一双不适脚的鞋子，未及时完善运动装备就投入剧烈运动中，导致跳绳下落时摔伤。作为一个年过半百的中年人，刘某应该知晓在剧烈运动中鞋子不适脚会引发高概率的摔伤事件，其稍加注意就可避免摔伤的发生，该过失可归为重大过失，法官可适当减轻科利源公司的赔偿责任。根据双方陈述及各自出示的证据，科利源公司负本次事故的主要责任，法官发挥自由裁量权酌定该赔偿责任比例为80%，另外20%应由刘某本人自行承担。

编写人：北京市海淀区人民法院　唐卫京

23

共同承揽劳务合伙关系中合伙人因执行合伙事务受伤，其他合伙人是否应当承担相应责任

——刘某龙诉任某义、汪某庆健康权案

【案件基本信息】

1. 裁判书字号

湖南省岳阳市中级人民法院（2017）湘06民终778号民事判决书

2. 案由：健康权纠纷

3. 当事人

原告（上诉人）：刘某龙

被告（上诉人）：汪某庆

被告（被上诉人）：任某义

【基本案情】

2015年11月16日，汪某庆雇用葛某修建房屋，并通过葛某将预制板安装业务以每块7元的价格承包给其他人。葛某联系了任某义，任某义召集六人，刘某龙在其中。刘某龙及罗某等四人负责抬板，任某义等两人负责开吊机调板，承包费用的比例分配为刘某龙等四人占50%，任某义等两人占50%。

当日，刘某龙准备去抬预制板，行走在房屋横梁途中摔下致伤，2016年6月22日经法医鉴定构成九级伤残，法医建议刘某龙休息至评残，住院期间陪护一人，后期取内固定加休20日，陪护一人，后期取内固定费用6000元，并加强营养。刘某龙受伤后住院治疗21日，用去医疗费21664.89元，任某义垫付医疗费7000元。

【案件焦点】

1. 任某义与刘某龙之间具有何种法律关系；2. 合伙人在执行合伙事务中受伤，

其他合伙人如何承担责任。

【法院裁判要旨】

一审法院认为，任某义与刘某龙共同承揽汪某庆家房屋建设的预制板安放工程，汪某庆的房屋属于农村一层房屋建设，不适用建筑法对建筑资质的要求。刘某龙在施工中因在屋梁上行走未注意安全导致摔伤，因任某义与刘某龙系合作关系，任某义对刘某龙的受伤没有过错，又不属于雇佣关系，故任某义对刘某龙的受伤不应承担责任。汪某庆作为定作方，在选任承揽人的过程中，因承揽人没有安全保障条件，属于选任有过失，应当承担相应赔偿责任，依据本案实际情况，确定汪某庆承担20%的赔偿责任。刘某龙的损失合计188250元，由汪某庆承担20%的责任即承担37650元。

依照《最高人民法院关于审理人身损害赔偿案件适用法律若干问题的解释》第十条、第十七条、第十八条第一款、第十九条、第二十条、第二十一条、第二十三条、第二十四条、第二十五条、第二十八条，《最高人民法院关于确定民事侵权精神赔偿责任若干问题的解释》第十条的规定，判决：

一、由汪某庆赔偿刘某龙经济损失37650元，限在本判决生效后十日内支付；

二、驳回刘某龙的其他诉讼请求。

刘某龙、汪某庆不服一审判决，提起上诉。二审法院认为，刘某龙与任某义在预制板安放工程中各有分工，且双方也约定按一定比例分配总报酬。据此，一审认定其二人之间是合作关系，任某义不承担本案的赔偿责任正确。

汪某庆将预制板安放工程承包给没有安全保障条件的承揽人，且未提供相应的施工保障措施，具有一定的过错；而刘某龙受伤，系其在屋梁上行走时未注意安全所致，也具有过错。在此情况下，一审确定由汪某庆承担本案20%的赔偿责任，刘某龙自行承担80%的责任，并无不当，予以确认。

综上所述，刘某龙、汪某庆的上诉请求没有事实及法律依据，不予支持。一审判决认定事实清楚，适应法律正确，处理恰当，应予维持。

依据《中华人民共和国民事诉讼法》第一百七十条第一款第一项的规定，判决如下：

驳回上诉，维持原判。

【法官后语】

第一种观点认为，其他合伙人及合伙组织对受伤合伙人不存在过错，无过错即无责任，其他合伙人承担责任没有法律依据。

第二种观点认为，部分合伙人在执行合伙事务中受伤所造成的经济损失，应认定为合伙债务，适用《民法通则》第三十五条、《最高人民法院关于贯彻执行〈中华人民共和国民法通则〉若干问题的意见（试行）》（以下简称《民通意见》）第四十七条的规定，由合伙人按照出资比例或协议约定，以各自的财产承担清偿责任，且各合伙人承担连带责任。

第三种观点认为，合伙人共谋利益、共担风险不仅表现在合伙事务上，而且包括在合伙事务中出现的成员受伤等情况。伤者系为全体合伙成员谋利益，作为合伙经营的受益人，应给予适当的经济补偿。

笔者认为，《民法通则》第三十五条规定，合伙的债务，由合伙人按照出资比例或者协议的约定，以各自的财产承担清偿责任。合伙人对合伙的债务承担连带责任，法律另有规定的除外。偿还合伙债务超过自己应当承担数额的合伙人，有权向其他合伙人追偿。《民通意见》第四十七条规定，全体合伙人对合伙经营的亏损额，对外应当负连带责任；对内则应当按照协议约定的债务承担比例或者出资比例分担；协议未规定债务承担比例或者出资比例的，可以按照约定的或者实际的盈余分配比例承担。但是对造成合伙经营亏损有过错的合伙人，应当根据其过错程度相应地多承担责任。上述法律规定较为明确地确定了全体合伙人对合伙债务对外承担连带责任，对内承担按份责任的原则。本案审理的关键在于合伙成员在执行合伙事务中受伤所产生的损失是否属于合伙债务。《民法通则》《民通意见》对何谓“合伙债务”并未进行明确的规定。解决该问题，应当从合伙债务的概念和定义着手。合伙债务，是指于合伙关系存续期间，合伙组织以其字号或全体合伙人的名义，在与第三人发生的民事法律关系中所承担的债务。据此，合伙债务应当是全体合伙人与合伙人之外的第三人所形成的债务关系。合伙成员在执行合伙事务中受伤所造成的损害并未包含在合伙债务的定义之中，不应当属于合伙债务，不能适用《民法通则》第三十五条、《民通意见》第四十七条的相关规定。在法律并无明确规定的情况下，应当按照一般人身损害案件进行处理，适用过错原则。在当事人双方均无过错的情况下，则可以依据《民通意见》第一百五十七条“当事人对造成损害均无过错，但一方是在为对方的利益或者共同的利益进行活动的过程中受到损害的，可以责令对方或者受益人给予一定的经济补偿”、《侵权责任法》第二十四条“受害人和行为人对损害的发生都没有过错的，可以根据实际情况，由双方分担损失”的规定进行处理。根据《最高人民法院关于个人合伙成员在从事经营活动中不慎死亡其他成员应否承担民事责任问题的批复》的精神，合伙成员受伤的，在双方均无过错的情况下，并非由全体合伙人分摊损失，而是按照公平补偿原则处理。

编写人：湖南省岳阳市岳阳楼区人民法院　王益民　陈军

24

擅自改建公共部位造成他人损害的应当承担侵权责任

——陆甲等诉钱某等生命权案

【案件基本信息】

1. 裁判书字号

江苏省南通市中级人民法院（2017）苏06民终1557号民事裁定书

2. 案由：生命权纠纷

3. 当事人

原告（被上诉人）：陆甲、陆乙、陆丙

被告（上诉人）：钱某、江苏坤园物业管理有限公司（以下简称坤园物业）

被告：徐某、李某、南通德美嘉装饰有限公司（以下简称德美嘉公司）、南通纳德装饰设计有限公司（以下简称纳德公司）

【基本案情】

陆甲、陆乙、陆丙分别系死者施某的妻子、儿子、女儿。徐某系某某花园7幢302室业主，委托纳德公司进行房屋装修。纳德公司将该房屋的木工活交由李某承担，2016年11月8日，李某与施某一起前往某某花园7幢302室施工。当日18时左右，施某在结束工作后回家，途经某某花园7幢301室时，因该户拆除过道墙体，施某不慎从该处摔落，随即被送往南通市第六人民医院、南通大学附属医院抢救，最终抢救无效，其于当日死亡。

钱某系某某花园7幢301室业主，2016年10月24日，钱某的丈夫与德美嘉公司签订《住宅室内装饰装修工程施工合同》，约定由德美嘉公司对某某花园7幢301室房屋进行装饰装修。2016年11月3日，德美嘉公司将某某花园7幢301室门口过道的固定窗墙面拆除，欲改造成鞋柜。事故发生当日该拆除部位无明显警示或遮挡措施。事故发生后，德美嘉公司、纳德公司各支付了20000元给施某家属，用于处理善后事宜。

另，坤园物业系某某花园的物业管理公司，其与钱某签订的《临时管理规约》第二十一条约定："甲方（业主）对房屋的使用，必须严格遵守下列规定：1. 不得擅自改变房屋的结构、用途和外貌……"《装饰装修管理协议书》约定："……（二）室外部分装饰装修规定：1. 户外墙面、空间、场地均属公共部位，非任何人所私有，装修施工不得影响、占用公共部位，不得在公共部位搭建、做活，严禁在楼道等公用部位做油漆。"坤园物业在上述墙面被拆除后书面要求钱某进行整改。该小区的其他业主也存在将外墙拆除后改造成鞋柜的情形。

【案件焦点】

钱某、德美嘉公司是否需要承担赔偿责任。

【法院裁判要旨】

一审法院认为，本案的争议焦点可具体分解为：1. 施某与纳德公司、李某之间存在何种法律关系；2. 钱某、德美嘉公司是否需要承担赔偿责任；3. 坤园物业是否存在管理过错；4. 施某对事故的发生是否存在过错。

关于争议焦点1，雇佣关系是受雇人利用雇佣人提供的条件，在雇佣人的指导、监督下，以自身的技能为雇佣人提供劳动并由雇佣人支付劳动报酬的法律关系。纳德公司将某某花园7幢302室房屋装修工程中的木工工程交由李某承接，纳德公司对李某的施工行为并不进行监督、指导，李某完成相应的工作任务后获取相应的报酬，不符合雇佣关系的特征，与纳德公司之间形成了承揽关系。施某与李某共同从事木工工作，工资扣除工具费亦是由二人平分，也不符合雇佣关系特征，与李某属于共同承揽人。因此，施某与纳德公司、李某之间均不存在雇佣关系。

关于争议焦点2，建筑物的公共部位属于全体业主所有，任何人不得改建、侵占公共部位。《住宅室内装饰装修管理办法》第七条规定，装修人从事住宅室内装修活动，未经批准，不得搭建建筑物、构筑物，不得改变住宅外立面；第十二条规定，不得侵占公共空间，不得损害公共部位和设施。钱某、德美嘉公司改建、侵占住宅公共部位的行为违反了相关的法律法规，属于违法行为。《中华人民共和国侵权责任法》第九十一条规定，在公共场所或者道路上挖坑、修缮安装地下设施等，没有设置明显标志和采取安全措施造成他人损害的，施工人应当承担侵权责任。德美嘉公司拆除某某花园7幢302室外墙后，改变了房屋原有的封闭结构，应当预见到可能危及他人的安全，本应设置警示标志或保护措施而未能实施，导致施某失足摔落身亡，故应当承担侵权责任。

二人以上共同实施侵权行为，造成他人损害的，应当承担连带责任。本案中，被拆除墙体系住宅楼公共部位墙体，属于该单元业主共有。钱某并没有举出相应证据证明拆除该墙体得到了所有业主的认可，故钱某无权拆除该墙体。德美嘉公司作为专业的装修公司，具备专业知识，对于公共部位墙体不得私自拆除应当是明知的，但德美嘉公司依旧拆除了该墙体，是违法行为的实施人，且存在重大过错。钱某也应当清楚房屋公共部位不得擅自拆除，仍然指示德美嘉公司拆除墙体，双方的行为构成共同侵权。虽然双方之间签订的装饰装修合同约定的承包范围没有明确包括拆除外墙，但是不能排除双方签订合同之后以实际行为变更合同的内容。即便德美嘉公司的行为属于无偿帮工，因其行为存在重大过错，根据《最高人民法院关于人身损害赔偿案件适用法律若干问题的解释》第十三条的规定，造成他人损失的，也应当承担连带赔偿责任。

关于争议焦点3，物业公司对其管理的物业没有尽到管理义务，造成他人损害的，应当承担相应的赔偿责任。根据《物业管理条例》第四十六条的规定，对物业管理区域内违反有关治安、环保、物业装饰装修和使用等法律、法规规定的行为，物业服务企业应当制止，并及时向有关行政管理部门报告。坤园物业在钱某装修房屋前，通过多种形式告知钱某不得拆除公共部位，已经尽到一定的管理义务。但其在2016年11月1日、2日巡查中已经发现某某花园7幢301室存在违规装修行为后，除张贴整改通知单外并没有采取有效措施予以制止，也未在拆除墙体处设置警示标志或派专人督促监管，亦没有向行政管理部门进行报告。结合其他业主也存在改造公共部位的事实，可以认定坤园物业未能完全尽到管理义务，一定程度上放任了违法装修行为的发生，存在过错，与事故的发生也存在一定的因果关系，应当承担相应的赔偿责任。

关于争议焦点4，施某作为成年人，多年从事木工工作，应当预料到正在装修中的房屋比已经装修完毕的房屋可能存在更多的风险，知晓在没有照明的陌生环境中行走存在相当大的危险，本应尽到更高的注意义务，自行采取一定的照明方式以观察清楚四周环境而未采取，没有尽到谨慎注意义务，导致自身受损，也存在一定过错。

据此，施某死亡的主要原因是钱某、德美嘉公司私自拆除墙体，次要原因是坤园物业未尽到管理职责以及施某自身未尽到注意义务，对于陆甲、陆乙、陆丙要求钱某、德美嘉公司、坤园物业进行赔偿的诉讼请求，予以支持。施某不属于纳德公司的雇员，且徐某、纳德公司对于施某的死亡并无过错，不应当承担赔偿责任。

综合考虑事故发生的原因、各方当事人的过错程度，酌定钱某、德美嘉公司连带承担70%的赔偿责任，坤园物业承担10%的赔偿责任。

依照《中华人民共和国侵权责任法》第六条、第八条、第十六条、第二十二条、第二十六条、第九十一条，《物业管理条例》第四十六条的规定，判决如下：

一、钱某、德美嘉公司于本判决生效后十日内一次性连带赔偿陆甲、陆乙、陆丙511581.05元；

二、坤园物业于本判决生效后十日内一次性赔偿陆甲、陆乙、陆丙75940.15元；

三、驳回陆甲、陆乙、陆丙的其他诉讼请求。

坤园物业、钱某提起上诉，后申请撤诉，二审法院裁定准许其撤回上诉。

【法官后语】

日常生活中，一些业主为提高房屋的利用率、改善居住环境，在未经相关单位许可的情况下，擅自拆除公共墙体，改变房屋结构，影响到其他业主对共有部分权利的行使，甚至导致他人人身或财物受损。此时，应如何确定侵权责任主体及其责任承担成为审判实践的难点问题。一般而言，上述损害后果的发生，既有可能是业主、装修公司的积极主动作为导致，也有可能是物业公司、相关部门的消极不作为造成，还有可能是二者相互竞合产生。对于单独行为或共同积极作为导致损害后果发生的情形下的责任承担，实践中相对容易认定。对于竞合侵权行为，因其表现为“多因一果”，判断侵权行为人之间究竟应承担按份责任还是连带责任，关键在于各侵权行为人之间在实施侵权行为时是否有共同意思联络或共同实施侵权行为。

通常，竞合侵权行为构成要件有：1. 各行为人的行为对损害结果的发生均有原因力；2. 行为人的行为相互间接结合；3. 各行为人没有共同意思联络；4. 损害结果同一。本案属于典型的竞合侵权行为，亦属于“多因一果”的侵权行为，业主与装修公司在未取得原设计单位许可的情况下，对建筑物的公共部位共同实施了非法改造的行为，且未设置警示标志或采取安全措施，二者虽无共同的意思联络，但共同实施了侵权行为，导致同一损害后果的发生，应认定为共同侵权，需承担连带责任。物业公司作为小区物业的服务者，除应根据物业服务合同向小区业主提供物业服务外，还负有及时制止并向有关行政管理部门报告物业管理区域内违反有关治安、环保、物业装饰装修和使用等法律、法规规定情形的法定义务，未尽此项管理职责的，属于消极不履行法定义务，也应当承担侵权责任。业主、装修公司和物业公司之间并无共同的意思联络，各主体对本起事故的发生均有原因力。虽然物业公司与业主、装修公司之间的行为各自独立，但是行为相互间接结合，符合竞合侵权行为的构成要件。根据各自原因力及过错的大小，业主、装修公司应对本起事故的发生共同承担主要责任，物业公司应当承担次要责任。

编写人：江苏省南通市港闸区人民法院　肖红波　邓述勇

25

公司瑕疵注销后其侵权责任应由股东承担

——鲍某某诉北京某有限公司生命权、健康权、身体权案

【案件基本信息】

1. 裁判书字号

北京市第二中级人民法院（2017）京02民终8905号民事判决书

2. 案由：生命权、健康权、身体权纠纷

3. 当事人：

原告（被上诉人）：鲍某某

被告（上诉人）：北京某有限公司（以下简称北京某公司）

【基本案情】

北京某会馆公司系法人独资有限责任公司，该公司于2016年8月26日经北京市工商行政管理局丰台分局核定准予注销。北京某公司系该公司股东。

2014年12月4日1时许，北京某会馆公司的保安纪某、王某某等人在北京某会馆大门处因阻止鲍某某进入会馆而与鲍某某发生争执，后将其打伤。事发后，鲍某某到中国人民解放军总医院第一附属医院就医，诊断为右股骨干粉碎性骨折、头皮挫伤，并于当日至2014年12月13日在中国人民解放军总医院第一附属医院住院治疗。北京某会馆公司为鲍某某支付救护车费用250元、门诊费48.14元及住院预交金100000元。后鲍某某多次到医院复诊，至2016年9月5日共花费医疗费13697.33元。

2016年6月27日，北京华夏物证鉴定中心出具鉴定意见，载明鲍某某右股骨骨折内固定术后构成九级伤残；误工期可至评残前一日止，护理期为150日，营养期为120日。鲍某某为此支付鉴定费4350元。

【案件焦点】

1. 北京某会馆公司已注销，北京某公司应否对鲍某某的损失承担赔偿责任；2. 鲍某某在该损伤行为发生的过程中自身是否具有过错。

【法院裁判要旨】

北京市丰台区人民法院经审理认为，公民的生命权、健康权、身体权应受法律保护。雇员因故意或者重大过失致人损害的，应当与雇主承担连带赔偿责任。雇主承担连带赔偿责任的，可以向雇员追偿。法律规定承担连带责任的，被侵权人有权请求部分或者全部连带责任人承担责任。纪某、王某某系北京某会馆公司的雇员，其从事北京某会馆公司指示的安保活动时，发生对原告的侵权行为，故北京某会馆公司对原告的损失应当承担连带赔偿责任，并可以向雇员纪某、王某某追偿。根据法律规定，公司清算告知债权人申报债权时，应当以通知为原则，只有通知不能时，才可以公告形式告知。北京某会馆公司在清算过程中，明知与原告的纠纷尚在诉讼中并可以通知，却消极履行通知义务，导致原告的债权无法从公司清算中得到处理，故北京某会馆虽已注销，但被告作为北京某会馆的股东仍应对其债务承担连带责任。

原告在该损伤行为发生的过程中，自身具有过错，结合已经查明的事实，法院酌定被告按照80%的比例承担责任，原告按照20%的比例自担。北京市丰台区人民法院依照《中华人民共和国侵权责任法》第十三条、第十六条，《最高人民法院关于审理人身损害赔偿案件适用法律若干问题的解释》第九条、第十八条、第十九条、第二十条、第二十一条、第二十二条、第二十三条、第二十四条、第二十五条、第二十六条，《最高人民法院关于适用〈中华人民共和国公司法〉若干问题的规定（二）》第十九条之规定，判决：

一、北京某公司赔偿鲍某某各项费用共计255721.44元；

二、驳回鲍某某的其他诉讼请求。

北京某公司不服一审判决，提起上诉。北京市第二中级人民法院同意一审法院裁判意见。

【法官后语】

用人单位工作人员因执行工作任务造成他人损害的，用人单位应承担无过错责任，其责任构成有三个要件：一是违法行为，二是损害事实，三是违法行为与损害事实具有因果关系。只要具备上述条件，无论用人单位是否存在过错，均应承担责任。本案中，纪某、王某某系北京某会馆公司的保安人员，二人在该会馆大门处为阻止鲍某某进入会馆将鲍某某打伤，该行为发生的时间、地点、场合及行为内容，均与其职务存在内在联系，因此应认定该行为系执行职务的行为，故北京某会馆公司对鲍某某的损失应当承担赔偿责任。

公司作为具有独立人格的企业组织，以其所有的财产对外承担责任，公司的股东仅以其投资额为限对公司债务承担有限责任。公司经过合法的注销程序后即丧失法人主体资格，公司和股东均无需对公司注销之前的债务承担责任。但，如果股东存在滥用公司独立法人地位和股东有限责任实施规避法律和违法的行为，就应承担法律责任。《公司法》第一百八十三条规定，公司依规定而解散的，应当在解散事由出现之日起十五日内成立清算组，开始清算。有限责任公司的清算组由股东组成。第一百八十五条第一款规定，清算组应当自成立之日起十日内通知债权人。根据上述规定，公司清算组告知债权人申报债权时，应当以通知为原则，只有通知不能时，才可以公告形式告知。本案中，北京某公司作为北京某会馆公司的股东，系北京某会馆公司终止的直接决定者和清算后剩余资产的最终受益者，理应组织好清算工作，依法妥善处理好债权债务关系。北京某会馆公司在本案审理过程中注销，清算组却未告知鲍某某，可见北京某公司在北京某会馆公司清算过程中消极履行通知义务，导致鲍某某的债权无法从公司清算中得到处理，故北京某会馆公司虽已经注销，但北京某公司对鲍某某的损失应当承担赔偿责任。

编写人：北京市丰台区人民法院　张倩

26

刑事诉讼与民事诉讼中因受害人过错减轻侵权人责任的标准之区别

——徐某某诉王甲、王乙生命权、健康权、身体权案

【案件基本信息】

1. 裁判书字号

北京市昌平区人民法院（2016）京0114民初3310号民事判决书

2. 案由：生命权、健康权、身体权纠纷

3. 当事人：

原告：徐某某

被告：王甲、王乙

【基本案情】

2016年5月18日20时许，在北京市昌平区十三陵水库西路，王甲乘坐王乙驾驶的白色斯柯达轿车自东向西行驶，遇徐某某驾驶的夏利轿车同向行驶。车辆行进过程中，徐某某驾驶的车辆超越王乙驾驶的车辆，王乙驾驶车辆从其左侧反超，后徐某某第二次超越王乙并在行驶四五十米后停下，王乙随即停车。车辆停驶后，王甲下车走到徐某某夏利车的驾驶室边，徐某某在驾驶座上未起身，两人因行车问题发生争执，王甲用拳头穿过下摇的玻璃窗打到徐某某的左眼部位，徐某某眼部受伤。徐某某被打后下车，并掏出手机欲报警，王甲将手机抢走并摔在地上。徐某某走到王乙驾驶的斯柯达轿车前阻止其通行，王乙从驾驶座下车，未与徐某某发生肢体冲突。王甲将徐某某推到路边的沟里，王乙上车并在超过徐某某车辆的地方停住，待王甲上车后驶离。徐某某从沟里爬起后，驾驶车辆追赶王乙的车辆，过程中两车追尾，并使王乙的车辆与相向而来的货车相撞。在该交通事故中，王乙、王甲受伤，徐某某未受伤，徐某某对该事故负全部责任。

2016年10月24日，北京市昌平区人民检察院指控被告人王甲犯故意伤害罪，向法院提起公诉。2016年11月29日，法院出具（2016）京0114刑初877号刑事判决书，判决：被告人王甲犯故意伤害罪，判处有期徒刑一年。

案件审理过程中，王甲称徐某某两次别停自己乘坐的车辆，且徐某某骂自己，才使自己一气之下打了徐某某，徐某某对其受伤的事实有过错。徐某某对此不予认可，并表示当时王乙开大灯导致自己无法正常行驶才停车。关于徐某某停车的位置，徐某某表示自己将车停在道路右侧，王甲与王乙表示徐某某将车辆停在路中间阻碍了通行。

【案件焦点】

因受害人过错减轻侵权人赔偿责任的标准，民事诉讼与刑事诉讼是否应保持一致。

【法院裁判要旨】

北京市昌平区人民法院经审理认为：侵害民事权益，应当依法承担侵权责任。侵权人因同一行为应当承担行政责任或者刑事责任的，不影响依法承担侵权责任。侵害他人造成人身损害的，应当赔偿医疗费、护理费、交通费等为治疗和康复支出的合理费用，以及因误工减少的收入。王甲将徐某某打伤，不仅要承担相应的刑事责任，还应承担相应的民事赔偿责任。

关于王乙是否应当对徐某某的伤情承担赔偿责任，王乙并未对徐某某实施侵权行为，徐某某主张王甲与王乙承担连带赔偿责任无充分的事实与法律依据，对其该项主张法院不予支持。

关于徐某某是否对本次事故的发生存在过错，并承担相应的责任。王甲与王乙认为，事故发生前徐某某两次别停其车辆，并在沟通中对王甲使用辱骂性言语，才导致王甲出手打人，故徐某某有一定过错。徐某某对此不予认可，并表示在王甲故意伤害罪刑事案件中，法院并未采纳徐某某存在过错的意见，另外徐某某第一次超越王乙的车辆时并未停车，第二次停车是因为王乙使用远光灯妨碍其正常行驶，且其没有骂王甲。徐某某的职业为公交车辆的驾驶员，其驾驶经验应十分丰富，在后车灯光对其车辆行驶产生影响时，应当知道此种情况下选择何种方法加以规避更为安全且符合法律规定。事故发生在5月19日20时许，天已黑、道路两侧均无路灯，在道路较窄、车道较少的情况下，徐某某采取停驶车辆的方式存在安全隐患，且不符合法律的相关规定。由于徐某某的停驶行为，王甲与其在沟通中产生争执，在争执过程中王甲出手将其打伤，故徐某某对其受伤后果的发生存在一定过错，应承担相应的责任；关于双方的责任比例，机动车在公路上行驶应当遵守交通法规并文明礼让，在因行车问题发生纠纷时也应采用合法方式解决争议，王甲在双方争执中不能冷静处理，出手打徐某某致徐某某受伤，故王甲对本次事故应承担主要责任，徐某某承担次要责任。关于徐某某主张的各项损失，王甲仅应在自己责任范围内承担相应的赔偿责任。法院认定徐某某对其伤情自行承担20%的责任，王甲的责任为80%。

依照《中华人民共和国侵权责任法》第二条、第六条、第十六条、第十九条、第二十六条，《中华人民共和国民事诉讼法》第六十四条之规定，判决如下：

一、王甲、王乙赔偿徐某某医疗费22550.5元、误工费10751.61元、护理费3600元、伙食补助费480元、营养费720元、交通费560元、财产损失600元，以上共计39262.11元；

二、驳回徐某某的其他诉讼请求。

【法官后语】

本案系典型的开“斗气车”引发的多起事故案件。案件一：故意伤害刑事案。因王甲故意伤害徐某某，北京市昌平区人民检察院对王甲提起了公诉；案件二：交通事故案。徐某某被王甲打伤后，故意追尾王甲所乘坐的车辆，造成三车连环交通事故，第三方车辆诉徐某某承担交通事故责任。案件三（本案）：侵权责任纠纷案。徐某某受伤后未在刑事案件中与王甲达成和解，并另行提起民事侵权之诉。

刑事案件判决书记载：王甲称徐某某两次别停其车辆，并骂脏话，存在过错，应从轻或减轻王甲刑事处罚，法院不予采纳。在民事审判中，也有两派观点：一部分法官认为，即使徐某某开“霸道车”，也仅是违反道路交通安全法规，并不能提倡以侵害身体权益的方式解决该类冲突，且刑事判决中未予采纳，民事赔偿中也不应减轻侵权人责任；另一部分法官认为，刑事案件与民事案件保护的法益不尽相同。刑法重在维护社会秩序，保护公民人身权益，我国刑事法律亦对从轻、减轻处罚的情况予以明确规定。根据刑事案件审判规则，双方均存在违法行为的，各自对自己的行为承担相应的责任，在对方案件中不再单独考虑另一方过错程度。而民事案件中，保护的是公民个体的民事权利。此外，根据《侵权责任法》关于过错责任原则的规定，双方应该各自承担与自己的过错程度相当的责任。因此，应当判令徐某某为自己的伤情承担相应责任。

笔者赞同第二种观点，理由如下：

首先，刑法和民法对于受害人“过错”的认定标准不一。刑法侧重于考虑受害人的过错是否阻断行为人构成犯罪及减轻行为人量刑，而民法则侧重考量受害人过错是否阻碍行为人一般侵权行为的构成及其民事责任的承担。从刑法的角度来看，徐某某的过错在于开“斗气车”故意挑衅，该过错不足以引发王甲故意伤害的犯罪行为，亦不满足量刑时的法定及酌定情形，故法院未予认定；从民法的角度来看，徐某某的路霸行为以及行驶过程中在狭窄道路上突然停车、阻碍后车通行的行为，均不符合文明驾驶的要求，更违背了安全驾驶的基本规范。此外，其对双方的肢体冲突存在过错，应当在其过错范围内承担相应责任。简言之，既然判断标准不同，那么在刑事犯罪中未被认定的受害人的过错，不能当然地在民事侵权认定中不予考量。

其次，刑法的主要功能在于惩治犯罪，避免犯罪行为的发生，以维护最基本的社会秩序；而民法则更注重调和社会矛盾，平衡社会利益，宣扬诚实守信、公平正义的高尚理念，推进社会进步。本案中，徐某某作为有一定驾龄的专业司机，在行车过程中遇到任何情况都应坚持安全第一的首要价值理念，合法合规驾驶，有效避让，但其却故意挑衅；在被殴打后，又故意追尾前行车辆，导致该车与第三方车辆发生二次交通事故，其行为严重违反交通规则，对交通事故及其受伤存在过错，应在其过错范围内承担相应的民事法律责任，以警示民众应安全行车，文明礼让。

最后，民事裁判应根据受害人过错大小，从过错程度和利益权衡的角度，合理分配责任比例。本案中，徐某某违规驾驶，与王甲侵害他人人身权的行为相比，王甲的过错程度较高，故本案综合当事人过错程度、侵权行为情节、损害后果等因素，认定徐某某承担20%的责任。

编写人：北京市昌平区人民法院　索焱

27

侵权之债与加入的合同之债是否可以一并审理

——许某诉苏某生命权、身体权、健康权案

【案件基本信息】

1. 裁判书字号

云南省昆明市中级人民法院（2017）云01民终4656号民事判决书

2. 案由：生命权、身体权、健康权纠纷

3. 当事人

原告（被上诉人）：许某

被告（上诉人）：苏某

第三人：陈某

【基本案情】

原告与被告是熟人。2016年7月12日下午3点左右，原告去被告家说还款的事宜，当时被告和案外人施某某正在吃饭，于是原告就同其二人共同进餐。吃饭过程中，陈某又进来，问原告欠被告的钱什么时候付，双方因此发生争执，陈某拿一根四方棍将原告打伤。2016年7月13日0时23分，原告住院治疗并报警，被告在派出所写下"证明"，内容为"被告为处理原告与陈某之间因人身侵权造成的损害赔偿，承诺负责赔偿医疗费、误工费及精神损失费10000元"。原告的伤情经医院诊断为双前臂、左上臂、前胸部、左眼眶周、左膝及右大腿皮肤软组织挫伤。原告住院16天，花费医疗费10796.46元。

原告请求被告和第三人承担连带赔偿责任；被告辩称，自己未打人，只是受第三人陈某委托写的"证明"，被告不应承担责任。

【案件焦点】

原告请求被告按照自己的单方承诺与侵权人承担连带赔偿责任，是否应当得到支持。

【法院裁判要旨】

云南省安宁市人民法院经审理认为：对本案责任的认定，第三人陈某因原、被告之间的借款纠纷与原告许某发生争吵，第三人陈某采取殴打的行为从而产生原告身体受伤的损害后果，陈某对原告身体受伤产生的损失负全部侵权责任。被告为处理原告与第三人之间因人身侵权造成的损害赔偿，出具证明，承诺负责赔偿医疗费、误工费及精神损失费10000元，不违反法律及公序良俗，理应按照承诺承担责任。

云南省安宁市人民法院依照《中华人民共和国民法通则》第八十四条、第一百零六条，《中华人民共和国侵权责任法》第六条、第十六条，《最高人民法院关于审理人身损害赔偿案件适用法律若干问题的解释》第十七条第一款、第十九条，第二十条、第二十一条、第二十二条、第二十三条、第二十四条，《中华人民共和国民事诉讼法》第一百四十四条之规定，判决如下：

一、陈某于本判决生效后十日内赔偿许某各种费用19695.47元；

二、苏某于本判决生效后十日内对上述款项中的14795.47元（住院费10796.46元、误工费3999.01元）承担连带赔偿责任；

三、苏某支付许某10000元的精神损失费；

四、驳回许某的其他诉讼请求。

苏某持原审答辩意见提起上诉。云南省昆明市中级人民法院经审理，同意一审裁判意见，并认为：苏某主张不按照承诺承担赔偿责任，其并没有提交证据能够推翻该承诺的证明效力，理应按照承诺承担责任。一审对于苏某责任的认定并无不当，二审予以维持。

云南省昆明市中级人民法院依照《中华人民共和国民事诉讼法》第一百七十条第一款第一项之规定，判决如下：

驳回上诉，维持原判。

【法官后语】

本案中，陈某打伤许某属于侵权之债，而苏某自愿承诺为处理该侵权纠纷出具的证明属于合同之债。侵权之债与合同之债本身属于两个不同的案由，一般应当分案处理，但是法院综合考虑各方因素后本着案结事了的原则予以一并处理。

本案将侵权之债与合同之债一并处理有其特殊性。第一，本案如果将侵权之债与合同之债分开处理，不仅给当事人带来诉累，而且不利于法院查明事实、浪费司法资源，最重要的是本案的合同之债产生的前提是侵权之债，若无侵权之债，本案的合同之债便无从产生。第二，本案将侵权之债与合同之债一并处理并不违反现行法律规定。根据《中华人民共和国合同法》第一百二十二条关于违约责任与侵权责任竞合的规定，责任竞合的法律关系只涉及侵权人被侵权人或守约方违约方，不存在第三人的情形。而本案法律关系涉及侵权人、被侵权人以及以侵权之债为基础派生出来的合同之债第三人，因此本案不适用传统的责任竞合法律。第三，将本案的侵权之债与合同之债一并处理虽无现行法律可依，但已有司法实践可以借鉴。在司法实践中，本案的情形属于“债务加入”。《江苏省高级人民法院关于适用〈中华人民共和国合同法〉若干问题的讨论纪要（一）》首次使用了“债务加入”的概念[①]。本案中，苏某向许某单方承诺履行部分侵权债务构成合同之债的“债务加

① 《江苏省高级人民法院关于适用〈中华人民共和国合同法〉若干问题的讨论纪要（一）》第十七条规定，债务加入是指第三人与债权人、债务人达成三方协议或第三人与债权人达成双方协议或第三人向债权人单方承诺由第三人履行债务人的债务，但同时不免除债务人履行义务的债务承担方式。

入”。债务加入不同于债务转移，债务转移应当经债权人同意，经过债权人同意的债务转移，转移部分的债务原债务人不再承担责任，而本案中苏某单方承诺偿还部分债务无需经过债权人即许某的同意，也没有免除债务人即陈某的任何债务；债务加入又不同于连带责任保证，债务人违反主合同或保证合同均构成违约责任，二者性质一样，而本案中苏某单方承诺偿还部分债务作为合同之债的债务加入，与“主合同”陈某打伤原告的侵权之债性质不同。第四，在无现行法律可依，但是并不违反司法实践规律的前提下，本案将加入的合同之债与侵权之债一并处理后，确认苏某债务加入的责任承担形式就成为本案的重点。最高人民法院民二庭在《民商事审判若干疑难问题——合同法》一文中将司法实践中的债务加入概括为道德义务、并列清偿和连带责任三种责任形式。[①] 本案中苏某是在意思完全自由的前提下出具了自愿赔偿部分费用的书面证明，如果仅仅认为是一种道德义务，那么不利于社会诚信体系的构建，反而破坏了道德；本案认定陈某承担侵权的全部责任，原本许某和苏某并无法律上的利害关系，而后苏某自愿偿还部分侵权费用的合同之债的加入是紧紧依赖于侵权之债而存在的，也不宜与侵权之债并列清偿，而且并列清偿操作性不强；因此，本案采纳了第三种责任形式，苏某为处理许某与陈某之间因人身侵权造成的损害赔偿纠纷，单方承诺赔偿部分费用，并不违反法律及公序良俗，理应在承诺范围内承担连带赔偿责任。第五，本案的被侵权人没有构成伤残等级，其主张的精神损失费不会得到侵权人的赔偿，但是基于意思自治原则和构建诚信体系的需要，对承诺人自愿赔偿10000元精神损失费的承诺也予以确认，由承诺人独自承担。

编写人：云南省安宁市人民法院　郭文坤

---

① 宋晓明、朱海年、王闯、张雪楳：《民商事审判若干疑难问题——合同法》，来源网址：https：//wenku. baidu. com/view/72da6c26a5e9856a561260e3. html，最后访问日期：2018年3月12日。

28

关联行政案件的审理结果不影响民事审判的，民事案件无需中止审理

——罗某诉李某健康权、身体权案

【案件基本信息】

1. 裁判书字号

广东省广州市中级人民法院（2017）粤01民终20360号民事判决书

2. 案由：健康权、身体权纠纷

3. 当事人

原告（被上诉人）：罗某

被告（上诉人）：李某

【基本案情】

李某于2017年6月5日在广州市荔湾区恩宁路238号1楼某门店因家庭纠纷用一个瓷杯砸伤罗某的前额。随后，罗某到广州市公安局荔湾区分局多宝派出所（以下简称多宝派出所）报警，并经法医鉴定为轻微伤。广州市公安局荔湾区分局决定对李某处以行政拘留十日并罚款500元。罗某不服鉴定结果，认为其伤情不止轻微伤。多宝派出所出具书面委托函，指定罗某到中山大学法医鉴定中心进行鉴定，鉴定结果仍为轻微伤。罗某共花费医疗费1107.1元、鉴定费420元。罗某认为李某侵犯了其健康权、身体权，故起诉至法院，请求法院判令李某支付医疗费2000元、鉴定费420元、交通费200元、营养费1000元、精神抚慰金3000元、律师费3000元。在诉讼过程中，李某向法院提起行政诉讼，认为罗某的伤情并非由其造成，请求撤销《行政处罚决定书》。

【案件焦点】

1. 李某已提起行政诉讼，要求撤销《行政处罚决定书》，民事案件是否需要中

止审理；2. 罗某的伤情是否由李某造成。

【法院裁判要旨】

广东省广州市荔湾区人民法院经审理认为：虽然李某否认砸伤罗某，并已提起行政诉讼，但是罗某所提供的报警回执、中山大学法医鉴定中心鉴定意见书与法院依申请所调取的多宝派出所对李某等人的询问笔录已形成一条完整的证据链，可确信罗某主张的事实具有高度可能性，应认定李某砸伤罗某的事实存在。对罗某主张的医疗费1107.1元，法院予以支持；交通费无票据，酌定支持50元；鉴定费属因罗某自身原因额外要求产生的支出、营养费无医嘱要求、律师费非必要支出、精神抚慰金无证据证明精神受损，法院均不予支持。

广东省广州市荔湾区人民法院依照《中华人民共和国侵权责任法》第十六条，《中华人民共和国民事诉讼法》第六十四条第一款，《最高人民法院关于适用〈中华人民共和国民事诉讼法〉的解释》第一百零八条，《最高人民法院关于审理人身损害赔偿案件适用法律若干问题的解释》第十七条、第十九条、第二十二条的规定，作出如下判决：

一、李某在本判决发生法律效力之日起五日内，赔偿罗某医疗费、交通费1157.1元。

二、驳回罗某的其他诉讼请求。

李某不服一审判决，提起上诉。广东省广州市中级人民法院经审理认为：罗某为证实其被李某用瓷杯砸伤前额，提供了报警回执、病历、医疗费单据、司法鉴定意见书等证据证实，上述证据与原审法院调取的多宝派出所对李某等人所作的询问笔录等证据相对应，能够形成完整的证据链，证实罗某主张的事实。虽然谭某华、黎某与罗某对某些事实发生的先后顺序陈述可能不完全一致，但是对李某在争执过程中拿瓷杯扔向罗某，并致罗某受伤的事实的陈述则是完全一致的。在李某没有提交足够证据予以反驳的情况下，原审法院采信罗某主张，并判决李某向罗某赔偿医疗费、交通费1157.1元，并无不当，法院依法予以维持。

至于李某主张其已经对公安机关的行政处罚决定提起行政诉讼，要求中止本案审理的问题，《中华人民共和国侵权责任法》第四条第一款规定："侵权人因同一行为应当承担行政责任或者刑事责任的，不影响依法承担侵权责任。"因此，李某是否承担行政责任，并不影响其民事侵权责任的承担。现罗某已经提供了相应的证据，足以证实李某对其进行了侵害，李某应当对此承担侵权责任。李某要求中止本案审理的理由不充分，法院不予采纳。

广东省广州市中级人民法院依照《中华人民共和国民事诉讼法》第一百七十条第一款第一项之规定，作出如下判决：

驳回上诉，维持原判。

【法官后语】

审判实践中，有些民事案件与其他案件之间的法律关系或者事实相互牵连。案件中的法律适用或者事实认定，要以另一案件的审理结果为依据，如果不等另一案件审结而直接作出裁判，有可能出现两个案件认定的事实矛盾或适用法律错误，出现相互矛盾的裁判。据此，《中华人民共和国民事诉讼法》第一百五十条第一款第五项规定，案件必须以另一案的审理结果为依据，而另一案尚未审结的，中止诉讼。

行政诉讼的立法目的是监督行政机关依法行政，维护公民、法人或者其他组织的合法权益不被行政行为侵犯。因此，无论具体行政行为是否存在涉及当事人的民事权益，当事人以具体行政行为适用法律错误、认定事实不清等提起的行政诉讼，人民法院均应当依法审理。在审判实践中，会出现一方当事人提起民事诉讼后，另一方当事人紧接着就提起行政诉讼，并要求民事案件中止审理的情况。因此，需要审判人员甄别民事案件的审理是否必须以行政诉讼的审理结果为依据。如果行政诉讼的审理结果不影响民事案件审判的，民事案件应正常审理，无需中止诉讼。

根据《中华人民共和国行政诉讼法》第六十九条、第七十条的规定，法院是否判决撤销行政处罚的审查标准之一为“证据确凿”。因此，本案中，即使公安机关对李某的行政处罚被撤销，也仅是因为达不到“证据确凿”的标准才导致行政机关不能认定违法事实成立。

从民事诉讼的角度出发，民事案件要求的举证程度为达到高度可能性即可，行政处罚被撤销并不代表民事法律事实不被认定。因此，只要本案证据能证明待证事实具有高度可能性，无论李某是否需要承担行政责任、承担何种行政责任，均不影响李某在民事案件中侵权责任的承担。一审倾向于从证明标准方向论述，二审倾向于从责任承担形式方向论述，其本质并无不同。

编写人：广东省广州市荔湾区人民法院　冯立斌

二、名誉权纠纷

（一）新闻报道相关纠纷

29

媒体评论合理限度的判断

——张某诉《北京××月刊》杂志社名誉权案

【案件基本信息】

1. 裁判书字号

北京市朝阳区人民法院（2015）朝民初字第35676号民事判决书

2. 案由：名誉权纠纷

3. 当事人

原告：张某

被告：《北京××月刊》杂志社

【基本案情】

原告系北京少城时代文化传播有限公司（以下简称少城时代公司）签约歌手，具有一定的社会影响力。《北京××月刊》是被告出版的以时尚、娱乐新闻评论为主要内容的期刊，每期发行24版，每月出版。

2015年2月5日，《北京××月刊》在封底刊发了署名作者为王某、题为《我们为什么要嫌弃张某》一文，配有原告照片一张。涉案文章内容主要如下："因着张某学会了‘anti’这个词……听到的传闻是，当时××搞黑幕找她谈，签约便许她一个名次，而她反间谍对谈话现场录了音，说你们要是不让我进前三我就向媒体曝光。一方面这是反抗强权，但另一方面这个女孩的心机也表现在此了……而时装编辑掩面长叹，十年过去了，怎么还是那么土啊！……但是她的眼睛无神，没有光芒和真诚。‘不知道为什么，就是那么讨厌张某，希望她早点离开’……”

另查，涉案文章除在《北京××月刊》刊载发行，在被告运营管理的《北京××月刊》微信公众号及认证微博同时予以发表，现已删除，删除时间无法确定。涉案文章登载的当期《北京××月刊》因已经公开发售，无法收回及销毁。

双方均认可，涉案文章属于评论性文章。就涉案文章事实描述部分，被告表示，其消息来源均为其他新闻媒体的公开报道。

【案件焦点】

评论性文章是否构成公正评论的认定标准。

【法院裁判要旨】

北京市朝阳区人民法院经审理认为，评论性文章是否构成公正评论，应符合以下条件：第一，评论若系基于一定的事实作出，该基础事实应为公开传播的事实，即已披露的事实，而不应是由评论者自己凭空编造的事实，也不是明显不真实的事实；第二，评论的内容没有侮辱、诽谤等有损人格尊严的言辞；第三，行为人没有主观过错。

第一，从涉案文章评论所基于的事实内容看，主要包括有关原告参加唱歌比赛的相关内幕以及“甚至有线人汇报，她是小三，现男友是大款”等个人感情生活事实。即使引用公开报道的事实进行评论，也并不意味着评论者可以免除事实审查的基本义务。一方面，新闻媒体具有独立调查和编辑的自主职能，即使仅传播信息，也负有避免不实信息扩散、避免他人名誉受损的义务；另一方面，不对信息真实性进行基本审查，基于此作出的评论也难以做到公正客观。涉案文章所涉事实涉及比赛内幕，特别是涉及“小三”这种特定的贬损人格尊严的评价，即使已被其他媒体公开报道，也可能有明显的不真实、侵犯他人权利的情况，被告应对此进行必要的审查判断。并且，被告使用了“有线人汇报，她是小三”这样的措辞，容易使读者误解为该“小三”的结论系被告通过调查核实所得或被告有所谓“线人”的消息源，已经构成虚构事实。

第二，评论内容是否有侮辱、诽谤等有损人格尊严的情形。从事实方面看，被告没有实际进行调查核实，以“有线人汇报”的方式使得一般读者认为被告经过调查而得出原告系“小三”的结论，已经构成捏造并散布虚构事实、贬损原告人格的诽谤行为。

第三，关于行为人过错的问题。判断行为人是否具有主观过错，应当以一个“诚信谨慎的人”在相同情况下须尽到的注意义务为标准，同时考虑行为人的身份地位、发布内容、认知能力等因素进行综合判断。

在自媒体高速发展的当今，公众有权在公共社交平台发表个人对事件、人物之主观评价，特别是对公众人物的评价。但评论的一般注意义务仍应以不侵害他人合法权益及对不当言论造成的侵害积极减损作为标准。同时，根据行为人的不同身份地位，其注意义务标准也应有所不同。作为具有较大社会影响力的专业媒体，发布评论时，除不应违反一般注意义务外，其评论还应基于公共利益作出。

原告的身份为歌手，是具有较大社会影响力的演艺事业从业人员，被告是娱乐时尚类专业媒体。原告的个人内在、外在形象是体现其艺术水准、市场价值的重要方面，被告围绕此方面进行正当评价，符合与原告身份相适应的公共利益。但是，专业媒体不仅仅是公众言论的平台及中介，更具有自主编辑、表达的职能。相较于普通公众，专业媒体无论对公众人物作出正面评价还是负面评价，均应避免体现个人好恶的表达，而应遵循专业、理性、有理有据的原则，以正当发挥媒体舆论监督、评论的职能。从《北京××月刊》的整体内容及风格来看，其涉及娱乐、时尚行业的热门事件、人物、产品的介绍及评论，内容健康、观点独立公正，兼具信息传播、观点表达、审美引领的功能，属于具有一定品位和专业素养的刊物。但综观涉案文章，通篇除引用部分不利于原告的传言事实外，评论部分无论是表达作者观点，还是引用第三方言论，均发表和选取了带有强烈个人好恶色彩的情绪化语言，缺乏评论之合理依据，与被告作为专业媒体的身份及刊物的整体风格极不相符。而文章作者系被告的工作人员，在撰写涉嫌侵犯他人权利、显然有失公正的评论文章时，被告仍然将此文刊登在显著位置，应当认为具有过错。综上，被告发表的文章评论缺乏事实依据，内容贬损原告人格尊严，且具有主观过错，不能构成公正评论。

北京市朝阳区人民法院依照《中华人民共和国侵权责任法》第二条、第六条、

第十五条、第三十六条第一款，《最高人民法院关于审理名誉权案件若干问题的解答》第七条、第十条，《最高人民法院关于确定民事侵权精神损害赔偿责任若干问题的解释》第一条、第八条第二款、第十条，《最高人民法院关于审理利用信息网络侵害人身权益民事纠纷案件适用法律若干问题的规定》第十八条，《中华人民共和国民事诉讼法》第六十四条第一款、第六十九条的规定，判决如下：

一、被告于本判决生效后十五日内在其出版的《北京××月刊》封底登载致歉声明，致歉声明内容由法院审定，刊登一期，版面不少于整版的六分之一；《北京××月刊》官方微博、微信应同步予以刊载致歉声明，官方微博应将致歉声明置顶不少于48小时；如拒绝履行，法院将在全国发行的报纸上刊登本判决书主要内容，费用由被告负担；

二、被告于本判决生效后十五日内赔偿张某精神损害抚慰金20000元；

三、被告于本判决生效后十五日内赔偿张某公证费3000元、交通费30元、律师费5000元；

四、驳回张某的其他诉讼请求。

【法官后语】

从本案文章的主要内容来看，涉案文章属于评论性文章，与一般的事实报道类新闻有所区别。因此，本案的审理涉及媒体发表评论性意见的合理限度问题。

从涉案文章的内容来看，涉及引用事实的部分所占比例较少。根据《最高人民法院关于审理名誉权案件若干问题的解答》第八条的规定，因撰写、发表批评文章引起的名誉权纠纷，应根据不同情况处理：文章反映的问题基本真实，没有侮辱他人人格的内容的，不应认定为侵害他人名誉权。文章反映的问题虽基本属实，但有侮辱他人人格的内容，使他人名誉受到侵害的，应认定为侵害他人名誉权。文章的基本内容失实，使他人名誉受到损害的，应认定为侵害他人名誉权。本判决确认了评论性文章涉及事实的认定标准，认为评论性文章不同于新闻事实报道，其对事实真实的要求标准可以适当放宽，可以基于公开报道的事实进行评论。但是，这并不代表媒体可以免去事实审查的义务。如果已经公开的事实明显涉嫌侵犯他人合法权利，如涉案文章中引用的公开报道的事实涉及“小三”等可能侮辱他人人格的事实，那么作者及出版单位应对此进行审查，仅以评论所引用的事实属于公开报道作为免责抗辩事由，不能予以支持。

本案审理的难点在于，文章的大部分内容系对作为公众人物的原告的外形、性格、审美等的主观评价。此种评论性内容的合理限度又为何？在传媒事业高度发展的时代，越来越多的演艺明星更加重视经营个人外在形象，其外形、审美等日益成为个人价值的重要体现。演艺明星与相关的新闻媒体之间处于相互成就、相互制约的关系，新闻媒体对于演艺明星的报道，既可能起到正面宣传作用，也可能是监督作用，甚至造成负面影响。本案的审理，确立了新闻媒体评论性意见是否具有主观过错的评价标准，即应当以一个“诚信谨慎的人”在相同情况下须尽到的注意义务为标准，同时考虑行为人的身份地位、发布内容、认知能力等因素进行综合判断，特别对作为有较大影响力的专业媒体进行公正评论的合理限度提出了标准：第一，应基于公共利益作出评论而非个人观点的宣泄；第二，应遵循客观、理性、有理有据的原则。综上，在判断是否属于客观、理性的评论时，本案判决结合了涉案杂志的整体构架、其他文章风格等，得出涉案文章明显与被告作为专业时尚娱乐媒体的身份不相符合的结论。

在自媒体高度发展的时代，通过本案的审理，合议庭充分考虑评论性质、评论事实来源、评论者身份、被评论者身份等多元标准，为新媒体时代公正评论标准的设定提供了较为充分的裁判标准。

编写人：北京市朝阳区人民法院　孙铭溪

30

新闻报道言论自由与名誉侵权界限的认定

——北京某某公司诉北京某某报社名誉权案

【案件基本信息】

1. 裁判书字号

北京市昌平区人民法院（2016）京0114民初16731号民事判决书

2. 案由：名誉权纠纷

3. 当事人：

原告：北京某某公司

被告：北京某某报社

【基本案情】

北京某某报社系《北京S报》的出版发行单位。2016年2月2日，第3432期《北京S报》B1～B2版面“产经周刊”栏目刊登了《“黑宽带”的三大谎言》《揭秘“黑宽带”生财之道》《宽带牌照难除“黑宽带”》三篇文章，作者均系北京某某报社记者，其中《“黑宽带”的三大谎言》一文提到北京某某公司属于“黑宽带”。《揭秘“黑宽带”生财之道》一文的主要内容包括对民营宽带运营商角色的分析、民营宽带运营商的赚钱方式、“黑宽带”存在的负面影响等。《宽带牌照难除“黑宽带”》一文的主要内容包括宽带接入网业务试点申办情况、试点牌照发放的治理效果、根除治理“黑宽带”的监管合力措施等。《揭秘“黑宽带”生财之道》与《宽带牌照难除“黑宽带”》两篇文章中未提到北京某某公司。北京某某报社称该期报纸已于当天发行完毕。《“黑宽带”的三大谎言》一文亦同步刊登于北京某某报社经营管理的网站“北京S报网”，该文章同时被其他网站进行了转载。

北京某某公司提交《增值电信业务经营许可证》证明其公司具备互联网接入相关的行政许可资质，其公司的相关经营资质在工信部官网公开渠道可查，宽带转售不需要另行审批和试点批文。《增值电信业务经营许可证》显示该公司获得经营许可的业务种类包括第一类增值电信业务中的互联网接入服务业务和第二类增值电信业务中的因特网接入服务业务，业务覆盖范围为全国。网页显示为“中国通信咨询网”中的“许可证管理”一栏，其项下的“公告栏”中有《领取〈中华人民共和国增值电信业务经营许可证〉通知－第21批（2015.10.26）》一文，该文中显示通知领取经营许可证的单位名录中包括北京某某公司，北京某某公司申请事项是“因特网接入服务”，许可证编号为“B2－20150716”。北京某某公司另提交《委托代理合同》及发票证明其因本次诉讼产生的律师费为15000元、公证费为2070元。

【案件焦点】

1. 新闻报道言论自由与名誉侵权的界限；2. 名誉侵权的构成要件。

【法院裁判要旨】

北京市昌平区人民法院经审理认为，本案《“黑宽带”的三大谎言》一文涉及北京某某公司经营小区宽带是否属于合法经营行为，其没有向北京某某公司进行核实或向北京市通信管理局、工业和信息化部等相关行政管理部门进行调查，导致文章报道北京某某公司属于“黑宽带”（即其称“未取得通信管理部门许可接入服务资质的单位或个人，利用违规渠道获取公用宽带资源，向普通用户提供上网接入业务，从而获得经济收益的非法经营行为”）的内容失实，造成北京某某公司社会评价降低的后果，已构成对北京某某公司名誉权的侵犯，北京某某公司有权要求北京某某报社承担停止侵害、赔礼道歉、赔偿损失等法律责任。对于北京某某公司另主张存在侵权的《揭秘“黑宽带”生财之道》与《宽带牌照难除“黑宽带”》两篇文章，因文章内容并不涉及北京某某公司，故法院对北京某某公司的该项主张不予采信。

综上所述，法院判决：

一、北京某某报社停止侵权，于本判决生效之日起停止销售2016年2月2日《北京S报》第3432期报纸，并于本判决生效之日起七日内删除“北京S报网”上刊登的《“黑宽带”的三大谎言》一文；

二、北京某某报社于本判决生效之日起七日内在《北京S报》及“北京S报网”向北京某某公司发表致歉文章，致歉内容须经法院审核；如北京某某报社逾期不履行该项判决内容，则由法院选择一家全国范围内公开发行的报刊，刊登本判决主要内容，刊登费用由北京某某报社负担；

三、北京某某报社于本判决生效之日起七日内向北京某某公司支付公证费2070元、律师费15000元；

四、北京某某报社于本判决生效之日起七日内赔偿北京某某公司经济损失20000元；

五、驳回北京某某公司的其他诉讼请求。

【法官后语】

新闻机构在传播新闻的活动中，既要考虑有关当事人的民事权利，又要起到舆论工具的作用。当纠纷产生时，对于新闻机构在新闻侵权中的责任，既要考虑受害人所遭受的精神及经济上的损失，也必须考虑新闻机构所承担的使命。新闻机构对新闻侵权应当承担一定的责任，但这种责任不得构成对言论自由的妨碍。如果要求新闻机构对新闻侵权毫无例外地承担责任，就会对新闻机构产生极为不利的影响。新闻机构在传播新闻的过程中，为了避免承担侵权责任，对有些问题避而不言，这就无法发挥舆论监督的作用。因此，为正确解决个人利益与社会公共利益之间的冲突，在处理新闻侵权时，有必要限制新闻机构的责任范围，以促进新闻事业的发展，保障言论自由的实现。

我国法律对于新闻自由的边界未予以明确界定，导致新闻自由报道与个体权利保护之间存在模糊地带。新闻报道讲究即时、快速，有时难以保证其报道准确无误，法律应当容忍新闻报道在一定程度内的失实。但新闻媒体对其新闻报道信息来源的真实性、合法性负有审查义务。新闻报道偏离客观事实，对事件作出了不准确的、歪曲的甚至是虚假的描述，且该失实内容经传播后导致了被报道者社会评价降低、名誉受损的后果，则应被认定为侵犯名誉权。

是否构成侵害名誉权的责任，应当根据受害人确有名誉被损害的事实、行为人行为违法、违法行为与损害后果之间有因果关系、行为人主观上有过错来认定。就本案而言，判断被告的新闻报道是否导致原告的名誉受损，应当以普通社会公众阅读后对当事人所产生的评价作为标准。涉案文章发行量较大，传播范围较为广泛，文章中将被告归类为“黑宽带”，但其并没有向被告进行核实或向北京市通信管理局、工业和信息化部等相关行政管理部门进行调查，导致文章用词不当、定性错误，在名誉上给被告造成一定的影响，导致其社会评价降低并产生相应的经济损失，故原告的行为已构成名誉权的侵害，理应承担相应的侵权责任。

法人的名誉权实际上是一种财产权，对法人名誉权的侵害，在后果上体现为法人的社会评价降低，并最终因此直接导致法人的财产权益受损。审判实践中，对于法人名誉权损害后果如何进行认定的问题，也是法院审理此类案件的难点之一。在社会评价因此降低、财产权益因侵权行为受到损害以及财产损失与侵权行为的因果关系等相关事实的证明上，权利人的确存在客观上的举证困难。因此，案件需要根据社会环境因素、一般公众的认知程度和价值取向等进行综合认定。本案中，“黑宽带”的用语会给被告带来一定的影响，但影响的限度和范围难以进行精准判断，只能根据一般的认知情况酌情进行认定，最终判决北京某某报社赔偿北京某某公司2000元经济损失。

编写人：北京市昌平区人民法院　张祎慧

31

被动采访的司法认定标准

——甲公司、乙公司诉陈某名誉权案

【案件基本信息】

1. 裁判书字号

北京市第三中级人民法院（2017）京03民终12296号民事判决书

2. 案由：名誉权纠纷

3. 当事人

原告（上诉人）：甲公司、乙公司

被告（被上诉人）：陈某

【基本案情】

2011年5月10日，《21世纪经济报道》第1版刊登主题为《××事件再露面陈某大爆××财务漏洞》、副题为《接受本报独家专访时表示，家电卖场模式已经病入膏肓》一文，署名“本报记者郎某　上海报道”。主要内容为：“……他们在这方面雇用了三家公关公司总投入超过6000万元，可以说是下了血本，而且有着自己策划好的传播节奏，最初我也不太理解为什么很多知名的管理学家、经济学家和媒体人士都站在他们那边说话，后来想想这背后的利益结合就不难理解了……在陈某看来，虽然××电器经常以低价促销的方式来保持自己的市场份额，但是实际上其销售价格都已经失去了以往的竞争优势，不仅比电子商务高，而且比其他的渠道都要高……在陈某看来，××电器内部巨大的财务漏洞也是问题，××电器从总部到大区，再到分公司，甚至门店和柜台都成了收费点……据介绍，××电器的一个普通的柜台主任每年从每家供应商处获得的收益都超过万元，这样的财务黑洞可谓惊人。陈某表示，2009年7月我们推出股权激励，除捆绑管理层外，也是为了通过正面收入的增加来遏制这一灰色区域的蔓延，现在我离开后看来这一模式也难以为继了……陈某表示：‘现在只是消费者不清楚而已，一旦这个真相被消费者了解，那么××的经营模式将难以为继，××的3G、IT数码产品和电脑城相比是绝对没有优势的，而××的门店一旦开到二三级城市如果还坚持这样的模式必然要死掉。’……他还表示：‘做生意没有这样做的，对手要开370家，××就要开480家，这完全是在赌气，不是正常的经营方式。’……”文章刊发后，在网络上被迅速转载，引发社会公众及媒体的广泛关注和评论。

同日，《21世纪经济报道》在网络版上撤下了该文章。郎某和陈某先后在个人微博发表了以下内容。

郎某微博载明：“在这里声明一下，文章的内容并非陈某的本意，他是跟朋友聊天说出了自己的真实想法……错误都是我的，我没有怨言。”

陈某微博载明：“我做过××的主席，现在也是××的股东，对××有很深的感情，是不会做对××不利的事情的，现在的陈某是个对××仍有感情的普通人，我只想过普通人的生活，做我女儿的好父亲。”

同日晚，陈某又通过网络发表声明：“郑重声明，本人未接受过《21世纪经济报道》记者郎某的采访。其从一场无议题的私人闲聊中片面抽取内容所发表的文章，是缺乏常识的个人理解。既非我原意，更不代表我的观点和言论……”

此外，陈某曾以名誉权纠纷起诉广东二十一世纪环球经济报社（以下简称二十一世纪报社），要求二十一世纪报社赔礼道歉，二十一世纪报社未作答辩。另，甲公司以合同纠纷起诉陈某一案中，北京市高级人民法院向二十一世纪报社调查，该报社回复称：“2011年5月10日刊登于《21世纪经济报道》的《××事件再露面陈某大爆××财务漏洞》一文，是我社记者郎某4月底与陈某在上海的家中面谈后，根据面谈内容所做的报道。”

甲公司、乙公司为经营“××”品牌门店的公司，其认为，陈某通过媒体散布歪曲事实的行为，损害其公司品牌形象等合法利益，应当承担法律责任。陈某认为其属于被动接受采访，没有侵害他人名誉的主观故意。

【案件焦点】

陈某与《21世纪经济报道》记者的谈话能否认定为被动采访、被动采访的认定标准是什么。

【法院裁判要旨】

北京市朝阳区人民法院经审理认为：行为人因过错侵害他人名誉的，应当承担侵权责任。但因被动采访而提供新闻材料，且未经提供者同意公开，新闻单位擅自发表，致使他人名誉受到损害的，对提供者一般不应当认定为侵害名誉权。

关于《××事件再露面陈某大爆××财务漏洞》一文，陈某虽确与郎某进行过涉及××品牌问题的谈话，也发表了相关言论，但同时需要考虑以下事实：

第一，郎某微博记载了“文章的内容并非陈某的本意，他是跟朋友聊天说出了自己的真实想法，他并不想做个过河拆桥的人，也不想做行业潜规则的揭露者，他应该会有个澄清声明，这都是我的做法，违背了诚信原则”。根据二十一世纪报社对北京市高级人民法院的答复，郎某是陈某的直接采访者、文章的撰写者，亲历了事件经过，该微博自述属于直接证据，具有较高的可信度。

第二，陈某在文章发布当日即通过网络表示否认接受过《21世纪经济报道》记者郎某的采访，郎某根据私人闲聊中的内容所发表的文章不是其本意。上述声明与文章发布时间间隔短，属于第一时间回应，其内容有一定的可信性。

第三，二十一世纪报社存在电子版的撤稿行为。在陈某诉二十一世纪报社名誉权一案中，对陈某指称的陈某与郎某之间面对面交谈不构成专访的主张，二十一世纪报社亦未进行答辩。

综合以上事实和证据，陈某关于郎某所撰写文章内容系未经本人同意发表的答辩意见具有高度可能性，《××事件再露面陈某大爆××财务漏洞》一文内容不能认定为陈某系以希望公开的意思接受报社记者朗某采访的结果，陈某在该文章的发表和为不特定公众所知上不存在过错，不宜认定为侵权。

依照《中华人民共和国侵权责任法》第六条、第十五条，《最高人民法院关于审理名誉权案件若干问题的解释》第七条之规定，判决：

驳回甲公司、乙公司的诉讼请求。

甲公司、乙公司不服一审判决，提起上诉。北京市第三中级人民法院同意一审法院裁判意见，判决：

驳回上诉，维持原判。

【法官后语】

陈某原系甲公司主席，其离职后，二十一世纪报社以对陈某采访的名义发表了《××事件再露面陈某大爆××财务漏洞》一文，该文中载有陈某对于公司经营行为的评价，原告认为该文涉及侵害名誉权，该案在当时具有较大的社会影响。

针对名誉侵权问题，在本案中需要判断的是：陈某在涉案文章发表过程中是否存在过错、其行为与涉案文章的发表是否存在因果关系、是否具备免责事由。

就阻断陈某承担侵权责任的被动采访而言，被动采访并非严格意义上的法律概念，其成为侵权行为免责事由的主要依据是《最高人民法院关于审理名誉权案件若干问题的解释》的规定。该司法解释明确规定因被动采访而提供新闻材料，且未经提供者同意公开，新闻单位擅自发表，致使他人名誉受到损害的，对提供者一般不应当认定为侵害名誉权；虽系被动提供新闻材料，但发表时得到提供者同意或者默许，致使他人名誉受到损害的，应当认定为侵害名誉权。

实践中认定是否构成被动采访，合议庭在审理中经讨论认为至少应当考虑以下两点。

1. 新闻媒体采访前是否向被采访人披露媒体身份及采访目的

根据新闻记者在采访中是否披露身份，采访分为显性采访和隐性采访。所谓隐性采访，是指新闻记者隐去身份而秘密地采获新闻事实的采访方法。中央电视台《焦点访谈》栏目就经常使用隐性采访方式从事新闻报道。隐性采访突出适用于具有一定影响力和关注度的社会事件。隐性采访与公民隐私权之间确实存在一定程度的法律和道德冲突。隐性采访的隐匿性决定了被采访者不会预先知道自己将要被采访，更不会获悉采访的意图和内容，被采访者完全是处在一种被动的、自然的、真实的、不知情的状态下接受“采访”。因此，在这种不设防的状态下，如果采访记者不懂法、不依法，以设计、引诱、诓骗等主观行为诱导被采访者进入自己设下的采访“圈套”，就绝对是侵害到了被采访者的权益。[①] 故新闻媒体将隐性采访应用于公民个人报道时应受到严格限制，法院将此种情况归于司法解释规定的被动采访范畴具备一定的理论基础。

---

① 车蒙娜：《我国大众传媒隐性采访的法律与道德问题研究》，载《武汉大学学报（哲学社会科学版）》2013 年第 4 期。

2. 接受采访人是否存在将采访内容向不特定第三人传播的主观意愿

从接受采访者方面分析，即使新闻记者在采访中进行了身份披露，如果接受采访人明确不同意将采访内容向社会传播，应当认为其不具有向不特定人传播的故意。在此情况下，如果新闻记者仍将采访内容编辑发行，则违背了接受采访人的主观意愿，接受采访人因不具备侵害名誉权的主观要件，不应认定为侵权。

结合到本案，首先，记者郎某将对陈某的采访定性为“朋友聊天”，可见郎某并未向陈某明示以新闻采访为目的与之接触、谈话，使陈某在不明确知晓谈话内容将被公开的后果的情况下作出了相关的陈述，此种谈话属于隐性采访，但并不具有社会性、公益性；其次，现有证据不足以证明陈某具有将谈话内容向不特定第三人传播的主观目的，这从陈某在涉案文章发表当天的网络公开陈述中可以佐证。结合案件中涉及的其他证据，如二十一世纪报社在第一时间撤回涉案文章网络版内容等，合议庭经综合判断，认为陈某具有接受被动采访的高度可能性，认定陈某构成侵害原告名誉权的依据不足。

编写人：北京市朝阳区人民法院　矫辰

32

影射型名誉侵权的言论主体指向判断

——霍某某诉广州某某有限公司等名誉权案

【案件基本信息】

1. 裁判书字号

北京市第一中级人民法院（2017）京01民终6460号民事判决书

2. 案由：名誉权纠纷

3. 当事人

原告（被上诉人）：霍某某

被告（被上诉人）：北京某某有限公司、焦某某

被告（上诉人）：广州某某有限公司

【基本案情】

霍某某系我国台湾地区知名男演员，曾参演过金庸武侠剧《笑傲江湖》等多部热播古装影视剧，在横店影视基地进行过拍摄。焦某某系新浪微博用户，网络昵称为“函数公”，实名认证内容为：娱乐评论人，截至2015年1月31日15时35分，粉丝数为199290人。2015年1月28日18时28分，广州某某有限公司经营的某网站娱乐频道“深水娱”专稿中发表了第5期标题为《横店昔日风月：上百男星曾涉嫖留案底》的文章（以下简称《横》文），该文写道：“一位H姓台湾男演员曾接演多部古装戏，都在横店拍摄。在拍一部金庸名著改编的电视剧期间，该男演员与一位‘90后’女群演在夜总会结识后，有过多次往来，女孩还曾上传两人亲吻照到自己的微信朋友圈，经人提醒后删除，为了‘封口’，H姓男演员给了女孩数万元开网店。”截至2015年1月31日15时43分，该文后面的跟帖区有23116人参与。其中不少网络用户认为该“H姓男演员”指向霍某某。2015年1月30日，焦某某在网络昵称为“函数公”的新浪微博中发布如下微博内容：“H＝霍某某、C＝陈某某、P＝潘某某、H＝胡某某（黄某某）、L＝李某某，这么带入仿佛是解开了谜题，真让博主惊讶，不应该的啊！”同时在该博文下方上传了《横》文的若干幅节选内容图片，其中第一幅节选内容图片有以下文字：“人都会带些自己在横店的‘熟人’，年轻女群演们当然也包括在内。一位H姓台湾男演员曾接演多部古装戏，都在横店拍摄。在拍一部金庸名著改编的电视剧期间，该男演员与一位‘90后’女群演在夜总会结识后，有过多次往来，女孩还曾上传两人亲吻照到自己的微信朋友圈，经人提醒后删除，为了‘封口’，H姓男演员给了女孩数万元开网店。”截至2015年1月31日15时35分，该博文转发68次，评论216次，点赞336次。2015年1月31日，霍某某委托北京市某某律师事务所朱某某律师向广州某某有限公司及北京某某有限公司公开发出《律师声明》进行公开维权。霍某某当庭撤回了对北京某某有限公司的全部诉讼请求，焦某某经法院公告传唤未到庭参加诉讼。

【案件焦点】

1. 广州某某有限公司的涉诉文字是否指向霍某某；2. 广州某某有限公司的涉诉文字是否构成以诽谤方式侵犯原告的名誉权；3. 焦某某的涉诉文字是否构成共

同侵权行为。

【法院裁判要旨】

北京市海淀区人民法院经审理认为：

一、广州某某有限公司的涉诉文字是否指向霍某某

广州某某有限公司的涉诉文字属于书面形式的言论，判断书面言论的指向性至少包括两个维度：一是该书面言论所表达的指向，主要判断该言论是“特指”还是“泛指”，是“明指”还是“暗指”；二是言论受众在受领表达后所理解的指向，主要判断受领的言论信息是否具有理解上的确定性或对应性。由此，通过综合考虑书面言论的表达与第三人受领理解的指向最终判定是否指向霍某某。如果涉诉文字是“特指”某个人，但未直接点出姓名，则在言论指向性上属于“暗指”，就需要进一步判断该言论提及的个人特征要素与霍某某所具有的是否全部相符，而且这些“暗指”的个人特征要素是否具有可识别的显著性，是否足以让第三人意识到该“暗指”的言论传播与霍某某具有直接或高度的对应性，以至于被理解为特意用来指称霍某某。如果皆是，就应当认定该涉诉文字指向了霍某某。从本案涉诉文字使用“一位”男演员的唯一性表述及陈述的相应事实内容可以看出，陈述的事实并非抽象概括的描述，而是针对特定男演员的具体事实。而且，该涉诉文字并未“点名”指向霍某某，而只是提供了姓氏拼音字母开头、籍贯、性别、职业、演艺特点及拍摄地，而且拍摄了金庸名著改编电视剧等特定个人的特征要素。显然，这是在“特指”并“暗指”某特定个人，而非抽象地反映横店影视基地男演员的生活状态并无具体的指向。鉴于这些可供识别的特征要素多达七项，大大缩小了信息受领者根据这些特征要素锁定个人的范围，实际上提高了通过这些个人特征要素总和进行识别的显著性。具有社会属性的人是诸多社会关系的总和。在“暗指”的情况下，提供的个人要素特征越多，同时满足这些要素总和的人就越少，甚至可能达到唯一的程度，那么，就越容易锁定并识别特定个人。即使未达到唯一的程度，如果同时满足这些要素总和的人是如此之少，而某特定个人在其中的名气或其他个性特征又是如此之显著，以至于一般合理之人在依据这些要素总和进行判断时，很大程度上会合理地将该指向信息与该显著之人直接或高度对应，那么就可以判定这些信息指向了该显著之人。在同时满足前述七项个人特征要素总和的人里，霍某某具有在知名度及参演多部古装戏等要素上的重要显著性，足以让一般合理之人将二者直接或

高度对应，从而理解该指向性传播系被特意用来指称霍某某。这一点从焦某某的涉诉言论及诸多网络用户跟帖认为指向霍某某的留言中可以印证。

二、广州某某有限公司所发涉诉文字的内容是否构成以诽谤方式侵犯霍某某名誉权

不当言论传播是侵害公民名誉权的主要形式。言论传播的方式可以是口头或书面向第三人散布；言论的内容可以是“事实陈述”或“意见表达”，前者的内容指向“是什么”，后者的内容指向“怎么看”；言论的不当性主要体现在言论内容的可受非难性。具体而言，一般诚信谨慎之人，在“事实陈述”时，所述事实应当基本或大致属实；在“意见表达”时，评论内容应当大致客观公正。如果向第三人传播不利于特定人或特定人群名誉的虚假事实，或者以他人传播的虚假事实为依据进行不利于特定人或特定人群名誉的不当评论，足以致使该特定人或特定人群的社会评价降低，就可以认定为是对他人的诽谤，从而构成侵犯他人的名誉权。广州某某有限公司发布的涉诉文字是对霍某某与某女群演发生不正当性关系一事的叙述，属于“事实陈述”的言论，故应当遵循基本或大致属实的言论原则。广州某某有限公司作为涉诉文字的发布者，并未就此言论向法院提交相应证据证明其传播内容的事实依据，无法证真，故应当承担举证不能的不利后果，法院认定广州某某有限公司传播的涉诉文字内容系虚假事实。鉴于发生不正当性关系是可受社会人伦道德及主流价值观非难的情事，足以损害他人的名誉从而降低社会评价，或者阻遏第三人与其发生联系或进行交往，故此类言论的传播具有明显的诽谤意义。现广州某某有限公司在无相应事实依据的情况下，通过信息网络方式公开传播对霍某某具有诽谤意义的虚假事实，足以让社会对霍某某作出道德上的负面评价，从而严重破坏霍某某的公众形象，故广州某某有限公司的该行为本身即证明了其具有明显的主观过错，是对霍某某的诽谤，构成对霍某某名誉权的侵害，广州某某有限公司应当承担相应的侵权责任。

三、焦某某的涉诉行为是否构成共同侵权行为

广州某某有限公司发布包含涉诉文字的文章之后，焦某某节选部分内容，通过文字图片的方式，上传到其涉诉微博中进行再传播，其行为构成了对前述言论的转载。此外，焦某某还在该文字图片上方发布自己的言论，该言论与前述上传节选内容图片共同构成一条完整的微博。从该微博图文内容的整体上看，实际上其自己发

表的前述言论是对转载内容的个人注解。

法院认定网络用户转载网络信息行为的过错及其程度，应当综合以下因素：（一）转载主体所承担的与其性质、影响范围相适应的注意义务；（二）所转载信息侵害他人人身权益的明显程度；（三）对所转载信息是否作出实质性修改，是否添加或者修改文章标题，导致其与内容严重不符以及误导公众的可能性。首先，焦某某作为拥有将近20万粉丝的实名认证网络用户，其身份认证为娱乐评论人，属于具有较大网络社区影响力的业内人士，其应当承担与其身份性质及影响范围相适应的较高注意义务。其次，焦某某在新浪微博中转载的节选内容，是涉及他人是否存在不正当性关系这样对个人名誉具有重大影响的事实，一旦不实传播便具有明显的诽谤意义，其应当更为谨慎传播。最后，即使广州某某有限公司作为源发信息的发布者，在传播涉诉文字时尚未指名道姓，而焦某某不但没有尽到对转发节选内容的相应注意义务，还进一步对没有事实依据的转载信息进行指名道姓的注解性添加，让源发言论尚且隐晦的表达变得更加直白，进一步扩大了虚假事实的传播。综上，焦某某的转载行为具有明显的过错，构成对霍某某的诽谤。虽然目前尚无证据证明焦某某与广州某某有限公司具有侵犯霍某某名誉权的共同意思联络，但是二者分别实施源发与转发的侵权行为，共同造成霍某某名誉权的损害，故二者均应在各自责任范围内承担按份共同责任。虽然焦某某在新浪微博中具有较大的社会影响力及明显的过错，但是与广州某某有限公司相比其行为属于扩大侵害的转发行为，其转发言论的影响力及传播范围远不及广州某某有限公司，故认定焦某某与广州某某有限公司承担责任的比例为2∶8。

北京市海淀区人民法院依据《中华人民共和国民法通则》第一百零一条、第一百二十条，《中华人民共和国侵权责任法》第二条、第十二条、第十五条、第三十六条第一款、第二款，《最高人民法院关于审理名誉权案件若干问题的解答》第七条、第十条、第十一条，《最高人民法院关于审理利用信息网络侵害人身权益民事纠纷案件适用法律若干问题的规定》第十条、第十七条、第十八条，《中华人民共和国民事诉讼法》第一百四十四条之规定，判决如下：

一、本判决生效之日起十日内，广州某某有限公司在网站首页显著位置公开发表致歉声明，向霍某某赔礼道歉，消除影响、恢复名誉，持续时间为连续七天（声明内容需经法院核准，如广州某某有限公司拒不履行该义务，法院将选择一家全国公开发行的报刊公布本判决的主要内容，费用由广州某某有限公司负担）；

二、本判决生效之日起十日内，焦某某在网络昵称为“函数公”的实名认证微博中置顶公开发表致歉声明，向霍某某赔礼道歉、消除影响、恢复名誉，持续时间为连续七天（声明内容需经法院核准，如焦某某拒不履行该义务，法院将选择一家全国公开发行的报刊公布本判决的主要内容，费用由焦某某负担）；

三、本判决生效之日起十日内，广州某某有限公司赔偿原告霍某某精神损害赔偿金 80000 元及诉讼合理支出 29120 元；

四、本判决生效之日起十日内，焦某某赔偿霍某某精神损害赔偿金 20000 元及诉讼合理支出 7280 元；

五、驳回霍某某的其他诉讼请求。

广州某某有限公司不服一审判决，提起上诉。北京市第一中级人民法院经审理同意一审法院裁判意见。

【法官后语】

本案是一起涉及知名演艺明星的影射型名誉侵权典型案例，由于霍某某本人的知名度及横店招嫖事件曝光的社会关注度很高，本案受到社会的广泛关注。但是，作为一个重要的法律分析样本，以下主要针对影射型侵权言论的主体指向性判断规则及方法进行详细讨论。

影射型侵权是涉网络侵犯名誉权案件的典型案件类型，在被影射主体的判断规则方面，目前并没有相关的法律法规或司法解释的明确规定，在司法实践中也存在判断的模糊性和认定的主观性。因此，有必要建构判断影射型侵权言论主体指向的规则体系，本案即就此作出了一定的尝试，建构了被影射主体判断规则的三步法。

第一步：判断指向方式，即判断该言论是“明指”还是“暗指”、是“特指”还是“泛指”。如果该言论并未指名道姓地指向原告，就可以初步判断该言论属于“暗指”的表达手法，进入了影射侵权的判断范畴。如果该言论并非泛泛地提及某一群体或不特定的人，而是具体描述了该暗指主体的各项个体特征要素，从这些要素当中可以判断是特定指向了某一主体，就可以认定该言论采用“特指”的表达手法指向了某一对象。

第二步：判断指向显著性和对应性，即判断“特指”的个人特征要素与原告所具有的个人特征要素是否均具有可识别的显著性和全部相符的对应性。如果可供识别的特征要素越多或者越个性化，信息受领者根据这些特征要素锁定个人的范围就越小，从而提高了通过这些个人特征要素总和进行识别的显著性。当原告的个人特征也具有可识别的显著性，并且全部符合“暗指”的个人特征要素，那么可以认定原告是被影射的可能主体。

第三步：二者联系的可信性，即从一般公众的注意力和理解力角度，判断是否足以让一般公众意识到暗指的个人特征要素与原告具有直接或高度对应的可信性，以至于公众能够理解暗指的内容系特意用来指称原告。即使前述对应性并未达到锁定唯一主体的程度，如果同时满足这些要素总和的人是如此之少，而某特定个人在其中的名气或其他个性特征是如此之显著，以至于一般人在依据这些要素总和进行判断时，很大程度上会合理地将该指向信息与原告直接或高度对应，那么这种对应性是可信的，以至于一般公众通常会理解为特意用来指称原告。

综上，通过三个步骤的判断，在司法裁判上就可以认定该言论影射指向了原告。

本案中，按照前述被影射主体判断三步法进行逐一判断，霍某某均符合暗指与特指、显著性与对应性、可信性的判断特征，应当被认定为本案适格的原告，有权提出本案诉讼。因此，法院依法判定霍某某是本案被影射的主体，无疑是正确的，同时为我国司法实践中审理名誉权案件中遇到的影射型侵权主体指向判断难题提供了相应的规则借鉴和有益的经验探索。

编写人：北京市海淀区人民法院　陈昶屹

33

撰写批评性文章侵犯名誉权的认定标准

——柴某诉中国医师协会等名誉权案

【案件基本信息】

1. 裁判书字号

北京市第二中级人民法院（2017）京02民终3565号民事判决书

2. 案由：名誉权纠纷

3. 当事人

原告（上诉人）：柴某

被告（被上诉人）：中国医师协会、邓某、王某

【基本案情】

柴某系《南方周末》报社记者。2010年8月4日和8月19日，《南方周末》发表柴某撰写的《谁制造深圳产妇“缝肛”门》和《鉴定说缝了，医方露馅了》两篇文章，报道发生在深圳凤凰医院的一宗医疗纠纷。2013年5月30日，《南方周末》发表柴某撰写的《“疯子”医生：“你砸医院招牌，医院砸你饭碗”》一文，报道了绵阳人民医院医生兰越峰在医院走廊坐了一年零两个月之事。2014年4月1日和4月28日，中国医师协会网站分别刊登了署名作者为王某的两篇文章，名为《某些媒体何以成为法外之地——央视最新揭露〈走廊医生〉真相》《柴某求被起诉，支持绵阳市人民医院起诉无良媒体》，上述文章指称柴某采写报道深圳凤凰医院医疗纠纷和绵阳人民医院兰越峰事件故意炮制虚假新闻，而王某的新闻调查节目还原了真相。2014年5月6日，中国医师协会网站刊登《一个IT理工男对医暴问题的思考》一文，文中称柴某刻意抹黑医院，严重误导公众。2014年8月19日，《北京青年报》刊登《中国医师协会首次投诉记者》一文，文中报道了邓某的言论：“日前我们中国医师协会刚刚向中国记协投诉了一个记者，他在‘产妇缝肛

门’‘走廊医生’等一些涉医报道中，都发表了与真相完全相左的文章。在涉医的‘问题性报道’中，个别案例性质恶劣，某些记者极端不负责任，混淆事实，歪曲真相，恶意撕裂医患关系。而且长此以往，乐此不疲。我们投诉的那名记者，其情况就属于这样。”该文发表后，人民网、腾讯网、环球网等大量媒体以《中国医师协会首次投诉记者》予以转载或对中国医师协会投诉柴某的事件进行报道。柴某认为，上述公开言论存在歪曲、虚构问题，对柴某进行了诽谤和侮辱，误导了社会公众，导致社会公众对柴某的人格评价降低，严重侵害了柴某的名誉权，故起诉要求中国医师协会等赔礼道歉并赔偿损失。

【案件焦点】

中国医师协会网站刊登的涉案三篇文章以及邓某的言论是否侵犯柴某的名誉权。

【法院裁判要旨】

北京市西城区人民法院经审理认为：针对特定人的不当言行所进行的正当批评、谴责，属于正常的舆论监督，不构成对他人名誉权的侵犯。柴某作为从业多年的记者，自应对新闻工作者的职业操守、新闻报道的工作原则有充分、明晰的了解。但其在对涉案之“缝肛门事件”“走廊医生事件”进行相关报道时，没有秉持客观、公正的新闻工作原则，未如实反映事实真相。中国医师协会在其网站上刊发文章以及在接受媒体采访时对柴某的不当行为进行批评、谴责，言辞虽较为激烈，但没有捏造事实，没有超出正常舆论监督的范畴，不构成对柴某的侮辱、诽谤。邓某受中国医师协会的委托向新闻媒体介绍情况并说明中国医师协会的意见，其行为未超出中国医师协会授权范畴，其所发表的言论亦未对柴某构成侮辱、诽谤。柴某指称侵权文章均非王某撰写，王某不应对此承担责任。王某在新浪微博中所发表的言论亦不属于捏造事实，不构成对柴某名誉权的侵害。因此，柴某的诉讼请求没有事实与法律依据，不予支持。

北京市西城区人民法院依据《中华人民共和国民法通则》第一百零一条，《最高人民法院关于审理名誉权案件若干问题的解答》第七条、第八条之规定，判决如下：

驳回柴某的诉讼请求。

柴某不服一审判决，提起上诉。北京市第二中级人民法院经审理认为：关于涉案3篇文章是否侵犯柴某名誉权的问题。新闻报道需要秉承客观、公正的基本原则。作为一名关注及报道医患关系的记者，如果柴某的报道客观真实，那么这对于解决医疗行业存在的问题、促进医疗行业的发展将大有裨益，这也是新闻媒体的职责所在，亦是新闻监督的价值所在；但是，如果柴某的报道不客观、不真实，则会使医患关系雪上加霜，不仅不能解决问题，反而会损害社会的整体利益。柴某关于医患关系的报道，涉及社会的公共利益，需要社会各界进行广泛的监督，通过充分的意见表达和中肯的舆论批评，使真理越辩越明，让真相越来越清，从而维护社会的公共利益，促进社会的整体进步。柴某在对涉案之“缝肛门事件”和“走廊医生事件”进行相关报道时，报道内容确有与事实不符之处，至于原因，非本案审理范围，本院不作审查与评判。本院审查的内容，限于社会公众在对柴某进行正常的监督与批评时，是否侵犯了柴某的名誉权，即涉案3篇文章在对柴某进行批评与监督时，是否存在诽谤与侮辱的内容。

《某些媒体何以成为法外之地——央视最新揭露〈走廊医生〉真相》一文，系依据中央电视台“新闻调查”节目撰写而成，文章涉及事实的部分基本属实，无恶意虚构、捏造之处，故不构成诽谤。文章涉及评论的部分关涉社会公共利益，具有事实依据，文章的目的亦是进行正常的舆论监督，通过不同意见的交锋，帮助公众对事实真相作出判断。虽然文章的部分言辞较为激烈，但是无恶意诋毁、侮辱的主观故意，故文章涉及评论的部分具有正当性，不构成对柴某名誉权的侵害。《柴某求被起诉，支持绵阳市人民医院起诉无良媒体》一文，除文章前部增加的两段文字外，其他内容与《某些媒体何以成为法外之地——央视最新揭露〈走廊医生〉真相》相同，但综观该两段文字，系对文章内容的综合性概括，无明显诽谤和侮辱的内容，亦不侵犯柴某的名誉权。《一个IT理工男对医暴问题的思考》一文，主要内容为对医暴问题的分析与思考，涉及柴某的内容仅为其中的一句话，该句非文章的主要用意，亦无明显的侮辱性言辞，未侵犯柴某的名誉权。

关于邓某的言论是否侵犯柴某名誉权的问题。邓某的言论有事实依据，无侮辱性用语，尚不构成对柴某的侮辱与诽谤，故未侵犯柴某的名誉权。

因涉案3篇文章及邓某的言论均未侵犯柴某的名誉权，故柴某要求中国医师协会、邓某承担侵权责任的诉讼请求，无事实和法律依据，不予支持。柴某明确其在本案诉讼中未对王某的微博内容提出诉讼请求，而涉案3篇文章亦非王某撰写，故柴某要求王某承担侵权责任的诉讼请求，亦无依据，不予支持。

综上所述，柴某的上诉请求不能成立，应予驳回；一审判决认定事实清楚、适用法律正确，应予维持。

北京市第二中级人民法院《中华人民共和国民事诉讼法》第一百七十条第一款第一项之规定，作出如下判决：

驳回上诉，维持原判。

【法官后语】

新闻媒体负有对社会进行舆论监督的权利和义务。但是，新闻媒体报道新闻应当秉持客观、公正的基本原则，如果新闻报道内容失实，社会公众亦有权表达批评、质疑的意见。本案即因社会团体对新闻报道行使舆论监督权撰写批评性文章而引发的名誉权纠纷。无论是新闻媒体对社会的舆论监督，还是社会公众对新闻媒体的反向监督，均需以合法为前提。合法的监督行为受法律的支持和保护，如果监督行为侵害了他人的合法权利，亦需承担相应的法律责任。

本案涉及的主要争议焦点问题为中国医师协会发表的三篇批评性文章是否侵犯柴某的名誉权。判断文章内容是否侵权，首先应将文章内容区分为事实陈述与意见表达。事实陈述是指发生了什么，意见表达是作者的主观认识，二者采用不同的侵权认定标准。就事实陈述部分，侵权认定标准是是否基本真实，如果基本事实真实存在，仅有部分细节无法核实或不准确，不能否定报道的整体真实性。就意见表达部分，只要评论依据的内容基本属实，作者不存在恶意诋毁的主观故意，就不应轻易否定评论的正当性。

涉案三篇文章既有事实陈述的部分，又有意见表达的部分。关于事实陈述部分，法院审查的要点在于文章反映的事实问题是否基本真实。柴某作为记者，在对“缝肛门事件”和“走廊医生事件”进行相关报道时，由于各种原因，其报道内容确有与事实不符之处。涉案三篇文章对柴某进行监督及批评正是以柴某的报道为基础，列举了柴某报道与事实不符的地方，上述内容与法院查明的事实基本相符，并非恶意虚构、捏造，因而不构成诽谤。关于意见表达部分，法院审查的要点在于评论的正当性以及言辞的合理性。一般认为，“为了公共利益”是公正评论的应有之义。近年来，医患关系成为社会公众普遍关注的社会焦点问题之一。柴某正是在对医患关系的调查与报道中，积累了一定的社会影响力。正如柴某作为媒体记者有权对医疗卫生行业不合理之处进行监督一样，社会团体及社会公众亦有权对柴某的报道进行监督，对真实的部分予以支持，对不真实的部分予以批评。事实的真相也正是在这种互相监督、互相批评的过程中得以水落石出。涉案文章评论的部分，涉及社会公众普遍关注的医患关系，关涉社会公共利益，具备一定的正当性。作为批评文章，部分言辞虽较为激烈，但尚在合理范围之内，作者亦无恶意诋毁、侮辱柴某个人的主观故意，故不构成对柴某名誉权的侵害。

编写人：北京市第二中级人民法院　王磊

34

网络公开发布的报道文章侵犯名誉权的认定标准

——北京某某公司诉刘某名誉权案

【案件基本信息】

1. 裁判书字号

北京市第三中级人民法院（2017）京 03 民终 11856 号民事判决书

2. 案由：名誉权纠纷

3. 当事人

原告：北京某某公司

被告：刘某

【基本案情】

北京某某公司持有中华人民共和国电信与信息服务业务经营许可证，是某某网站的主办单位。2016 年 8 月刘某在其微信号上发表文章《数据造假引发融资危机，某某或遭遇 C 轮死》，2016 年 9 月 6 日将该文删除。2017 年年初，刘某又在“科技说说”上发表文章《某某再陷关站裁员风波，管理混乱终成平台祸患》。2017 年 1 月中旬，《某某再陷关站裁员风波，管理混乱终成平台祸患》一文被删除。刘某认为其文章记载属实，称其采访过北京某某公司前员工，通过笔录的内容可以说明其撰写的文章有事实依据，且在其文章发表前，已经有人对相关问题作出了论断，网上亦报道了数据造假和裁员问题，故争议文字是有可靠来源和客观依据的。北京某某公司认为刘某长期以来在其微信号上多次捏造事实，肆意诽谤、诋毁他人，已构成对其公司名誉权的严重侵害，遂诉至法院，请求刘某赔礼道歉、赔偿经济损失及维权成本。刘某辩称其主观评价没有恶意，更不存在诽谤、诋毁。

【案件焦点】

刘某引用其自行采访的内容以及网上相关信息撰写文章并公开发表于网上的行为是否构成对北京某某公司名誉权的侵犯。

【法院裁判要旨】

北京市朝阳区人民法院经审理认为：从内容上看，刘某的两篇文章中均存在一些对某某网站的负面描述。刘某提供的采访记录向法院隐去了大量信息，法院无法确定采访本身的真实性；而相关媒体的报道不能直接推定为真实可信，不加分辨地转述他人的文章依然有可能构成侵权。结合转发浏览情况，可以认为涉案文章对北京某某公司名誉造成了一定程度的贬损，构成侵权。北京某某公司要求赔礼道歉的诉讼请求，符合法律规定，应予支持。结合本案具体情况，法院酌情确定由刘某赔偿北京某某公司经济损失30000元。同时，刘某应当全额赔偿北京某某公司因证据保全而支出的公证费。

依照《中华人民共和国民法通则》第一百零一条，《中华人民共和国侵权责任法》第二十条、第三十六条第一款，《最高人民法院关于审理利用信息网络侵害人身权益民事纠纷案件适用法律若干问题的规定》第十六条、第十八条之规定，判决：

一、刘某于本判决生效后七日内在其微信公众号及刘某自己的微博首页连续向北京某某公司发布致歉声明七天，内容由法院审定，如刘某拒绝履行，法院将在网络媒体或全国发行的纸质媒体上刊登本判决书主要内容，费用由刘某负担；

二、刘某于本判决生效之日起七日内赔偿北京某某公司经济损失30000元、维权开支5000元；

三、驳回北京某某公司的其他诉讼请求。

刘某不服一审判决，提起上诉。北京市第三中级人民法院经审理认为：民事主体依法享有维护自己名誉并排除他人侵害的权利。刘某在涉案两篇文章中均对某某网站存在负面描述并直接采用负面词语对某某网站主办公司的管理和氛围进行评价。刘某提交的证据并不足以证明其所参考或引用的相关内容真实可靠，亦不足以证明刘某对北京某某公司的管理及相关领导层的评价系建立在事实基础上的推断。刘某作为公开发表的文章的作者，其负有如实报道的义务。刘某在缺乏事实依据的基础上公开发表两篇涉案文章，并被其他网站所转发，使得社会公众对某某网站及其主办公司的社会评价降低，客观上对北京某某公司的名誉造成了一定程度的贬损，主观上亦存在过错。因此，刘某构成对北京某某公司名誉权的侵害，其应当承担侵权责任。刘某的文章经过转发浏览，在社会公众中已产生了一定的影响，因此刘某的行为势必影响某某网站的正常经营活动并给北京某某公司造成一定的经济损失。一审法院认定刘某应向北京某某公司赔礼道歉并赔偿损失并无明显不当。刘某的上诉请求不能成立，应予驳回。

依照《中华人民共和国民事诉讼法》第一百七十条第一款第一项的规定，判决如下：

驳回上诉，维持原判。

【法官后语】

公民在网络上发布新闻报道、评论文章的行为属于言论自由的范畴，一般情况下法律不应予以干涉。但是言论自由并非没有限度，本案即涉及网络公开发布的报道文章侵犯名誉权的认定标准问题。

公民、法人依法享有名誉权。名誉是社会对特定的民事主体的才干、品德、情操、信誉、资历、声望、形象等的客观综合评价。名誉权属于《中华人民共和国侵权责任法》所保护的民事权益范畴，是民事主体依法享有的维护自己名誉并排除他人侵害的权利。

《中华人民共和国侵权责任法》第六条第一款规定，行为人因过错侵害他人民事权益，应当承担侵权责任。因此，主观过错、客观侵权行为、危害后果以及行为与结果之间的因果关系是侵权行为的一般构成要件。结合公开发表的新闻报道和评论文章撰写行为的特殊性，此种情况下认定是否构成侵犯名誉权应重点考虑以下几个标准：文章内容是否属实；行为人是否尽到分辨资料来源的合理注意义务；文章中的结论性意见是否客观、是否指向明确。

1. 文章内容是否属实

侵犯名誉权的方式一般包括侮辱和诽谤，两种行为的共同特点是在缺乏事实的情况下或直接采用不实的信息对他人的人格进行贬低、诋毁。因此，是否有事实依据是判断是否构成侵犯名誉权的重要审查内容之一。在撰写公开发布的新闻报道和评论文章行为中，文章受众广泛、影响范围广，如实陈述更是撰写人应遵循的基本原则，亦是法院对撰写文章的行为是否构成侵犯名誉权行为进行司法审查的首要审查内容。内容属实的判断，可具体化为合法性、公开性、可溯源性，即行为人在所撰写的文章中所引用的事实、数据等应当来源于合法渠道且该事实、数据在一定程度上已经成为公开信息，或即便不是已经完全公开的信息，但有公认的、科学的理论予以支持。例如，国家机关依职权制作的公开文书或新闻媒体对国家机关实施的职权行为所作的公开报道、有关人员自行公开发布的信息、能够明确说明来源且有据可查的事实和数据等。本案中，刘某没有证据证明在其撰写的文章中所参考引用的信息和数据来源于合法的发布渠道或者有真实可靠的引用来源，不符合文章内容属实的标准。

2. 行为人是否尽到分辨资料来源的合理注意义务

是否尽到分辨资料来源的合理注意义务，主要是对行为人主观方面的判断。侵害名誉权的行为人的主观状态既可以是故意，也可以是过失。若行为人主观上存在故意，如明知自己撰写的内容不属实且可能造成他人名誉受损仍予以发布，该行为必然构成侵犯名誉权。但在司法实践中，行为人经常辩称自己的文章中引用了他人的文章内容或者案外人的采访内容，其主观上不存在对他人的诋毁。对此，行为人是否尽到分辨资料来源的合理注意义务即成为判断行为人主观上是否存在过失的标准。因新闻报道、评论文章具有公开发表、社会公众共享的特殊性，故该类文章的撰写人负有分辨引用资料的来源、内容的真实性、合法性、客观性、科学性的义务，其若未履行上述合理注意义务，不加分辨地转载他人的文章，应认定为行为人在主观上存在过失。本案中，刘某坚称其撰写的文章主要依据在于对相关人员的采访记录和其他媒体的报道，但未能提供证据证明其采访行为本身的合法性和真实性，也未能提供证据证明其对于采访内容和其他媒体的报道内容的真实可信程度进行了筛选、辨别、推敲。因此，刘某即便辩称其引述的内容并非凭空捏造，而是转引自其他信源，也不能成为其没有过错的抗辩理由。

3. 文章中的结论性意见是否客观、是否指向明确

对文章结论性意见的审查，主要是对因果关系、侵权结果的判断。与仅提供新闻素材的行为不同，很多网络上的新闻报道、评论文章中存在撰写人通过自身的知识和分析对相关事件进行的主观评价。评论本身是人类运用思维能力，将知识转化为成果的一种行为，是人类智慧的体现。但是，作为公开发表的文章，评论行为需要客观理性，即不论从文章题目还是文章内容，均应体现出客观性。这里的客观性是指是否在未经有权机关经合法程序作出结论性意见或者在未提供可靠依据的情况下运用带有绝对性判断的负面词语甚至是控告式的词语对他人作出评论。同时，在文章标题或文章内容中，将特定对象与非客观的具有强烈偏向性的不利评价进行联系，对于公众来说明显会造成该特定对象社会评价降低的后果，即应认定为行为人的行为已经造成了侵犯名誉权的结果。本案中，刘某在没有任何证据证明其所作出的评价和推断有事实基础和合法依据的情况下，直接采用“虚假增长数据”“任人唯亲”“徇私舞弊”“中饱私囊”“钩心斗角”等控告式的负面词语对某某网站主办公司的管理和氛围进行评价，违反了评论的客观性。同时，刘某直接将北京某某公司与负面词语放置于同一标题中，指向明确具体，极易使社会公众将二者联系起来。随着相关文章浏览量的上升、传播范围的扩大，可以认定其撰写的文章对北京某某公司的名誉造成了贬损。

编写人：北京市第三中级人民法院　徐晨

（二）网络通信工具相关纠纷

35

微信朋友圈构成侵犯名誉权载体的认定

——刘某诉杨某名誉权案

【案件基本信息】

1. 裁判书字号

福建省厦门市同安区人民法院（2017）闽0212民初4375号民事判决书

2. 案由：名誉权纠纷

3. 当事人

原告：刘某

被告：杨某

【基本案情】

刘某与杨某系老乡。两人曾因生意合作产生矛盾。2017年9月26日，杨某在朋友圈上发布了有关诋毁刘某的言论。两人共同的好友张某、李某、夏某于当日将杨某的朋友圈截图发给刘某。在张某所发的截图上，微信名备注为“杨某”的用户发布了朋友圈，是刘某和一位女士的合影，并配文字：“非常对不起下图女主角，我真心不是有意把您放上去的。请您理解我，谢谢！和贼当朋友要注意两点，第一点是贼总会盯着你口袋的钱，第二点就是贼总是无时无刻不在你漂亮老婆身上打主意。贼他永远都是贼！你别指望他会变成君子，就算割了双眼皮也改变不了贼眉鼠眼的本性。”李某所截图片中，微信名备注为“杨某·湖南人家”所发布的内容也与张某上述截图相同。张某还截取了第二张图片，图片上是刘某和一位女士的合影，并配文字："曾经听一位高人说过这么一段话：每一个奸笑后都有很深的阴谋。今天看到这一脸的奸笑让我突然想起那句话。真是那么回事，私自盗取钱财还不认，天下居然还有这么不要脸的人……"夏某发给刘某的截图中的照片进行过PS，刘某头上多了一顶"绿帽子"，人像两边涂写了"淫贼"二字，并配上辱骂性文字。目前涉案言论已从杨某的朋友圈删除。刘某为此向厦门市同安区新民派出所报案，后刘某以其名誉受到损害，向法院提起诉讼。

【案件焦点】

杨某发布微信朋友圈的行为是否侵犯刘某名誉权。

【法院裁判要旨】

福建省厦门市同安区人民法院经审理认为，公民、法人享有名誉权，公民的人格尊严受法律保护，禁止用侮辱、诽谤等方式损害公民、法人的名誉。被侵权人有权请求侵权人承担侵权责任。杨某的微信号为wkjt159××××4019，其微信号后半部分号码与其手机号相同，微信头像和朋友圈内发布的照片均为杨某本人，且该微信号上的头像与张某所发的截图上微信名备注为"杨某"和李某所发截图上微信名备注为"杨某·湖南人家"的头像均相同，故可以认定杨某在其个人微信中发表了侵犯刘某人格权的照片和言论。由于刘某与杨某原系老乡和合作伙伴，有共同的朋友圈，且微信朋友圈具有一定的影响和传播范围，杨某在微信朋友圈中发表的内容存在被双方共同朋友获悉的可能，涉诉言辞无疑降低了他人对刘某的社会评价，杨某理应停止侵害、赔礼道歉。鉴于涉案言论已经被删除，对于刘某主张的杨某立即停止对刘某名誉权的侵害并立即删除所有已经发布的侵权言论，法院不予支持。鉴于杨某系在朋友圈上发布言论，杨某也应在朋友圈内向刘某就其在微信中发布的照片和不当言论赔礼道歉，以消除影响。另外，由于杨某的侵权行为对刘某造成一定伤害，综合考虑杨某的过错程度及损害后果，酌情由杨某支付刘某精神损害抚慰金3000元。

依据《中华人民共和国民法通则》第一百零一条，《中华人民共和国侵权责任法》第二条、第十五条，《中华人民共和国民事诉讼法》第一百一十四条之规定，判决如下：

一、杨某应于本判决生效之日起十日内，在朋友圈上就其在微信中发布的照片和不当言论公开向刘某赔礼道歉（内容须经法院审核）；

二、杨某应于本判决生效之日起十日内赔偿刘某精神损害抚慰金3000元；

三、驳回刘某的其他诉讼请求。

【法官后语】

名誉权是绝对权，任何人都有不侵犯的不作为义务，因此侵犯名誉权的行为方式基本上是作为，主要是侮辱、诽谤等。所谓侮辱，是指行为人故意以语言、文字、暴力等手段贬损他人人格，从而损害他人名誉的行为。所谓诽谤，是指行为人故意捏造并散布某些虚假事实，损害他人名誉的行为，包括口头诽谤、书面诽谤。名誉是社会公众对主体的较为客观的社会评价，名誉权是个体所享有的受社会公众公正评价的权利。行为人实施侵害名誉权的行为所导致的直接后果是他人名誉遭受损害。在侵害名誉权的案件中，违法行为与损害事实之间的因果关系往往具有一定的特殊性，在很多情况下违法行为的损害不是直接产生的，而是要经过一些中间媒介传播扩散从而产生最后的损害后果。如今新媒体包括博客、QQ、微博、微信等广泛运用于人们的生活中，成为日常学习、生活、工作的重要工具。这些平台也是使用者个人对外发布消息的自媒体工具，但由于缺乏内容审核机制，使用者在发布信息时往往会出现发布不合适信息的情况。因此，近年来因微博、微信等新媒体引发的名誉权纠纷案件时有发生。微信朋友圈虽然不像微博等平台那样面向所有人开放，但是也会在已加的好友范围内传播，还有可能被好友转发。因此，微信朋友圈中发布的侮辱、诽谤他人的恶意信息和不实信息，也会对当事人的社会评价造成不良影响，且鉴于微信好友的范围，该不良影响更多是在熟悉的朋友、亲人、同事中进行传播，其对当事人造成的不良影响更甚。

本案中，刘某与杨某是老乡关系，又是曾经的生意伙伴，二人的微信里有不少共同好友，杨某在微信的朋友圈中发表的内容，存在被双方共同朋友获悉的可能。杨某将刘某的照片头上PS上“绿帽子”，在人像两边涂写“淫贼”二字，并配上辱骂性文字发布朋友圈的行为已经构成对刘某的侮辱、诽谤。在其发布朋友圈后，夏某等人截图转发给刘某，说明这些侮辱诽谤的信息在杨某的微信好友中进行了传播扩散，且这些内容可能被不特定的社会公众知悉，一定程度上造成了对刘某社会评价的降低，杨某的行为已构成对刘某名誉权的侵害。

编写人：福建省厦门市同安区人民法院　林思思

36

微信群内发布失实信息是否构成侵犯名誉权

——翟某诉赵某、刘某名誉权案

【案件基本信息】

1. 裁判书字号

北京市第三中级人民法院（2017）京03民终3596号民事判决书

2. 案由：名誉权纠纷

3. 当事人

原告：翟某

被告：赵某、刘某

【基本案情】

2016年1月31日，在北京市某咖啡厅，世纪佳缘网组织了一次交友联谊会，黄某参加此次联谊活动并发现翟某未经其同意对其进行拍照，黄某将翟某手机中自己照片删除后发现手机中有其他女性照片。黄某称手机照片中女性均为参加此次活动的人员，照片中人员基本为全身照。

2016年5月30日，赵某在“2016某单位150+单身交友群”（刘某系群主）微信群中发布消息：“通报一个骗子：有一个叫翟某的，这人行为不端。内部通报下，不外传，否则到处闹……六七个人证明了，利用世纪佳缘志愿者名义骗女性，被各北京群封杀。酒窖摸女孩，还偷拍一个美女群主大腿。本人无工作单位，大家一定小心。”之后上传翟某生活照片一张。赵某称发布上述消息前，曾就其真实性向黄某等人进行核实。

【案件焦点】

赵某在微信群内发布失实信息是否侵犯翟某名誉权。

【法院裁判要旨】

北京市通州区人民法院经审理认为：首先，真实情况与消息内容严重不符。据证人黄某证实，其所见照片为某女性全身照，地点为活动所在咖啡厅，此与消息中所称地点为酒窖、行为为摸女性大腿有本质区别。消息所称“骗子”“利用志愿者的名义骗女性”等亦无相关证据，均带有明显主观判断。关于消息中“偷拍一个美女群主大腿”亦缺乏足够证据支持，黄某所述照片显示为全身照，并未就某一部位单独拍照。除此之外，联谊会的性质为交友，参加人员通过妆容、衣着等展示自己，拓展交际范围为应有之义，他人进行拍照的行为除用于非法、有损社会道德的目的外并不应导致拍照者受到负面的社会评价。其次，赵某发布消息的行为损害了翟某的合法权益。信息网络的传输速度大家有目共睹，微信群作为新兴网络交流工具，消息传播速度快、范围广，在特定群体范围内尤甚。翟某作为大龄单身青年，其网络负面评价对其生活、择偶产生较大不利影响。被告赵某作为消息发布者，其发布前虽经核实，但却与事实有较大出入，应承担相应的法律责任。

对于翟某主张的赔礼道歉、消除影响、恢复名誉的诉讼请求，理由正当，法院予以支持，但赔礼道歉的范围应与发布原消息的范围一致，即在微信群中发布致歉声明，对于原告要求在北京市级报纸刊登致歉声明的意见，法院不予采纳。关于翟某主张的停止侵权，因微信消息具有即时性且微信群信息量巨大，赵某亦未发表类似消息，故停止侵权已无可执行性，对该诉讼请求，法院不予支持。关于翟某主张的误工费、交通费、打印费，翟某均未提供充分确实的证据，故法院不予支持。关于翟某主张的律师费，依据《最高人民法院关于审理利用信息网络侵害人身权益民事纠纷案件适用法律若干问题的规定》第十八条的规定，法院予以支持。关于翟某主张的精神损害抚慰金，法院依据赵某的过错程度、侵权行为的具体情节、精神损害的后果等酌情予以确定。关于翟某要求刘某承担责任的意见，证据不足，法院不予采纳。综上所述，依据《中华人民共和国民法通则》第五条、《中华人民共和国民事诉讼法》第六十四条第一款、《最高人民法院关于审理利用信息网络侵害人身权益民事纠纷案件适用法律若干问题的规定》第十八条之规定，判决如下：

一、赵某于本判决生效之日起七日内在“2016某单位150+单身交友群”中发布致歉声明，应在工作日工作时间发布不少于三日，每日不少于一次，内容由法院审定，如赵某拒绝履行，法院将在网络媒体或全国发行的纸质媒体上刊登本判决书主要内容，费用由赵某负担；

二、赵某于本判决生效之日起七日内赔偿翟某精神损害抚慰金 2000 元、律师费 10000 元；

三、驳回翟某的其他诉讼请求。

翟某、赵某不服，提起上诉。北京市第三中级人民法院经审理认为：赵某通过微信发布的消息损害了翟某的合法权益，其行为产生的网络负面评价对翟某生活、择偶产生了较大不利影响。赵某虽称其在发布信息前已经经过核实，但现有证据不足以证明其所发布的关于翟某的信息内容的真实性，故一审法院判决赵某赔偿翟某因其行为造成的合理损失并无不当；关于翟某要求刘某承担责任的意见，缺乏充分依据，法院不予支持；一审法院判决的各项费用并无明显不当之处，法院予以确认。翟某的上诉请求中超出一审诉请的部分，因赵某、刘某不同意在本案中一并处理或调解解决，且部分诉请亦不属于本案审理范围，故本案不予处理。翟某在二审中提交的证人证言内容未体现与本案所涉争议的直接关联性，亦不属于二审新证据范畴，法院不予采信其二审提交的证据。综上所述，翟某、赵某的上诉请求均不能成立，应予驳回；一审判决认定事实清楚，适用法律正确，应予维持。依照《中华人民共和国民事诉讼法》第一百七十条第一款第一项之规定，判决如下：

驳回上诉，维持原判。

【法官后语】

本案处理重点在于能否认定在微信群内转发涉及他人的失实消息构成侵犯名誉权。根据《最高人民法院关于审理名誉权案件若干问题的解答》的规定，是否构成侵害名誉权的责任，应当根据受害人确有名誉被损害的事实、行为人行为违法、违法行为与损害后果之间有因果关系、行为人主观上有过错来认定。具体到本案中，需重点考察赵某是否实施了法律禁止的侮辱、诽谤等损害翟某名誉的行为，将不实、不当言论宣扬至不特定的第三人，从而致使翟某的人格遭到贬损，社会评价受到不利影响。

首先，翟某在咖啡厅拍摄的系女性全身照片，而涉诉消息中关于地点和情节（酒窖摸女孩、偷拍美女群主大腿）的表述与事实不符。赵某虽称在发布消息前进行过核实，但其询问的对象均回复是“听说”，即其并未向事件亲历者及翟某本人进行核实就在群内发布消息，导致言论失实且具有明显的倾向性和贬损性。赵某未调查事件的真实情况即在微信群内发布消息并使用不当措辞，显然是对他人人格权益的漠视，主观具有过错。加之，涉诉微信群中的成员对于翟某而言系不特定的第三人，且微信作为新兴网络交流工具，消息传播速度快、范围广，获知消息的“第三人”的范围将得以迅速扩张，故赵某在微信群内发布失实消息符合侵犯名誉权之向不特定第三人宣扬的行为特征，其行为属于对翟某的侮辱、诽谤。

其次，翟某作为大龄未婚青年，赵某在相亲微信群内发布的消息是该群成员格外关注的内容，涉诉消息足以使群内成员对翟某的品行等产生不公正的评价，在一定程度上使翟某的社会评价降低，对其日后生活及择偶将产生不利影响。故赵某在微信群内发布失实消息给翟某的名誉造成了损害，构成对翟某名誉权的侵害。

关于微信群群主刘某不作为是否构成侵权。《互联网群组信息服务管理规定》指出，互联网群组建立者、管理者应履行群组管理责任，依据法律法规、用户协议和平台公约，规范群组网络行为和信息发布。微信群群主对群内传播扩散淫秽色情、暴力恐怖、谣言诈骗等违规违法信息的行为，有义务采取相应的处置措施。刘某作为涉案微信群的群主对群成员发布消息有监督及形式审查义务，赵某在群内发布的消息从形式上看并无明显违法违规情形，故从侵权的构成要件而言，刘某并未实施侵犯翟某名誉权的行为，也不存在对群内成员监督不力的问题，无需承担侵权责任。但在法院通过审查后认定赵某发布失实消息的行为构成侵权时，刘某作为微信群群主，应当监督赵某及时在群内向翟某发布致歉声明，有效规范群成员的信息发布行为。

关于微信群内侵犯名誉权的责任承担方式。翟某要求赵某在涉诉微信群及北京市级报纸上向其赔礼道歉、消除影响、恢复名誉，考虑到赵某仅在涉案微信群中发布过一次涉诉消息，群内其他成员亦未转发，微信消息具有即时性且微信群信息量巨大，极易被覆盖、被遗忘，故不宜将赵某赔礼道歉的范围扩大至微信群外，应与发布消息的范围一致，即在微信群内向翟某发布致歉声明较为适宜。

编写人：北京市通州区人民法院　何娇

37

微信群内上传视频是否构成名誉侵权的认定

——黄某某诉罗某某名誉权案

【案件基本信息】

1. 裁判书字号

广东省汕尾市中级人民法院（2017）粤15民终58号民事判决书

2. 案由：名誉权纠纷

3. 当事人

原告（上诉人）：黄某某

被告（被上诉人）：罗某某

【基本案情】

2016年7月24日傍晚，黄某某及其妻子罗某甲、罗某某及其亲属等11人各自均在某饭店用晚餐。在用餐过程中，罗某某在拍照时拍到黄某某夫妇的背影，罗某甲发现后，拿走罗某某用于拍摄照片的手机，直奔派出所，以罗某某侵犯其肖像权和隐私权向派出所报案，罗某某跟随着也赶到派出所。派出所民警就该事实经调查后，认为罗某某的行为构不成侵权，不予立案，同时删除视频。罗某某承认该视频有放到其亲属的微信群上，但没有在公开网络上传播。该案经派出所调解无效。黄某某随即提起诉讼，请求：1. 罗某某立即停止侵犯黄某某名誉权及隐私权的行为；2. 罗某某对黄某某赔礼道歉，并以向罗某某发布道歉信、在朋友圈上发布澄清及道歉信息等方式，为黄某某消除影响、恢复名誉；3. 罗某某赔偿黄某某精神损害抚慰金及经济赔偿金共2000元。

【案件焦点】

罗某某将黄某某夫妻用餐视频发至微信群的行为是否构成名誉侵权。

【法院裁判要旨】

广东省汕尾市城区人民法院经审理认为：关于名誉权受损的认定，名誉是一种社会评价，名誉受损的事实应以侵害名誉权的行为是否造成受害人的名誉受损为依据。名誉受损事实是指由于侵害名誉权的行为对个人的人身或财产造成的不利影响，一般包括名誉损害、精神损害以及财产损害。隐私权，是指自然人享有的私人生活安宁与私人生活信息依法受到保护，不受他人侵扰、知悉、使用、披露和公开的权利。侵害隐私权的方式通常包括侵扰自然人的生活安宁，探听自然人的私生活秘密，在知悉他人隐私后向他人披露、公开，或者未经许可进行使用。罗某某虽将黄某某及其妻子在餐厅用餐的视频放到罗某某等11人的微信群上，但并没有发表贬低黄某某及其妻子的言论，该视频上为两人的背影，且是在公共场所拍摄的，也无法证明黄某某隐私受到侵扰。该视频在派出所解决时已被派出所民警删除，黄某某提供的光碟、照片、视频对话内容整理等证据不足以证明其本人名誉、隐私受到侵害；庭审时，黄某某已明晰了赔偿其精神损害抚慰金及经济赔偿金共2000元是替其妻子罗某甲主张的，但未办理相关委托手续，不符合法律程序，也无证据证明罗某甲受惊后心脏不好需用药是因本次争议所致，故对黄某某的请求不予支持。

广东省汕尾市城区人民法院依照《最高人民法院关于适用〈中华人民共和国民事诉讼法〉的解释》第九十条的规定，判决如下：

驳回黄某某的诉讼请求。

黄某某不服一审判决，提起上诉。广东省汕尾市中级人民法院经审理认为：黄某某以名誉权受损为由诉请追责，故应依照《最高人民法院关于审理名誉权案件若干问题的解答》第七条关于“是否构成侵害名誉权的责任，应当根据受害人确有名誉被损害的事实、行为人行为违法、违法行为与损害后果之间有因果关系、行为人主观上有过错来认定”的规定予以裁判。申言之，行为人承担名誉侵害的民事责任应同时符合以上四个法定要件。罗某某虽将黄某某夫妻用餐背影的视频发至微信群而引发纠纷，但该视频形成于公共场合，亦无明显侵害当事人的隐私抑或贬损当事人形象的内容，另黄某某无法提供证据证明罗某某发表不当评论诋毁其形象的事实。因此，罗某某的行为不足以构成违法。再者，视频上传后不久即在派出所被删除，本案现有证据难以证实罗某某仍持续转发视频。显然，罗某某已及时消除影响且无继续扩大损害后果的主观故意。至于他人是否针对视频发表不利于黄某某夫妻的言论系另一法律关系，且与罗某某不存在法律上的因果关系，故此不属于本案审理范围，其可另行主张权利。据此，罗某某的行为有失规范而不应倡导，但行为性质并不符合最高人民法院关于认定名誉侵权的法定要件，故一审判决以证据不充足为由驳回黄某某的诉讼请求应属正确，予以维持。

广东省汕尾市中级人民法院依照《中华人民共和国民事诉讼法》第一百七十条第一款第一项的规定，判决如下：

驳回上诉，维持原判。

【法官后语】

该案例的诉争焦点是罗某某将黄某某夫妻用餐背影视频发至微信群的行为是否构成名誉侵权。本案裁判主要存在两个难点：一是对新兴的微信侵权认定的法律适用方法，二是发微信行为的法律责任的评判。与名誉侵权相关的法律法规有1993年的《最高人民法院关于审理名誉权案件若干问题的解答》、1998年的《最高人民法院关于审理名誉权案件若干问题的解释》、2001年的《最高人民法院关于确定民事侵权精神损害赔偿责任若干问题的解释》、2010年的《中华人民共和国侵权责任法》及2014年的《最高人民法院关于审理利用信息网络侵害人身权益民事纠纷案件适用法律若干问题的规定》，上述规定对近年才兴起的微信均无明确规定，无法适应新兴自媒体所产生的人格权纠纷。因此，本案只能依照《最高人民法院关于审理名誉权案件若干问题的解答》第七条的规定，即根据受害人确有名誉被损害的事实、行为人行为违法、违法行为与损害后果之间有因果关系、行为人主观上有过错来认定是否构成名誉侵权。

首先，是否存在损害事实，应以受害人社会评价是否降低来衡量，而并不以受害人的自我感觉来判断。本案中，罗某某的行为虽有失规范但并不必然造成黄某某社会评价的降低。黄某某自认为其社会评价降低，但从本案事实来看，涉案视频仅显示黄某某夫妻用餐的背影，并无其他内容，如若认定该视频导致黄某某社会评价降低，未免显得牵强。其次，涉案视频形成于公共场合，罗某某也没有发表侮辱、诽谤等侵害黄某某名誉的评论，且无继续转发视频扩大影响力，故本案中难以认定罗某某的行为违法及存在主观过错。最后，如上所述，罗某某并没有发表侵害黄某某名誉的评论，黄某某主张他人转发视频致其名誉受损，因罗某某没有发表评论，也已将涉案视频删除，故他人是否转发视频、是否发表不当言论与罗某某没有法律上的因果关系，法院不应一并审理。为保障黄某某的诉权，法院告知其可另行主张权利。

随着微信功能的不断丰富和用户的不断增加，微信已不再是单纯的通信交流工具，已发展成一种新兴的信息传播媒介，如果不谨言慎行，使用者极有可能就构成侵权。2017年10月1日实施的《中华人民共和国民法总则》第一百一十一条规定，自然人的个人信息受法律保护。任何组织和个人需要获取他人个人信息的，应当依法取得并确保信息安全，不得非法收集、使用、加工、传输他人个人信息，不得非法买卖、提供或者公开他人个人信息。我们在享受微信给我们带来的便利的同时，也要注意自身的言行，遵守法律法规，防止给他人造成不便。尊重他人，也是尊重自己。

编写人：广东省汕尾市中级人民法院　施伟强　詹维敏

38

网络发帖行为侵权责任认定

——北京某教育公司诉吴某、网易传媒科技（北京）有限公司名誉权案

【案件基本信息】

1. 裁判书字号

北京市密云区人民法院（2017）京0118民初第10437号民事判决书

2. 案由：名誉权纠纷

3. 当事人

原告：北京某教育公司

被告：吴某、网易传媒科技（北京）有限公司（以下简称网易传媒公司）

【基本案情】

2017年9月18日19时许，在北京某教育公司培训场所内，该公司辅导人员与吴某之子李某因课堂纪律问题发生纠纷，后李某被打伤。李某之伤经北京市密云区公安司法鉴定中心鉴定为：轻微伤。

2017年9月30日，某网站用户“小禹”在该网站以《辅导老师殴打学生辅导班就没有责任吗?》为题发帖，内容为：“9月18日下午5点北京某教育公司辅导老师暴力殴打学生近2分钟，孩子发出的惨叫让人揪心。对于孩子来说，这短短的2分钟就是人间地狱。虽然肇事老师已经接受公安部门相关处理（法医鉴定轻微伤），但培训机构推卸责任，这样的辅导培训机构谁还敢把孩子放心地交给他们，动动手指转发出去，让大家都来关注社会辅导班的现状和诸多问题。”并附图片和视频，吴某认可该帖系其所发。2017年10月26日，网易新闻“文论载道”以《恐怖！看了这个视频，你还敢送孩子去托管班吗?》为题发帖，对涉案事件进行报道及评论。北京某教育公司认为吴某、网易传媒公司的行为侵犯其名誉权，要求停止侵权、消除影响等，并赔偿经济损失50万元。

【案件焦点】

被告的网络发帖行为是否侵犯原告的名誉权。

【法院裁判要旨】

北京市密云区人民法院经审理认为：法人享有名誉权，禁止用侮辱、诽谤等方式损害法人的名誉。以书面、口头等形式诋毁、诽谤法人名誉，给法人造成损害的，应当认定为侵害法人名誉权的行为。吴某之子李某在原告培训场所内被其辅导人员打伤，吴某所发涉案网帖虽使用了部分带有主观性的词语，但所述内容基本符合客观事实，并非其凭空捏造，故吴某并不存在以侮辱、诽谤等方式损害原告名誉权之行为。当事人对自己提出的主张，有责任提供证据。网易传媒公司并非网易新闻的运营主体，原告要求该公司承担侵权责任系诉讼主体错误，且网易新闻所发内容亦没有脱离事实。综上，北京某教育公司的诉讼请求，缺乏事实及法律依据，法院不予支持。

北京市密云区人民法院依照《中华人民共和国民法通则》第一百零一条、《中华人民共和国民事诉讼法》第六十四条之规定，作出如下判决：

驳回北京某教育公司的全部诉讼请求。

【法官后语】

本案是典型的网络侵权案件。网络发帖行为是公民行使言论自由权利的体现，是一种现实的言论自由在互联网的延伸，也即网络言论自由。因网络言论自由发布的载体是互联网，这就决定了其具有广泛性、便捷性、互动性、匿名性等特征，同时与现实的言论自由相比，网络言论自由在舆论监督方面展现出更加强大的影响力。然而任何自由都是有限度的，如果网络言论自由行使不当，则有可能与名誉权、隐私权等人格权相冲突，构成侵权行为。

名誉权是指公民、法人对其在社会生活所获得的社会评价即自己的名誉享有的不可侵犯的权利。根据《中华人民共和国民法通则》《中华人民共和国民法总则》等相关法律规定，公民、法人均享有名誉权，公民的人格尊严受法律保护，禁止用侮辱、诽谤等方式损害公民、法人的名誉。根据侵权责任构成要件理论，认定某项行为是否构成名誉侵权，需从主客观方面同时考察：一是行为人主观方面是否存在过错，即行为人实施某项侵害名誉权的行为是故意还是过失；二是行为人是否实施了侵害名誉权的违法行为，在行为方式上主要表现为以书面或口头等形式侮辱、诽谤自然人或法人名誉。侮辱体现为以不当的言辞评价等贬低和毁损相对人的人格。诽谤则体现为捏造、散布虚假事实，必须同时具备两个要件：(1) 事实信息的虚假性，即侵权人所宣扬的事实与客观情况不符，但这种不符并不是以“完全吻合”为标准，强调的是主要事实有出入，细节方面的出入不应当认定为整个事实虚假。(2) 信息传播的公开性，即信息要为不特定第三人知悉，如利用信息网络公开发布或传播诽谤信息，如果只有受害人知道，也不足以构成诽谤。(3) 受害人是否有名誉受损害的事实。所谓名誉受损害，是指受害人的社会评价降低或者法人的商誉受损，这是侵犯名誉权成立的关键要件。(4) 违法行为与损害后果之间是否存在因果关系。因果关系是客观存在的，要在与名誉受损害事实存在联系的诸多行为中找到真正合乎规律的原因，确定行为与名誉受损后果之间的直接联系。

本案中，吴某之子李某在原告培训场所内被其辅导人员打伤，吴某将此事经过在某网站发布，虽使用了部分带有主观性的词语，但所述内容基本符合客观事实，并非凭空捏造，故吴某在网络上发帖的行为是其言论自由权利的正当行使，不能认定为诽谤行为，不构成名誉权侵权。

在网络时代，行为人通过网络实施侵权行为造成的危害后果，要比传统侵权行为给被侵权人带来的精神打击和经济损失更为严重。因此，我国针对网络侵权案件专门制定了相关法律对此予以规制，并特别规定了网络服务提供者的连带责任。《中华人民共和国侵权责任法》第三十六条规定，网络用户、网络服务提供者利用网络侵害他人民事权益的，应当承担侵权责任。网络用户利用网络服务实施侵权行为的，被侵权人有权通知网络服务提供者采取删除、屏蔽、断开链接等必要措施。网络服务提供者接到通知后未及时采取必要措施的，对损害的扩大部分与该网络用户承担连带责任。网络服务提供者知道网络用户利用其网络服务侵害他人民事权益，未采取必要措施的，与该网络用户承担连带责任。据此，在网络环境下，利用网络实施侵犯名誉权行为的责任主体可能包括两种：一是网络用户；二是网络服务提供者。网络服务提供者的连带责任，是指网络用户利用网络实施侵权行为后，网络服务提供者在法定情况下与网络用户承担连带责任的网络侵权责任形式。网络服务提供者承担连带责任的主要有两种情形：一是网络服务提供者不知道用户利用其平台实施侵权行为。被侵权人发现后，可向网络服务提供者发出通知，告知其网站上的内容构成侵权，可要求其采取删除、屏蔽、禁用等必要措施。网络服务提供者在接到该提示后，应当审查并及时采取必要措施。如果网络服务提供者未及时采取必要措施，构成对网络用户实施的侵权行为的放任，具有间接故意，视为与侵权人构成共同侵权行为，与侵权的网络用户承担连带责任。如果网络服务提供者未经过被侵权人提示，或经过提示之后立即采取必要措施，网络服务提供者就不必承担责任。二是网络服务提供者明知网络用户利用其网络实施侵权行为，未采取任何必要措施，放任不管或置之不理，任凭侵权行为继续进行，对被侵权人造成名誉损害等，对于该网络用户实施的侵权行为具有放任的间接故意，也应当承担连带责任。本案中，网易传媒公司并非网易新闻客户端的运营主体，仅为网易新闻客户端软件的开发主体，并不参与网易新闻的日常管理与运营，因此网易传媒公司并非网络服务提供者，不能构成网络侵权行为的责任主体。

编写人：北京市密云区人民法院　徐秀丽

39

微博点赞行为侵犯名誉权的认定标准

——李某某诉张某某、某网络公司名誉权案

【案件基本信息】

1. 裁判书字号

北京市第三中级人民法院（2017）京 03 民终 12775 号民事判决书

2. 案由：名誉权纠纷

3. 当事人

原告（上诉人）：李某某

被告（被上诉人）：张某某

被告：某网络公司

【基本案情】

李某某长期在微博等社交媒体自称是某某公司总裁张某某的未婚妻，在新浪微博注册“张某某未婚妻李某某”“某某公司准总裁李某某”“某某公司总裁李某某”等微博账户，发表大意为其与张某某存在恋爱关系的多篇博文。李某某称在 2015 年 1 月、2 月，有网友时常发布一些污蔑、辱骂、恶意诽谤她的微博，张某某于 2015 年 2 月 2 日对其中最恶劣的一条微博进行点赞，意在请同行公司重视该评论。该点赞行为对其工作、名誉、人格造成严重负面影响。李某某多次与运营新浪微博的某网络公司协商处理此事，该公司置之不理并注销了李某某的微博账号“张某某未婚妻李某某”。

2016 年 7 月 25 日，李某某前往北京市某公证处对 http：//weibo. com 上的部分内容进行公证，其中显示“某某公司 charies 赞 抱歉，此微博已被删除”等。

另，张某某称其不认识李某某，双方之间没有任何关系，其于 2010 年注册名为“某某公司 charles”的微博账户，不定期通过该微博账户与网友互动。2017 年，

张某某以侵犯名誉权为由向法院起诉李某某。

李某某在本案中请求张某某删除对“诈骗犯李某某”微博博文的点赞，并和某网络公司公开道歉；某网络公司、张某某赔偿李某某红包款1888元、精神损失费200万元。

【案件焦点】

1. 事实认定问题：张某某是否在网络上进行了点赞；2 法律适用问题：张某某如存在上述行为，是否构成对李某某名誉权的侵犯。

【法院裁判要旨】

北京市朝阳区人民法院经审理认为：

1. 事实认定问题。综合本案的公证书、李某某陈述、张某某陈述、网页打印件等证据，上述证据形成有效的证据链足以证明张某某在网络上对网友的评论进行了点赞。

2. 法律适用问题。第一，李某某在网络上、庭审中均公开以张某某未婚妻自居，且长年累月单方向张某某发送大量短信、电子邮件，现李某某提供之证据也不足以证明其与张某某存在网恋关系，张某某在庭审中明确表示从未与李某某存在男女朋友关系或订婚关系，并正与李某某进行相关诉讼，可见李某某不是张某某未婚妻；第二，本案涉及的评论是案外人在网络发表的，不能因为张某某对案外人的评论点赞，就将案外人的评论简单等同于张某某的言论，考虑本次事件的背景、缘由，张某某仅是点赞表明态度，其行为属于人之常情，主观上不存在明显过错；第三，考虑到李某某的行为及可能的社会影响，结合李某某提供的证据，点赞不足以导致社会对李某某社会评价降低。综上，张某某涉案行为没有侵犯李某某的名誉权。

因张某某没有侵权，故对李某某要求道歉、赔偿精神损失一节均不予支持。关于红包一节，此与本案名誉权纠纷非同一法律关系，对此不予处理。关于某网络公司一节，法院对此进行了相关查明后追加了某网络公司参与诉讼，某网络公司到庭陈述确认 http：//weibo. com 为其公司所有及经营，法院对李某某该部分诉讼请求不予支持，且对其诉讼行为提出严肃批评。特别需要指出的是为了大家更好地使用互联网，每个人应该遵守基本的互联网言论规则，不能利用互联网去骚扰他人。

依据《中华人民共和国民法通则》第一百零一条之规定，判决如下：

驳回李某某的全部诉讼请求。

李某某不服一审判决，提起上诉。北京市第三中级人民法院经审理同意一审法院裁判意见。

【法官后语】

本案是关于微博点赞行为是否构成侵犯名誉权的典型案例，司法实践中这类案件较为少见。发表相关含有贬损、侮辱性字眼的信息会侵犯相关人员的名誉权，但对于该类信息点赞的行为，是否符合名誉权侵权的认定标准？被侵权人是否可以据此向点赞者主张权利、索要赔偿？点赞者的点赞行为是否扩大了侵权信息的传播力度而应承担相应的责任？网络服务提供者是否应当承担相应的责任？本案涉及拥有网络话语权的社会知名人士以及将信息广泛发布传播的微博平台，对于本案的分析研究，有助于加强对于上述问题的思考，为相似案件的审理裁判提供一定借鉴。本案判决针对案件争议焦点，重点从法律适用的角度对公众人物张某某的点赞行为是否侵犯李某某的名誉权进行了充分的说理。

点赞是网络用语，通常理解表示赞同、喜爱，微博点赞行为在某种程度上反映出对于该条博文的认可状态。对于点赞行为是否构成网络名誉权侵权的问题应该从多点进行思考。第一，点赞行为不同于直接发表相关内容或转载相关内容，点赞行为对传播、转载相关内容的参与程度较低，是对该内容所持态度的一种表示，而这种态度的表示所展现的对相关内容认可或赞同的程度高低没有统一的标准，本案中法院认定张某某对于案外人的评论的点赞行为不是张某某的言论或者是张某某的意思表示。第二，点赞行为所带来的恶劣传播效果的程度判断。通常情况下“大V”或拥有众多粉丝的知名人士，对于他人某一条微博的点赞，也会引起大量网友的关注，这与其具有一定影响力的特定身份有关，本案中张某某对于不知名网友微博的点赞亦会达到此种效果。但是，对于该微博的大量传播、阅读起到的助推效果，张某某是否就应该承担侵权责任？对于此点的认定，还是应该回归到微博信息本身上，本案中法院在查明事实的基础上认定张某某与李某某并无恋爱等任何关系，现有的证据认定李某某在发表与张某某之间关系的诸多不实言论，从当事人的角度看，张某某对于质疑李某某言行的微博点赞行为属于人之常情。第三，查明是否存在侵权事实以及侵权主张者与点赞者的基本关系。法院依据查明的李某某与张某某的基本关系判定张某某不是出于某种特殊目的去点赞，主观上不存在明显过错。如果网络信息内容表明侵权事实是存在的，而与之有特定关系的人进行了点赞，就应该进行下一步的审理，即审查点赞行为所引起的信息传播效果。若一条存在侵权事实的信息原本关注者较少，具有一定影响力的人进行点赞后，引发网友关注，传播效果得到迅速提升，引起恶劣影响，此时侵权信息传播所引起的影响与点赞者的点赞行为具有因果关系，被侵权人可基于此要求点赞者取消点赞行为，但是否可以向点赞者主张赔礼道歉、精神损失，还需综合考量。

编写人：北京市朝阳区人民法院　欧阳华

40

在网络评价平台多次发表“事实陈述”部分的主要内容失实的评价，应否认定为侵犯名誉权

——某家政公司诉何某名誉权案

【案件基本信息】

1. 裁判书字号

四川省成都市中级人民法院（2017）川01民终9779号民事裁定书

2. 案由：名誉权纠纷

3. 当事人

原告（被上诉人）：某家政公司

被告（上诉人）：何某

【基本案情】

某家政公司的员工在为何某的房屋提供保洁服务的过程中，该房屋浴室玻璃推拉门发生损坏。就该推拉门的维修更换问题，某家政公司与何某发生争议，何某向

九牧牌洁具专卖店询价，得知更换需要费用1700元，某家政公司员工询价，得知更换需要费用1300元。后双方经过协商，于2016年3月27日达成协议：某家政公司一次性赔偿何某1300元，不再承担任何责任；双方解除《家庭保洁协议》，某家政公司退还何某服务费810元。何某更换损坏的推拉门实际支出费用1700元。

2016年3月27日，何某以网名“××”在某家政公司在大众点评网华阳店和高新区店作了评论“超级无赖，不诚信的破公司。大家千万不要上当和这家签约。员工态度恶劣，损坏物品不照价赔偿；不按合同约定执行，一副‘反正签约后钱收了，你能咋地’的无赖丑恶嘴脸”。后何某以注册网名“××”在某家政公司在大众点评网华阳店、南门店、金牛区店、高新区店、西门店以及百度糯米网发表了上述相同的评论。某家政公司于2016年3月29日对何某的上述评论进行回复，告知对该恶意评价将保留追究责任的权利。

【案件焦点】

何某发表的评论是否侵犯某家政公司名誉权。

【法院裁判要旨】

四川省成都高新技术产业开发区人民法院经审理认为，《最高人民法院关于审理名誉侵权案件若干问题的解释》第九条规定，消费者对生产者、经营者、销售者的产品质量或者服务进行批评、评论，不应认定为侵害他人名誉权。但借机诽谤、诋毁，损害其名誉的，应当认定为侵害名誉权。消费者的批评、评论，所依据的事实须是真实存在的，同时出于善意，即不构成侵权。但出于人身攻击、个人偏见的恶意评论，不属于公正评论，损害他人名誉的，应当承担侵权责任。本案争议焦点是何某的评价是否客观、主观上是否具有恶意。

第一，某家政公司与何某就何某家损坏的浴室推拉门的赔偿达成了一致意见。何某认为，某家政公司利用优势地位，导致其受胁迫才接受，但某家政公司系提供保洁服务的企业，何某可以选择接受1300元的赔偿款，也可以要求某家政公司更换维修，也可以选择自行更换要求某家政公司承担费用，何某并未丧失自由选择权，不应认定为其受到胁迫。

第二，对于是否照价赔偿问题，何某实际支出的更换费用为1700元，某家政公司只赔偿1300元，何某据此认为某家政公司在提供服务过程中损坏物品不照价赔偿。浴室推拉门由于进货渠道等方面的不同，可能存在价格不一致的情形，双方分别询价结论不一致，何某选择接受 1300 元的赔偿款，视为其自愿承担实际可能超出 1300 元的维修费，这是其自愿处分实体权利的行为。照价赔偿的“照价”是按照购买价还是维修更换价存在歧义，何某与某家政公司协商作价，应视为照价赔偿，何某以协商价与实际更换价有差距，据此认为不是照价赔偿，有违通常人之理解。

第三，何某在接受服务后，认为某家政公司在履行合同过程中不履行照价赔偿义务，可以将其主观感受通过网络专用评价平台进行评价，既可以促进商家及时改进服务，也可以对其他顾客进行善意的提醒，但不能据此恶意损毁他人名誉。同时，其评价应当客观，反映基本事实，不能超过商家提供服务的范围进行恶意评论、随意谩骂。何某在发表评论时，擅自扩大范围，在大众点评网上对某家政公司的六家分店均进行差评，同时在百度糯米网上也进行了差评，某家政公司不应因为一家分店在提供服务过程中存在令顾客不满意的情形，就遭受其他分店在不同网站均接受差评的后果。何某反复、多次评论，其理由是某家政公司删除了差评，但差评除发帖者和网络服务提供者能够删除外，某家政公司作为商家无权删除；何某的评论中谩骂性语言居多，描述的事实不客观、不完整；何某在某家政公司提出警告后仍继续发帖表达其主观偏见。综上，为平衡通过网络销售提供服务的商家与顾客的利益关系，遏制恶意差评的随意性，法院认定何某这种超范围、反复多次、脱离客观事实的评论，已经超出顾客对商家进行有效监督的范围，不属于公正评论，属于恶意差评，已经对某家政公司的名誉造成损害，构成名誉侵权。

根据《中华人民共和国侵权责任法》第十五条的规定，何某侵犯某家政公司的名誉权，应当承担停止侵害，即将网站上的相关评论予以删除的责任；赔礼道歉，向某家政公司表示歉意，为其恢复名誉，同时承担赔偿损失的责任。同时，《最高人民法院关于审理利用信息网络侵害人身权益民事纠纷案件适用法律若干问题的规定》第十八条规定，被侵权人为制止侵权行为所支付的合理开支，可以认定为《中华人民共和国侵权责任法》第二十条规定的财产损失。合理开支包括被侵权人或者委托代理人对侵权行为进行调查、取证的合理费用。人民法院根据当事人的请求和具体案情，可以将符合国家有关部门规定的律师费用计算在赔偿范围内。某家政公司未举证证明因何某的侵权行为造成了经营受损的损失，但其为保全固定证据的公证费 2000 元、委托律师进行诉讼支出的律师费 5000 元可以作为维权合理开支，作为损失，由何某承担。

依照《中华人民共和侵权责任法》第六条、第十五条、第二十条，《最高人民法院关于审理利用信息网络侵害人身权益民事纠纷案件适用法律若干问题的规定》第十八条，《中华人民共和国民事诉讼法》第六十四条的规定，判决如下：

一、何某停止对某家政公司的侵权，于本判决生效后十日内将其在百度糯米网上对某家政公司的评论删除；

二、何某于本判决生效后十日内向某家政公司公开赔礼道歉；

三、何某于本判决生效后十日内赔偿某家政公司损失7000元；

四、驳回某家政公司的其他诉讼请求。

何某不服一审判决，提起上诉。四川省成都市中级人民法院审理过程中，何某申请撤回上诉。该院经审查认为，何某提出撤回上诉的请求，不违反法律规定，予以准许。依照《中华人民共和国民事诉讼法》第一百七十三条的规定，裁定如下：

准许何某撤回上诉。

【法官后语】

本案系评论者（消费者）的网络评价行为是否构成侵犯经营主体名誉权的典型案例，对形成类案的裁判规则具有一定价值。

1. 网络评价行为的定义

网络评价行为是指用户在具备评价功能的网络平台对指定经营主体发表评价的行为。其中：评价者包括自身亲历服务的消费者（如淘宝，仅买家可评价）或获得传闻信息的第三者（如大众点评，任意用户均可评价）；评价者明知自己的评价会影响不特定潜在消费者的消费决策；网络平台应具备收集用户评价后，经指定经营主体汇总后向访问者集中展示的功能；访问者应具备查看指定经营主体的评价信息进行消费决策的主观目的。本案中，被告的评价行为就是典型的网络信息评价行为。这种行为将在对应网络平台的覆盖范围内直接影响到该经营主体潜在客户的消费决策。

2. 网络时代背景下司法实践对消费者评论自由与经营者商誉之间的保护出现失衡

有观点认为：对消费者来说，只要不是出于故意，就不应承担侵权责任。换句话说，只要不是借机诽谤、诋毁，即使情绪激动，言辞偏激，或者批评、评论依据的事实不够真实，也不应认定为侵权。[①] 随着互联网科技的快速发展，之前构建的倾向于保护消费者评论权、监督权所依据的社会基础已经发生变化。在网络评价平台上，消费者或评论者的批评、评论成为一种公开的、以书面图片形式为主的、影响力较大的、发生差错时会对经营主体产生极为严重的负面影响的行为。

在网络时代，公众往往倾向于通过具备评价功能的网络平台了解经营主体在顾客中的信赖程度以及顾客对其商品或服务的社会评价，即网络评价平台中经营主体的网络商誉。网络购物的快速发展产生了相当数量的完全依靠网络商誉经营的小型经营主体。具备评价功能的网络平台是这些小型经营主体网络商誉的形成与展示的重要渠道甚至是唯一的渠道，直接决定其未来某一时间段内的经营状况，即对经营主体网络商誉的侵害会直接导致经济损失，而非仅仅是精神损害。

3. 对网络评价行为的组成要素区分以及对应的损害事实界定标准

如何认定法人名誉权损害是司法实践中的难题。在界定侵犯名誉权行为的样态中，应当着眼于名誉权与言论自由的调和，并将其作为利益衡量的因素。因此，在法人名誉权侵权行为的界定中，应当区分“事实陈述”与“意见表述”作为判断是否侵权的主要因素。[②]

“意见表述”，即评价内容中的主观部分，是评论者表述自身感受的行为。在无明显的侮辱、诽谤内容的情况下，属于情绪宣泄，并非恶意攻击。经营主体应当对针对其服务、商品受到的评价予以必要的容忍。

“事实陈述”，即评价内容中的客观部分，是评论者描述商品、服务或纠纷等方面实际发生情况的行为。评论者应当清楚其评价内容的真实程度以及可能造成的后果，并应当将与客观事实的差异程度控制在合理范围内。在对经营主体网络核心商誉涉及的事实陈述出现主要内容失实的情况下，应当认定存在损害事实。

4. 对于评论者（消费者）主观故意的认定标准

对于消费群体的差评行为，不应随意认定为恶意差评，恶意差评的认定必须具

---

① 沈德咏主编：《民事司法解释理解与适用》，法律出版社2009年版，第116页。

② 沈德咏主编：《〈中华人民共和国民法总则〉条文理解与适用》（下），人民法院出版社2017年版，第757页。

有不法或非法意图。① 但在司法实践中，除评论者（消费者）明确提出换取不平等交易条件或满足不合理要求外，极难证明其主观上存在非法意图。如果网络用户或者直接向网络用户提供内容或者产品服务的网络服务提供者，采取诽谤、诋毁等手段，故意追求并实施损害经营主体商业信誉和商品声誉的行为，应视为主观上具有侵权故意。② 即认定主观故意的核心在于是否构成诽谤。

由于社会诚信体系尚不完善，商家欺诈消费者的事例时有发生，公众反应往往强烈。就公众心态而言，行为人实施此种行为并不像侮辱、诽谤自然人那样必然引起公愤，相反，公众多持宽容、理解态度，这也是保护企业法人等经营主体名誉权与自然人名誉权在公众情感上存在的巨大差异。法院审理此类案件，应当评估公众心态，在评判行为人实施的行为是否降低了法人的社会评价时，应当考量公众的价值取向。③ 即认定诽谤经营主体的核心在于是否存在符合公众价值取向的捏造且散布虚假事实的行为。

本案中，被告在网络评价平台上大量使用带有情绪宣泄的负面词汇，同时宣称原告损坏物品不照价赔偿。按照公众价值取向解释，应当定义为按照损失的金额赔偿。从生活常理看，原告支付的赔偿数额与被告损失的旧玻璃门大致相当，如被告希望更换成原品牌的新玻璃门，应自己承担差价。对于交涉、更换过程被告亦有权发表主观评论。但被告宣称原告不照价赔偿，构成捏造虚假事实；在网络评价平台多次超范围发表同一性质言论，构成散布虚假事实；被告在主观上明知自己的行为会导致经营主体社会评价较“客观事实”显著降低却仍然追求这种结果的发生，结合散布虚假事实的行为，应推定其主观上存在故意，其行为构成借机诽谤。因被告的行为导致原告核心商誉受损，故应认定被告构成侵犯原告名誉权，应当承担责任。

编写人：四川省成都高新技术产业开发区人民法院　梁林军　熊心

---

① 岑华春、刘婷：《淘宝差评的网络名誉权侵权责任界定》，载《人民司法（案例）》2016年第11期。

② 最高人民法院民事审判第一庭编著：《最高人民法院利用网路侵害人身权益司法解释理解与适用》，人民法院出版社2014年版，第163页。

③ 最高人民法院民事审判第一庭编著：《最高人民法院利用网路侵害人身权益司法解释理解与适用》，人民法院出版社2014年版，第165页。

41

事实陈述与意见表达的区分及侵权认定

——兰某诉王某、北京××网络技术有限公司名誉权案

【案件基本信息】

1. 裁判书字号

北京市第一中级人民法院（2017）京01民终5729号民事判决书

2. 案由：名誉权纠纷

3. 当事人

原告（上诉人）：兰某

被告（被上诉人）：王某、北京××网络技术有限公司（以下简称××公司）

【基本案情】

兰某系绵阳市人民医院工作人员，因曾反映绵阳市人民医院存在过度医疗等问题而被各大媒体连续报道，被称为“走廊医生”。王某系中央电视台工作人员，其实名认证的微博账户中个人身份信息为“资深媒体人，新浪微博社区委员会专家成员”。

兰某主张王某于2014年3月至2015年6月期间发表的如下微博内容构成名誉权侵权，并请求判令王某、××公司删除侵权微博、赔礼道歉、赔偿精神损害抚慰金10万元及公证费用经济损失1250元。1. “现在可以下结论了：很多此前关于走廊医生的新闻都是虚假新闻。兰某不过是一个为了自己私利，绑架了医院甚至整个医疗行业的一个非典型医生……”（涉诉微博一）。该微博同时上传了中央电视台新闻频道《新闻调查》节目的《走廊医生》视频。2. “兰某本人更像是个病人，明显有偏执性人格，甚至有轻度妄想……也让兰某彻底失去了治疗的机会……”（涉诉微博二）。3. “……兰某的举报在证据上都不成立。而且，兰某颇为自豪的，恰恰是自己担任主任期间收入的飞速增长”（涉诉微博三）。4. “兰某显然有严重

的精神疾病，她最需要的是去接受治疗……”（涉诉微博四）。5.“……她明明是个病人，媒体却把她当作英雄，而周围的人却不得不把她当作正常人，其实她有迫害妄想……”（涉诉微博五）。6. 长文《无论你们有多卑鄙，我都奉陪到底!》，具体内容如下：“……‘兰某本人的确需要关怀，这种关怀不是支持她以虚假证据为基础，长期坐在走廊和单位抗争，而是真正关心她，引导她回归正常的生活。当你把兰某当作反体制的英雄，也就把兰某当作了工具，宣泄你内心某种不满的工具。这造成兰某越发无法回头。这不是正义，这是自私。’……兰某背后那些人，就是这样的人渣。在他们的内心，只要自己认定的目的正确，就可以不择手段，哪怕是颠倒黑白，罔顾事实。他们将兰某架上英雄的位置，但内心却从不真正关心兰某的未来。他们在消费兰某的同时，也将兰某变成自己手中的一枚棋子。当兰某一步步走向泥潭，他们在旁边一边露出狰狞的喝彩，一边再次将兰某变成自己的筹码和工具。他们，真的是一群嗜血的豺狼！……这正是这些人的卑鄙之处……”（涉诉长文）。

2014年2月20日，联合调查组出具调查报告，载明未证实绵阳市人民医院的具体医疗行为存在兰某举报的违反诊疗规范和医疗卫生行业相关规定的情况。王某作为中央电视台《新闻调查》栏目组派出的调查记者前往当地进行实地调查，后该栏目组制作了新闻调查专题片《走廊医生》并播出。

【案件焦点】

涉案微博内容是否侵犯兰某的名誉权。

【法院裁判要旨】

北京市海淀区人民法院经审理认为：一般而言，侮辱性、诽谤性言论传播是侵害公民名誉权的主要形式。其中，言论传播的方式可以是口头或书面向第三人散布的形式；言论的内容可以是“事实陈述”或“意见表达”，前者的内容指向“是什么”，后者的内容指向“怎么看”；一般诚信谨慎之人，在“事实陈述”时，所述事实应当基本或大致真实；“意见表达”时，评论内容应当大致客观公正；如果向第三人传播不利于特定人或特定人群名誉的虚假事实或者以他人传播的虚假事实为依据进行不利于特定人或特定人群名誉的不当评论，足以致使该特定人或特定人群社会评价降低的，就可能构成对他人的诽谤；陈述或评论时，不得使用侮辱性言辞攻击他人，即以“就事论事”为基本原则，不随意由事及人，使用侮辱、贬损的语汇针对他人的人身特质进行不当归因或不当定性，否则可能构成对他人人格或人身的侮辱。

因此，公民拥有言论自由，无论私人问题抑或公共话题，王某有权进行评论乃至批评，只要不逾越法律的边界，均受法律保护。一旦超出前述言论的权利边界，因故意或者过失对对方实施侮辱、诽谤等行为，足以使对方的社会评价降低，则构成对他人名誉权的侵犯。

提及公众人物必然涉及公众人物的人格权保护与公众的言论自由、媒体的新闻自由及公众、媒体的舆论监督之间的关系问题。对于公众人物人格权限制之抗辩事由，基于公共利益及正当公众兴趣等价值的利益考量，可以对公众人物的名誉权等人格权所涵摄的人格利益进行正当的、必要的、适度的合理限制。换言之，公众人物对于公众和媒体行使言论自由及舆论监督等权利妨害其人格权益的行为负有一定限度的容忍义务。具体到侵犯名誉权之诉，名誉是对人的道德品质、能力、名声、威望等其他品质的一般社会评价，属于人格利益外化的客观范畴。在诉中引入公众人物限制作为抗辩事由，并不表明公众人物的名誉本身会受到限制，加害人可以任意采取侮辱、诽谤等方式随意侵害而不用担责，而是对于以满足公众对公众人物及公众事件的知情权等为目的，合理行使言论自由权、舆论监督权等表达及传播的行为，基于公共利益及正当公众兴趣等优先保护的价值取向，在认定言论是否构成以侮辱、诽谤等方式侵害名誉权的“标准”或“程度”上，采取相对于言论涉及普通大众的情况更为宽松的尺度。兰某因“走廊医生”新闻事件的广泛报道而为社会公众所知晓，其属于重大社会事件偶然介入而具有一定社会知名度的公众人物。

1. 王某的涉诉微博言论不构成侵权

涉诉微博一是一段言论加上一段视频组成的，该诉争言论是针对《走廊医生》视频所进行的“意见表达”，该视频内容来自权威媒体，并非王某个人采用虚构、捏造、歪曲等方式传播的事实，故不构成对兰某的诽谤。该“意见表达”内容是针对该视频内容进行的评论，属于对公共事件及公众人物的公开评论范畴。根据央视新闻频道发布的《走廊医生》新闻调查及绵阳市涪城区政府新闻办公布的调查报告，王某有关对走廊医生的新闻下结论的评论内容并不构成对兰某的诽谤及侮辱。至于王某同时评论兰某个人一节，言论内容紧接在王某评论走廊医生新闻之后，虽然直接涉及兰某个人，但是仍是结合“事”来分析评论“人”，并未严重脱离其作为依据的权威消息来源央视发布的《走廊医生》视频调查范围及行为表现，亦未评论与该公共事件无关而纯属于兰某的个人事务或人身特质等私人范畴，故并不构成对兰某的诽谤及侮辱。虽然兰某对王某关于其在“走廊医生”事件中行为表现的这一评论无法接受，但是就公众对公众人物的言论自由与舆论监督而言，这属于作为公众人物的兰某应当容忍的范畴，故王某在该条微博中的涉诉言论并不侵犯兰某的名誉权。

对于涉诉微博二、四、五，结合上下文进行整体判断，这些言论系王某对兰某在“走廊医生”事件中行为表现的一种主观看法，属于“意见表达”的言论范畴。而且，王某的这种“意见表达”是对公众人物兰某的“善意规劝”以及对某些媒体不当行为的监督批评，其本身并无诽谤或侮辱兰某人格的主观恶意，该行为系公民对公共事件及公众人物的正当批评监督，作为公众人物的兰某在该公共事件中人格权应当受到适当的限制，王某的该言论并不构成对兰某名誉权的侵犯。

涉诉微博三是转发某微博时所发表的言论，虽然该微博内容已经被作者删除，但是仍可以从微博的言论发表模式及王某的这一行为表现推断王某发表这一微博的目的大致为回应或评论该微博内容，属于对某一话题持续讨论的言论范畴，内容是针对“走廊医生”事件这一公共话题，具体针对兰某举报的过度医疗相关问题，显然属于“事实陈述”类型。结合有关调查报告，王某得出的事实性结论并未严重失实，故该条微博言论并不构成对兰某的诽谤。

从涉诉长文的整体布局上看，前部分是叙述其与兰某发生联系的来龙去脉，后部分是分析其被兰某起诉背后的真实原因及主使势力，最后表达了其应对兰某背后势力的决心，如此才形成题目与结尾的照应。因此，“他们”“这些人”等词应当结合该文章的上下文及谋篇布局进行理解，并不能确定指向兰某或包含兰某的确定人群，故该言论并不侵犯兰某的名誉权。

2. ××公司的行为不构成侵权

××公司已先后对涉诉微博、长文进行了删除。此外，网络服务商未履行通知后处理义务或未停止侵权，应承担对他人侵权扩大损害的侵权责任或对自己行为的侵权责任，但前提是他人或自己的侵权责任成立，鉴于王某对兰某的侵权责任不成立，故××公司亦无需就涉诉微博通知后处理行为承担侵权责任。

依据《中华人民共和国民事诉讼法》第六十四条第一款的规定，判决如下：

驳回兰某的全部诉讼请求。

兰某不服一审判决，提起上诉。北京市第一中级人民法院经审理认为，由于涉及公共利益，对公众人物的议论和评价属正常现象，出于维护社会公共利益和保障公民知情权的需要，公众人物的人格权应受到一定程度的克减。因此，在认定针对公众人物发表的言论是否构成名誉权侵权时，应采取较针对普通公众的言论更为宽松的标准。但是，此种克减应以与公共领域、公众兴趣相关为限，不能超出公共利益的边界。

从发布形式上看，涉诉微博一系在上传中央电视台《新闻调查》节目的《走廊医生》视频的同时发表的；从内容上看，其中使用了“下结论”的字眼，而且未涉及相关事件的具体细节；综合来看，上述内容是结合《走廊医生》视频针对“走廊医生”事件及事件中心人物兰某发表的主观性的个人看法，属于“意见表达”的范畴。王某发布上述内容系出于对公共事件及相关公众人物进行评论，并未超出公共事件的范畴讨论兰某私人领域的事务。而且结合其作为依据的权威消息来源即中央电视台发布的《走廊医生》视频及有关调查报告相关内容，上述内容并无不当。因此，涉诉微博一不构成对兰某的名誉权侵权。

涉诉微博二系王某在转发涉诉微博一后发表的上述内容，结合上下文整体判断，其表述是王某对处于“走廊医生”事件中心的兰某发表的主观评价，属于“意见表达”。同样，涉诉微博四、五也属于“意见表达”的范畴。王某发表上述内容未超出讨论公共事件的范畴，即便言论直接指向兰某，也是基于“走廊医生”事件进行相关评论。虽然上述言论中的个别用词稍显不妥，但是王某的上述微博言论系基于对公共利益的关注而发表对公共事件的看法，并非刻意对兰某进行侮辱、诽谤。正是有了对公共事件及相关公众人物的自由化、多样化的意见表达，舆论监督的作用方能发挥，公共利益才能得以维护。基于认定是否构成对公众人物名誉权侵权时采取相对宽松的标准，在王某不存在贬损兰某名誉权的主观恶意的前提下，兰某主张上述内容构成对其名誉权的侵犯，不予支持。

涉诉微博三使用的是叙述性的语言，是对事实状态进行的描述，因而属于一种“事实陈述”。从该条微博的整体来看，其核心内容是除了早期医院确有开单提成之外，兰某举报的过度医疗问题并不存在。结合有关调查报告的结论，上述内容并未严重失实，未超出“事实陈述”应遵循的基本或大致真实的要求。兰某就上述内容提出的诉求，不予采信。

涉诉长文中，“你们”“他们”“这些人”等用词不能确定指向兰某或包含兰某的确定人群，且该文其他部分亦无明显贬低或恶意诋毁兰某之言论，故兰某主张涉诉长文构成对其本人的侮辱缺乏依据，不予支持。

因此，兰某关于王某的涉诉微博言论构成对兰某侮辱、诽谤的主张不能成立。兰某上诉认为，王某属于公众人物、应就自身言论承担更高的注意义务，鉴于王某上述言论并不构成对兰某名誉权的侵犯，故兰某此项上诉理由不予采信。作为网络服务提供商，××公司承担侵权责任的前提是王某发表的微博言论构成对兰某的名誉权侵权。因兰某的侵权诉求并不成立，故××公司无需承担相应的侵权责任。

需要指出的是，任何人发表对他人的言论，均应秉承事实，公正评论，而不应使用过激的贬损性语言。王某发表的部分言论虽不构成侵权，但也有失妥当。王某今后在发表评论意见时，亦应谨慎注意，避免使用过激的语言。

综上所述，兰某的上诉理由不成立。一审法院判决认定事实清楚、适用法律及处理结果正确，应予维持。依照《中华人民共和国民事诉讼法》第一百四十四条、第一百七十条第一款第一项、第一百七十四条的规定，判决如下：

驳回上诉，维持原判。

【法官后语】

名誉权纠纷所涉言论因性质的不同，可区分为事实陈述与意见表达。事实陈述是指单纯的对过去或现在实际发生的事件或实际所处状态的通报；意见表达则是指表述者以自己的观察方式所作的主观评估的一种评价性的表态。虽然此种分类和表述来源于学理，但是在法律规定方面是有据可循的。《最高人民法院关于审理名誉权案件若干问题的解答》（以下简称《解答》）第八条规定，因撰写、发表批评文章引起的名誉权纠纷，人民法院应根据不同情况处理：文章反映的问题基本真实，没有侮辱他人人格的内容的，不应认定为侵害他人名誉权。文章的基本内容失实，使他人名誉受到损害的，应认定为侵害他人名誉权。从中可以看出，“文章的基本内容失实”大致对应的是事实陈述，而“文章反映的问题基本真实，没有侮辱他人人格的内容的”规制的则是意见表达。此条规定为探讨二者的区分及法律适用奠定了基础。此种分类的意义在于，基于二者的不同性质适用不同的侵权判定规则，能更好地平衡言论自由与名誉权保护。在司法实践中，不少裁判文书已将此种区分纳入说理并作出裁判，因此有必要探讨二者如何界定及其适用的规则。

1. 分类标准

理论上，二者的界限是明确的，即所涉言论能否证明真伪及是否带有评价的主观性。能否证明真伪是区分二者的关键要素，在具体案件中，可以从下述角度进行考量：(1) 表述的内容是否足够具体；(2) 用词的通常用法及含义；(3) 言论发表的语境及上下文；(4) 受领人的通常理解。本案中，涉诉微博一系在上传中央电视台《新闻调查》节目的《走廊医生》视频的同时发表的，其中使用了“下结论”的字眼，而且未涉及相关事件的具体细节，综合其用语、内容以及语境来看，该条微博是王某主观性的个人看法，属于意见表达。而涉诉微博三中提及兰某举报的诸多具体问题，得出“兰的举报在证据上都不成立”的事实性结论，应属于事实陈述。

单纯的事实陈述或意见表达不难认定，但实践中出现的多为夹叙夹议或是基于事实发表评论的混合性言论，此时应审查言论整体内容偏向何种性质。如果描述事实情况的因素只是服务于对它的评价，则应将该项表述归类为意见表达；反之，若叙述客观情况的因素可以被视为起到了决定或核心作用，应将其归类为事实陈述，如涉诉微博二，其中虽然提到兰某个人的家庭状况，但是这些个别词句是服务于对处于“走廊医生”事件中心的兰某发表的主观评价，总体来看，该项言论属于意见表达的范畴。

2. 适用规则

概括而言，事实陈述与意见表达适用的侵权认定规则如下：事实陈述应符合真实性标准；意见表达应符合公正评论标准。依据《解答》第八条中的规定，事实陈述如果达到“基本内容失实”便构成侵权，即要求符合真实性标准。“基本内容失实”意味着此种真实性标准并不等于完全真实，即并非指量而是指质的概念，指失实内容足以使人对有关问题的性质产生错误的认识，换言之，此种真实性标准要求的是实质真实。其背后的法理在于，如果法律纠缠于涉诉言论的细枝末节，只会阻碍个人言论表达的自由和舆论监督功能的发挥，整个社会将噤若寒蝉，与个人自由发展和社会福祉增进相悖。本案中，涉诉微博三主要陈述的是除了早期医院确有开单提成之外，兰某举报的过度医疗问题并不存在，结合《关于绵阳市人民医院医生兰某反映有关问题的调查报告》，上述言论有相应的依据。至于兰某是否因自己担任主任期间收入飞速增长而颇为自豪，不是该条微博言论的主要内容，其真实与否不应妨碍该条微博言论并未严重失实的判断。

针对意见表达，《解答》虽没有直接作出规定，但从“文章反映的问题基本真实，没有侮辱他人人格的内容的，不应认定为侵害他人名誉权”可以推出，不侮辱他人是意见表达应遵循的界限，这与学理中提及的公正评论标准是一致的。具体而言，行为人在进行意见表达时应大致客观公正，不应进行不当评论或使用侮辱性言辞攻击他人。出于保护言论自由的需要，对意见表达的容忍度要高于事实陈述。本案中，涉诉微博一中提及兰某为了一己私利绑架了医院甚至整个医疗行业，虽是对兰某进行了贬损性的评价，但综合该条微博言论并结合其发布的语境，此项评论应属未超出公正评论标准的要求。

3. 公众人物身份对适用规则的影响

虽然法无明文规定，但是司法实践中已有不少引入公众人物理论的裁判文书。公众人物所涉事项是公众关注和公共利益之所在，由于涉及公共利益，对公众人物的议论和评价属正常现象，出于维护社会公共利益和保障公民知情权的需要，审理涉及公众人物的名誉权纠纷时适用的规则较其他案件有所不同。公众人物理论发源于美国联邦最高法院的判例，其基本内容是：当属于公众人物的原告提起诽谤之诉时，应适用“真实恶意”法则，即原告只有在以“明确而令人信服”的证据证明被告明知报道不实或根本不在乎其真伪时，该被告才需承担推定及惩罚性损害赔偿，实质是从过错认定的角度加重了作为公众人物的原告应承担的举证责任。而我国司法实践在运用公众人物理论时更加注重的是，从损害结果的角度要求公众人物对媒体行使正当舆论监督过程中造成的轻微损害承担适当容忍义务。此种义务的设定是出于维护公众知情权、增进公共利益的需要，因而此种轻微损害应以与公共领域、公众兴趣相关为限，不能超出公共利益的边界。

在涉及公众人物的名誉权纠纷中采用如下思路是适当的：首先，结合事实陈述与意见表达的区分，界定涉诉言论给公众人物造成的是否属于未超出公共利益的轻微损害，超出轻微损害范畴的可以认定为侵权；其次，更加关注行为人的主观状态，将过错要件放宽，将侵权的主观要件限定为故意。就事实陈述而言，只要言论的基本主旨并未失实，且内容未超出公共利益的范畴，造成的损害就应属于公众人物需容忍的范畴。就意见表达而言，公正评论标准应有所放宽，如果针对公众人物发表的意见表达与公共利益相关，即便可能失之偏颇，也不宜认定为造成超出轻微范畴的损害。在认定属于轻微损害之后，还应重点审查行为人是否存在故意的主观状态。只要行为人是出于对公共事件和公众利益的关切，发表了造成轻微损害的言论，就不应被认定为构成侵权。本案中的涉诉微博二提及兰某本人的用语虽有些偏激，但未超出讨论公共事件的范畴；而且整体来看，王某仍系基于对公共利益的关注而发表对公共事件的看法，并非刻意对兰某进行侮辱、诽谤，因此兰某应承担轻微损害的容忍义务，该条微博不构成对兰某的名誉权侵权。

编写人：北京市第一中级人民法院　黄慧婧

42

自媒体背景下业委会履职范围与名誉侵权的界限

——李某诉张某、傅某某名誉权案

【案件基本信息】

1. 裁判书字号

北京市第一中级人民法院（2017）京01民终6544号民事判决书

2. 案由：名誉权纠纷

3. 当事人

原告（上诉人）：李某

被告（被上诉人）：张某、傅某某

【基本案情】

李某系北京市海淀区某小区业主，傅某某系北京市海淀区某小区业委会主任，张某系北京市海淀区某小区业委会委员。

2016年11月5日，张某在“某小区正能量实名制业主群”（以下简称业主群）

@李某，指出有业主找到业委会和物业，说其在地下车库见到李某向一位姓胡的老太太“走关系”从而取得了车位，询问李某是如何做到的。后小区业主在微信群中提出了类似“有人在营私舞弊吗?”的问题。在李某质问“您核实过吗?”并向张某提出“您可以找来跟业委会反映情况的业主，我可以和她当面对质!”的情况下，张某发了内容为“还在强词夺理狡辩，服了，你问他是不是请胡老太太给他帮忙找的关系？C层”的微信截屏，要求李某正面回答。

当日20点14分，傅某某也在业主群发言要求李某回复车位问题。随后傅某某表示其是在陈述当时碰到李某和胡老太太的亲眼所见。李某认为张某和傅某某在业主群中的言论具有诱导性，与其取得地下车位的事实不符，属于推测和猜想；二者在业主群中的言论使广大业主相信，李某托人找关系、非法获得了车位，侵害了李某的名誉权，故请求法院判令张某、傅某某公开致歉并在该小区南门处的物业公示栏中张贴致歉信。

【案件焦点】

如何认定自媒体下业委会的履职范围与名誉侵权的界限。

【法院裁判要旨】

北京市海淀区人民法院经审理认为：张某、傅某某作为业主委员会委员以及业主委员会主任代表业主委员会有权对业主反映的车位问题了解情况，故张某、傅某某在微信群中对李某的车位如何获得提出质疑系其正常履行职责的范畴，并未超出业委会成员的监督职能范畴，不具备主观上的过错，且从微信内容来看也不包含侮辱、诽谤的内容。

另外，从业主群中其他业主的回复内容来看，其他业主也并未因张某、傅某某对李某的车位如何获得提出质疑就认定李某是通过“走关系”而获得车位的，只是基于张某、傅某某因特定身份履行职责这一情境下从双方的言论中作出理性判断，要求李某能够对此问题进行回复。由此可以看出，这并未造成李某的社会评价降低。故李某的诉讼请求，无事实依据，法院不予支持。

至于李某的车位到底如何获得，该问题系小区内部自治事项，不属于法院应处理的范畴，即李某如何取得涉案车位并不影响法院对本案的处理。

但值得提出的是，虽然法院认定张某、傅某某的行为不构成侵害李某名誉权，但是从业主和业主委员会良性互动关系的建立出发，张某、傅某某在履行其职责时应尽量在减少业主受到困扰的情况下，采取一种较为温和、理性的方式进行处理，而不宜在业主微信群中对业主反映的问题进行讨论，如采取私下单独沟通处理会取得更好的效果。

北京市海淀区人民法院依照《中华人民共和国民事诉讼法》第六十四条之规定，判决如下：

驳回李某的全部诉讼请求。

李某不服一审判决，提起上诉。二审法院同意一审法院裁判意见，依照《中华人民共和国民事诉讼法》第一百七十条第一款第一项的规定，判决如下：

驳回上诉，维持原判。

【法官后语】

本案的难点是对业委会的履职范围与名誉侵权的界限进行认定，对此，应考量以下几个要点：

1. 业主委员会履职范围的确定

业主委员会由物业区域内的业主代表组成，其代表的是业主的利益，业主委员会及其委员有及时了解物业使用人的意见和建议、监督协助物业服务企业履行物业服务合同的权利，同时也有依法履行职责，不得从事与物业管理无关的活动的义务。本案涉及的是业主委员会在涉及车位分配问题上监督职责的界限，对此，应充分考虑业主委员会履职过程中权利义务的统一。

车位分配涉及业主利益，相关法律也规定车位应当首先满足业主的需要，对于建筑区划内规划用于停放汽车的车位的处分情况，业主具有知情权。同时，业主在物业管理活动中，要遵守物业管理区域内物业共用部位和共用设施的使用、公共秩序和环境卫生的维护等方面的规章制度。本案中，有业主对李某获得车位的方式提出异议，这就涉及业主车位取得是否符合规定和李某是否履行了遵守相关制度的义务的问题，且该问题与物业管理有关。因此，张某、傅某某在业主群中就李某取得车位的方式进行询问和核实，是履职行为。业主群是讨论小区公共事务的平台，在此调查、了解、讨论小区管理事务是比较恰当的，这属于对业主知情权的维护和对业主有无遵守秩序的监督。

2. 业主委员会成员在业主群中的询问行为是否构成名誉侵权的具体认定

名誉权纠纷案件属于侵权责任法的调整范围。因此，对于一个行为是否构成对他人名誉权的侵害，应当按照一般民事侵权责任构成要件去衡量。同时，名誉权的核心是获得公正的社会评价，社会评价降低是认定构成名誉侵权的重点衡量要件。就本案而言，首先，李某、张某、傅某某的言论均发布在业主群中，该业主群的构成主体是小区的业主，李某、傅某某言论的接受对象具有特定性，双方的言论均不会被业主以外的不特定人知晓，故张某、傅某某言论的影响范围有限。其次，根据事件起因、延续时长及言语内容等分析，张某、傅某某询问李某车位的来源是基于其他业主的要求，且询问持续时间较短，在询问过程中，张某、傅某某的言语多以问句结尾，并不存在对李某取得车位方式这一事实的主观判断。退一步讲，李某作为业主群中的一员，完全可以在询问过程中积极将车位取得的经过解释清楚，且从双方的言语内容可以看出，关于李某车位取得的具体情况并无定论。因此，无论是李某，还是张某、傅某某，都只是在进行意见表达，而张某、傅某某更多的是在传达自己要求李某解释车位取得方式的意愿。最后，就社会效果而言，业主委员会代表业主利益，其享有监督权、建议权、知情权，为了保证业主的权利，业主委员会在行使上述权利时不应被过分苛责，否则不利于业主委员会更好地维护业主利益。故此次事件并未影响李某的社会评价，张某、傅某某的行为不构成侵权。

3. 对业主和业主委员会良性互动关系建立的思考

自由既是一种权利，也是一种责任，自由的界限就是不得侵犯他人的合法权利。自媒体是现实社会的投影和延伸。因此，在微信这一自媒体媒介中自由发表言论也不例外。首先，业主委员会委员在业主群中发表言论时应注意自身的特殊身份，发表公开言论时应当尽到更高的注意义务，所述事实应当属实，评论内容应当客观公正，不得使用侮辱性言辞去攻击他人；其次，业主委员会委员在履职过程中应当注意履职的方式，讲究技巧、方法，在向业主核实情况时可以先通过一对一的询问了解情况，在确认基本事实后再在业主群中统一回复，避免微信群成为业主之间互相猜忌甚至争吵的平台；最后，业主委员会委员应注意做好善后工作，当微信言论涉嫌侵害他人合法权益，致使不利影响扩散时，应当积极配合查证并消除不利影响。

编写人：北京市海淀区人民法院　姚人琳

（三）其他

43

电话号码标注行为是否侵犯名誉权的评价标准

——上海某某信息技术有限公司诉北京奇虎科技有限公司名誉权案

【案件基本信息】

1. 裁判书字号

上海市第二中级人民法院（2017）沪02民终2507号民事判决书

2. 案由：名誉权纠纷

3. 当事人

原告：上海某某信息技术有限公司（以下简称某某公司）

被告：北京奇虎科技有限公司（以下简称奇虎公司）

【基本案情】

2014年3月28日，某某公司注册成立，其经营范围包括法律咨询等。之后，该公司与中国平安人寿保险股份有限公司（以下简称中国平安）签订《法律服务合作协议书》，合作期限三年，约定中国平安客户可在任何时间拨打法律咨询电话，获得原告服务律师专业的意见和帮助，用户通过“平安金管家APP”提交服务需求，由APP将需求转交至原告业务系统，原告将负责开发双方移动端系统之间的对接。合作收费模式采用“统一收费，阶段分成”的方式。在不侵犯客户隐私和不违反保密约定的情况下，双方均可使用服务过程中产生的数据或其他有用信息，以开拓其他市场机会或作市场分析等用途。

"360手机卫士"系奇虎公司旗下运营的免费软件，用户可以非商业性、无限制数量地下载、安装及使用该软件，软件功能包括骚扰拦截、云标记等。其中云标记功能可以对陌生来电进行标记分类，用户的标记、举报及用于云识别的垃圾短信都会在加密处理之后上传到360安全中心云端，由360安全中心在云端对这些信息进行有效的数据分析并及时产生最佳拦截和提示策略，最终同步至手机客户端，同时也能帮助其他用户进一步改善拦截效果。

2016年6月27日，被告通过邮件向原告反馈号码标记申诉情况，表示已受理电话号码021－61××××21的企业名片添加，未受理该号码的标记清除申诉。2016年7月4日、7月8日，原告向被告发送邮件，就号码021－61××××21被标记为骚扰电话向被告申诉，被告回复表示申诉号码标记严重，不能处理标记，若近三个月内无新增标记，则会自动清除。2016年9月12日，上海市徐汇公证处出具公证书，证明点击手机上"平安金管家"APP栏目下"问律师"开始咨询按钮，屏幕显示"021－61××××21"。在手机上安装"360手机卫士"APP后，再次点击上述栏目下的开始咨询按钮后，屏幕显示"021－61××××21被310人标记为骚扰电话"。2016年11月25日，北京市方圆公证处出具公证书，证明2016年5月28日至11月19日期间，021－61××××21电话号码被大量"360手机卫士"用户标记为"骚扰电话"，标记时段分布全天24小时，个别用户将该号码标记为"响一声""广告推销"，被告于2016年7月28日、8月8日、11月16日对上述标记进行清零。

【案件焦点】

被告的号码标注行为是否侵害原告名誉权。

【法院裁判要旨】

上海市杨浦区人民法院经审理认为，侵害名誉权责任的构成要件包括行为人行为违法、行为人主观上有过错、受害人确有名誉受损的事实、违法行为与损害后果之间有因果关系。

首先，原告使用的电话号码，被大量使用被告"360手机卫士"软件的用户标注为骚扰电话，被告通过其平台对该客观事实予以展示，原告并无证据证明其未使用该电话号码对用户进行骚扰，亦无证据证明被告存在主观过错且行为违法。

其次，原告确认其进行法律咨询需要庞大的呼叫系统，因此将该业务外包给第三方，除与中国平安签订法律服务协议外，还与其他案外人签订服务协议，操作模式与中国平安相同。2016 年 6 月 1 日，原告在中国平安 APP 上线，每天接通电话 1000 次左右，有效咨询 400 ~ 500 通，后发现其咨询电话 021 - 61 × × × ×21 被“360 手机卫士”软件标记为骚扰电话，但呼叫量及咨询量未出现明显下降，目前每天超过 1000 个订单，超过 1 分钟的有效咨询 300 ~ 400 通，客户满意度仍在 90% 以上。由此可见，涉案号码被标记为骚扰电话后，呼叫量、咨询量以及用户满意度并未明显下降，也无证据证明其名誉受损的事实，可见原告经济并未受损、社会评价也未下降。当事人对自己提出的诉讼请求所依据的事实或者反驳对方诉讼请求所依据的事实有责任提供证据加以证明。没有证据或者证据不足以证明当事人的事实主张的，由负有举证责任的当事人承担不利后果。本案证据不足以认定被告存在侵害原告名誉权行为，原告诉讼请求法院难以支持。

上海市杨浦区人民法院作出判决：

驳回原告的全部诉讼请求。

原告不服判决，提起上诉。上海市第二中级人民法院认为，“360 手机卫士”软件对电话号码 021 - 61 × × × ×21 的标记一开始并未显示某某公司的名称或 Logo，在某某公司提出申请后，奇虎公司才在安装“360 手机卫士”的手机上对涉案号码添加显示某某公司的名称和 Logo，以使手机用户能够辨认。再结合某某公司的咨询业务量并未因标记行为而降低的情况来看，某某公司的证据不足以证明其因标记行为而导致其社会评价降低的损害结果。因此，某某公司诉称奇虎公司构成侵犯名誉权的主张难以成立，不予支持。至于某某公司称因涉案号码被标记为“骚扰电话”，导致手机用户不接听电话致使某某公司失去潜在客户和交易机会，此涉及奇虎公司“360 手机卫士”软件的标记行为是否有损市场公平竞争秩序、进而损害某某公司利益的问题，对此某某公司可以另行主张，不宜在名誉权案件中一并审理。依照《中华人民共和国民事诉讼法》第一百七十条第一款第一项的规定，判决如下：

驳回上诉，维持原判。

【法官后语】

本案系互联网软件提供平台根据用户体验，运用技术手段对涉案电话号码予以标注，并对积累到一定数量的标注结果予以展示而引发的名誉权纠纷。现行的规范名誉权的两个司法解释［《最高人民法院关于审理名誉权案件若干问题的解答》（以下简称《名誉权解答》）和《最高人民法院关于审理名誉权案件若干问题的解释》（以下简称《名誉权解释》）］对上述展示电话号码标注结果的行为是否侵害被标注者名誉权并无明文规定。本案从互联网软件展示标注结果的正当性、展示行为正当性标准及其证明标准等方面探索了此类纠纷的审理思路。

1. 展示标注结果符合治理骚扰电话的社会发展需要

随着互联网应用的普及，个人信息泄露事件频发，2011年至今已有11亿左右用户隐私信息被泄露。由此衍生的骚扰电话，不仅侵害广大电话用户的安宁权，也让一些用户的财产权益蒙受损失。对于各类骚扰信息，“工信部正在推动一系列骚扰电话治理行业标准的编制工作，为相关治理单位开展骚扰电话处置提供明确的依据”。被告提供的“360手机卫士”软件，通过其“云标记功能可以对陌生来电进行标记分类，用户的标记、举报及用于云识别的垃圾短信都会在加密处理之后上传到360安全中心云端，由360安全中心在云端对这些信息进行有效的数据分析并及时产生最佳拦截和提示策略，最终同步至手机客户端”，帮助手机客户及其他用户甄别和预判来电，改善陌生来电的拦截效果，避免陌生来电未经用户请求或许可而发送商业性信息，包括电子邮件、短信、电话等，以保护手机客户及其他用户的安宁权益。因此，该软件所代表的展示标注结果技术，既方便了电话用户拒绝接受不实信息，也符合社会治理骚扰电话的需要。

2. 判断展示行为是否正当应以“内容是否失实”和“是否宣扬他人隐私”为准

原告使用的电话号码021－61××××21被大量“360手机卫士”用户标记为“骚扰电话”，被告通过其平台对该标记结果予以展示。该展示行为是否正当，《名誉权解答》和《名誉权解释》并未明确予以规范。但从上述两个司法解释的精神看，“在一定范围内，侮辱、诽谤他人，宣扬他人隐私和发表内容失实言论的行为”都被认定为侵害名誉权的行为。本案在判断被告将原告电话号码展示为“骚扰电话”的行为是否侵害名誉权时，主要基于以下考虑：

首先，被告展示的是手机客户的标注结果，是通过其平台对标注结果的客观展示，反映了其客户使用原告电话号码后对原告电话号码性质的客观评价。从被告曾三次将涉案号码标注清零，仍有公众在此后继续将该号码标注为“骚扰电话”的事实看，被告将原告电话号码展示为“骚扰电话”有其坚实的客观基础，并非无中生有、借机诽谤、诋毁，并未损害原告的名誉，不能认为被告具有发表内容失实言论的行为。

其次，被告将原告电话号码展示为“骚扰电话”不属于法律意义上宣扬他人隐私的行为。隐私权是指自然人享有的对其个人的、与公共利益无关的个人信息、私人活动和私有领域进行支配的一种人格权。从原告主体性质看，它不属于隐私权的主体；从号码标注的形成过程看，它产生于原告与被告客户的交往过程中，涉案展示行为集中于被告客户对原告的评价，该评价不涉及个人信息、私人活动和私有领域，难以归入宣扬他人隐私的行为。

最后，“骚扰”两字显然具有贬义性质，被告将原告的电话号码标注为“骚扰电话”，接近于《名誉权解答》规制的“因撰写、发表批评文章引起的名誉权纠纷”和《名誉权解释》规制的“因检举、控告引起的名誉权纠纷”“消费者对……产品质量或者服务质量进行批评、评价”的行为，是一种向公众发表否定性、批评性评价的行为。对该否定性、批评性评价行为的正当性判断，仍应遵循两个司法解释秉持的“内容是否失实”的标准。从现有证据看，原告也未证明被告评价有失实成分。

3. 判断展示行为正当性的证明标准

事物的存在总是具有两面性，互联网软件提供平台为用户提供号码标注服务的同时，确实存在互联网软件提供平台利用其技术优势，任意标注、展示，损害被标记者名誉权的可能性。为平衡相关利益方权利义务，本案对各方举证责任分配作了如下安排。

一方面，要求标注者证明其通过互联网软件提供平台展示的是客观事实，即证明被告展示的标注结果源于客户标注，而非展示人自行捏造、编造；证明被告展示的标准是超过合理数量的客户评价，在本案中就是被告证明其对标注类型超过50次的手机号码进行了展示，并为被标记客户提供了申诉渠道，在原告申诉后及时对标注结果进行了清零，尽到了一定的管理义务。法院据此判断原告使用的电话号码被大量使用“360手机卫士”软件的用户标注为骚扰电话，被告将其展示为骚扰电话有事实依据。

另一方面，被标注者应当证明其名誉受损的事实。鉴于“360手机卫士”软件将原告电话号码展示为“骚扰电话”的行为属于一种向公众发表否定性、批评性评价的行为，该行为不论正当与否，不可避免地将导致被标注者社会评价降低。因此，判断被标注者名誉是否受损，不应以“原告的社会评价是否因被告的行为而降低”为标准，也不应过多关注被标注方呼叫量及咨询量是否明显变化，而应以向公众发表否定性、批评性评价的行为是否宣扬了他人隐私或发表了失实言论为标准。只要展示行为未宣扬他人隐私或发表失实言论，即使社会评价降低、即使呼叫量及咨询量下降，也不应认为侵害了被标注方名誉权。否则，将难以有效治理骚扰电话。所以，本案审理中因无证据证明存在名誉权受损的事实，故法院判决由负有举证责任的原告承担不利后果。

编写人：上海市杨浦区人民法院　陈国忠　赵莹

44

名誉权侵权案件中名誉受损的认定及责任承担

——张某某、李某某诉胡某某、刁某某名誉权案

【案件基本信息】

1. 裁判书字号

北京市平谷区人民法院（2016）京0117民初7470号民事判决书

2. 案由：名誉权纠纷

3. 当事人

原告：张某某、李某某

被告：胡某某、刁某某

【基本案情】

二原告是夫妻关系；二被告是夫妻关系。原、被告双方系同村村民，因相邻承包地从2002～2014年曾发生多次肢体冲突，并诉至法院，经法院判决，胡某某因侵权纠纷曾赔偿原告双方共计4000余元。因原告举报，2016年8月5日被告胡某某在承租地内的违章建筑被政府强制拆除。2016年8月23日，二被告在二原告建造的房屋外墙处放置花圈两个；同年8月24日，胡某某再次到二原告房屋外将已倒的花圈竖立，且跟在场村民说张某某因意外死亡。二原告就此事拨打了报警电话。

【案件焦点】

在村民房屋外故意摆放花圈的行为是否构成对房屋所有人名誉权的侵犯，花圈摆放人是否应承担民事责任。

【法院裁判要旨】

公民的名誉权受法律保护，侵害他人名誉权，应当依法承担侵权责任。本案中，双方因土地使用问题素有矛盾，曾引发双方肢体冲突。2016年，双方矛盾的核心问题为二被告建造的建筑物被政府部门强制拆除。随后，二被告在二原告建造的建筑物东北侧摆放花圈，二被告表示未在花圈上书写姓名等指向性信息，但从二被告摆放花圈的位置、摆放时间及两家之间的矛盾来看，可以认定二被告购买花圈及摆放花圈具有极强的针对性。二被告与二原告产生矛盾，应通过正当、合理途径予以处理，而二被告采取摆放花圈的过激行为激化了矛盾。根据中国传统民俗，公民死亡后，用鲜花或者纸花等扎成环形的花圈，献给死者表示哀悼与纪念，摆放花圈为丧礼专用。村民邻里之间，因双方矛盾，故意摆放花圈的行为对当事人身心是一种较大伤害，且严重违背社会公序良俗。二被告虽辩称其摆放花圈的位置并非二原告宅基地使用权范围内，但二原告是否实际拥有此处宅基地使用权并不能影响二被告摆放花圈不当行为的过错程度，故法院对此辩解不予采纳。对此案判决如下：

一、胡某某、刁某某于本判决生效后七日内书写赔礼道歉书（A4纸一张），张贴在张某某、李某某位于北京市平谷区的房屋后墙上，张贴时间不少于三日；

二、胡某某、刁某某于本判决生效后七日内赔偿张某某、李某某精神损害抚慰金2000元；

三、驳回张某某、李某某的其他诉讼请求。

【法官后语】

名誉权是指公民和法人就其自身属性和价值所获得的社会评价享有的保护和维护的人格权。[①] 公民的名誉权受法律保护，侵害他人名誉权，应当依法承担相应的民事责任，如停止侵害、恢复名誉、消除影响、赔礼道歉、赔偿损失等。

1. 名誉权侵权的认定

名誉权侵权行为多为对他人的侮辱、诽谤、错告、诬告、新闻报道及文学作品原始素材失实等。而本案中，胡某某、刁某某是在张某某、李某某居所外摆放花圈，花圈上并没有任何侮辱性标语。这种行为是否侵犯张某某、李某某名誉权存在争议。第一种观点认为，胡某某、刁某某的实际用意是恐吓，不存在诋毁并使他人社会评价降低的目的，故不属于侵害名誉权。第二种观点认为，应将胡某某、刁某某的行为与双方之间的矛盾相联系，并结合本地区风俗整体考量。笔者同意第二种观点。

首先，双方素有积怨以致多次发生肢体冲突，加之胡某某、刁某某因张某某、李某某的举报，其大面积违法建筑被政府强制拆除，双方矛盾从根本上难以调和。其次，胡某某、刁某某在摆放花圈后还曾前往现场进行观察，而其平时正常出入村庄并不需要经过事发现场；在有村民围观时，其主动向村民散布“张某某被汽车撞死”的不实言论。从其行为和咒骂可以看出胡某某、刁某某具有主观恶意。再次，胡某某、刁某某的行为不仅是对张某某、李某某蓄意报复，也是对正常检举揭发制度的公然挑衅。最后，关于摆放花圈这一行为是否导致张某某、李某某自身社会评价降低的问题，一方面，胡某某、刁某某公开谎称张某某被车撞死，而在某些人对于因意外而非正常死亡的人及其亲属会存在偏见；另一方面，对于尚在人世的人而言，摆放花圈是一种极端的报复手段，其中隐含着极强的诅咒成分，这种行为对于张某某、李某某显然是一种侮辱。围观的村民自然会产生某种暗示和联想，他们会认为张某某、李某某做过某些恶劣行为，才会导致胡某某、刁某某采取如此极端的方式进行报复。这些无疑都会对张某某、李某某的社会评价造成不良影响。

---

① 最高人民法院民事案件案由规定课题组编著：《最高人民法院民事案件案由规定理解与适用》，2011年修订版，第55页。

综上，胡某某、刁某某主观方面存在故意，且具有明确的指向性，客观方面实施的摆放花圈的行为会造成张某某、李某某社会评价降低，影响张某某、李某某的名誉，符合侵犯名誉权的法律构成要件。加之，法院审理案件应始终坚持社会效果、法律效果相统一的判决标准，坚决遏制社会不良风气，故认定胡某某、刁某某侵犯张某某、李某某名誉权更为合理、客观、公正。

2. 名誉权侵权的责任承担方式

承担侵权责任的方式主要有停止侵害、排除妨碍、消除危险、返还财产、恢复原状、赔偿损失、赔礼道歉、消除影响、恢复名誉。就名誉权侵权而言，其中争议较大的是精神损害是否赔偿及如何赔偿。《最高人民法院关于确定民事侵权精神损害赔偿责任若干问题的解释》第八条规定，因侵权致人精神损害，造成严重后果的，人民法院除判令侵权人承担停止侵害、恢复名誉、消除影响、赔礼道歉等民事责任外，可以根据受害人一方的请求判令其赔偿相应的精神损害抚慰金。该条文对于精神损害赔偿确定了“造成严重后果的”前提条件。结合本案，根据中国传统民俗，花圈是为丧礼专用的，而给活人摆放花圈存在咒人死亡的暗示，是对活人人格的污辱。胡某某、刁某某因受到举报而恶意报复，在张某某、李某某家外这一特定地点摆放花圈，并向围观村民散布张某某被撞死的谣言，其行为极端恶劣，主观恶意大，严重违背社会公序良俗。这种诅咒、侮辱他人的行为对于张某某、李某某会产生巨大的心理伤害，故从惩戒的角度出发，根据张某某、李某某的请求，判令胡某某、刁某某赔偿一定精神损害抚慰金合理。同时，为使赔礼道歉的范围与侵权行为影响的范围相当，判决按照胡某某、刁某某摆放花圈的位置及摆放时间长度，确定其张贴道歉信的位置、时间长度及纸张大小亦适当、合理。

编写人：北京市平谷区人民法院　朱政

45

依据企业内部管理规范所作出的行为不构成对名誉权的侵害

——张某诉中国联合网络通信有限公司云南省分公司名誉权案

【案件基本信息】

1. 裁判书字号

云南省昆明市中级人民法院（2017）云01民终6618号民事判决书

2. 案由：名誉权纠纷

3. 当事人

原告（上诉人）：张某

被告（被上诉人）：中国联合网络通信有限公司云南省分公司（以下简称联通云南分公司）

【基本案情】

张某于2014年11月12日向中国联合网络通信有限公司昆明市分公司（以下简称联通昆明分公司）申请办理联通4G套餐业务并入网成为联通用户，用户号码尾号为2186。2015年2月11日，张某以其在居住地无法正常使用联通4G服务为由向云南省通信管理局电信用户申诉受理中心申诉。经该中心调解，张某与联通昆明分公司达成如下调解意见：关于张某反映联通昆明分公司4G网络不能覆盖的问题，联通昆明分公司给予的处理结果和解释说明张某认可，张某同意对尾号为2186的手机号码进行退网销户，联通昆明分公司向张某尾号为0584的手机号码充值200元话费。调解后，经张某申请，其与联通昆明分公司签订《综合业务受理单》，该受理单载明的预约销户时间为2015年3月10日0时0分，且在“业务须知”中明确告知“客户在次月10日到联通营业厅进行账户结算并办理正式销户手续”。张某尾号为2186的手机号码截至2015年2月11日所产生的86元欠费因调解而予以减免。2015年2月13日，联通云南分公司按照调解意见的约定，向张某尾号为0584的手机号码充值200元话费。2015年2月11日，张某继续通过其尾号为2186的手机号码使用上网业务，并产生欠费，截至2月17日，该号码欠费共计481.2元。2015年4月29日，尾号为2186的手机号码因欠费销户后，联通昆明分公司根据联通云南分公司印发的《关于建立移动业务欠费客户黑名单库制度的通知》（以下简称《黑名单库制度通知》），以张某逾期欠费为由，将其纳入黑名单管理范围。后张某于2016年10月15日通过联通营业厅网点再次办理入网手续，手机尾号为2061。2017年3月，联通云南分公司通过《黑名单用户出库评估表》作出综合评估意见，不同意将张某移出黑名单。2017年5月31日，张某申请就其尾号为2061的手机办理销户，并要求退回预存话费。

《黑名单库制度通知》由联通云南分公司于2011年11月11日印发，其中规定移动业务欠费客户黑名单一经生成，在全省各市级分公司均可查询，并纳入黑名单管理范围；黑名单用户在被移出黑名单前，在全省任何地点不能办理联通付费入网业务；系统中的黑名单客户若再次申请入网且没有缴清以往欠费的，只能售其标准化产品，且信用度为零；该制度仅为公司内部管理规定，未经允许不得向用户进行宣传。

【案件焦点】

被告的行为是否构成对原告名誉权的侵犯。

【法院裁判要旨】

云南省昆明市五华区人民法院经审理认为，根据《中华人民共和国民法通则》第一百零一条“公民、法人享有名誉权，公民的人格尊严受法律保护，禁止用侮辱、诽谤等方式损害公民、法人的名誉”的规定，被告是否应当承担侵害原告名誉权的责任，应根据原告确有名誉被损害的事实、被告实施了侵害原告名誉权的行为、侵权行为与损害结果之间有因果关系及被告的主观过错来认定。原告认为其被纳入黑名单库且被告不同意将其移出的行为构成侵权，但首先，将原告纳入黑名单库的行为并非被告作出，而是由联通昆明分公司作出的，被告仅作出不同意将原告移出黑名单库的评估意见。无论是联通昆明分公司将原告纳入黑名单库的行为，还是被告作出不同意将其移出黑名单库评估意见的行为均是因原告所使用的尾号为2186的手机号码至今仍有欠费未缴清，且符合被告印发的《黑名单库制度通知》中认定黑名单客户的条件所造成的。原告否认其于2015年2月11日办理销户后通过尾号为2186的手机号码使用上网业务，不应产生流量费，但该手机号码于原告申请办理销户后并未正式结算销户成功，仍能够使用上网业务，而联通公司仅能提供网络服务，至于原告通过上述号码是否使用及如何使用上网等相关业务并非被告所能控制。综上，原告欠费的事实并非被告捏造，不存在虚构事实或侮辱行为，故不构成侵害原告名誉权的行为。其次，原告主张名誉权受损害，而名誉权是公众对公民或法人的品德、才干、声望、信誉和形象等各方面的综合评价，因此名誉权受损害的损害结果应当是原告社会评价降低，但被告印发的《黑名单库制度通知》系内部管理文件，黑名单库管理制度为内部管理制度，不对外宣传，而依据该通知形成的黑名单管理库也仅为内部管理系统，只有联通公司内部员工及黑名单库的用户个人知晓，且不向社会公众提供查询亦不对外公布，未造成原告的社会评价降低。被告作出的《黑名单用户出库评估表》也同样为内部文件，评估意见也仅为内部知晓，并不对外公布，亦未造成原告的社会评价降低。综上，原告主张其名誉权受损的损害结果不存在。被告既未实施侵害原告名誉权的行为，原告名誉权受损害的结果也不存在，故无需再对侵权行为与损害结果间的因果关系及被告主观过错进行审查，原告的诉请应予驳回。

云南省昆明市五华区人民法院依照《中华人民共和国民法通则》第一百零一条、《中华人民共和国民事诉讼法》第六十四条的规定，判决如下：

驳回张某的诉讼请求。

张某持原审起诉意见提起上诉。云南省昆明市中级人民法院经审理认为：首先，上诉人使用的尾号为2186的手机号码至今仍有欠费未结清，而该事实导致了被上诉人根据其《黑名单库制度通知》将上诉人列入黑名单，该行为符合被上诉人的企业管理规范，故上述事实并非虚假，被上诉人的行为并未侵犯上诉人的权益。其次，被上诉人将上诉人列入其黑名单库的依据系其内部管理文件，被列入黑名单的后果仅及于被上诉人内部，并不向社会公布、传播，并未作为上诉人的不良征信记入个人档案，故上诉人认为其身心受到巨大的、无法愈合的伤害的损害后果与客观事实不符。综上，在被上诉人并未实施侵权行为，对上诉人亦未产生损害后果的情形下，上诉人认为被上诉人侵犯其名誉权并要求被上诉人停止侵害、赔礼道歉、赔偿损失的主张没有事实及法律依据，法院不予支持。

云南省昆明市中级人民法院依照《中华人民共和国民事诉讼法》第一百七十条第一款第一项之规定，判决如下：

驳回上诉，维持原判。

【法官后语】

本案系原告以名誉权受损为由而提起的侵权责任纠纷类案件，其争议焦点在于被告依据企业内部管理规范将原告列入黑名单库的行为是否构成对原告名誉权的侵犯。此类案件的审理主要涉及对名誉权概念的界定以及对名誉权侵权责任构成要件的评判。

其一，对名誉权概念的界定。名誉权是指公民、法人或非法人组织享有的就其自身特性所表现出来的社会价值而获得社会公正评价并排除他人侵害的权利，属于人格权的一种。《中华人民共和国民法通则》第一百零一条规定，公民、法人享有名誉权，公民的人格尊严受法律保护，禁止用侮辱、诽谤等方式损害公民、法人的名誉。《中华人民共和国民法总则》第一百一十条规定，自然人享有生命权、身体权、健康权、姓名权、肖像权、名誉权、荣誉权、隐私权、婚姻自主权等权利。法人、非法人组织享有名称权、名誉权、荣誉权等权利。通过两个条文的对比可知，《中华人民共和国民法总则》将自然人与法人、非法人组织的名誉权分列，并通过列举的方式明确了不同民事主体所享有的名誉权类型，其理由一方面在于凸显法律对于名誉权的保护，另一方面在于法人、非法人组织不是真正的主体，而是法律技术的缔造物，主要担当交易工具的职能，不具有终极性的伦理价值。因此，法人、非法人组织与自然人不可能享有相同和均等的人格权利。基于法律对于名誉权概念及类型的界定，不同民事主体名誉权受侵犯所导致的损害亦有所差别。就自然人的名誉权而言，法律侧重保护社会对自然人道德品质等方面的评价，集中体现在对其人格尊严的维护。因此，只有导致自然人社会评价的降低才构成对名誉权的侵犯，而这一侵犯也造成了自然人的精神损害；就法人、非法人组织的名誉权而言，因其系法律拟制主体的特殊性，法律更侧重保护其名誉权背后所包含的经济利益和商业价值，因此侵犯法人、非法人组织的名誉权直接导致的是其经济效益的受损，而非精神损害。本案中，张某作为自然人，其名誉权是否受侵害的关键在于联通云南分公司的行为是否导致其社会评价降低。

其二，对名誉权侵权责任构成要件的评判。《最高人民法院关于审理名誉权案件若干问题的解答》第七条明确了名誉权侵权责任的构成要件，即被侵权人确有名誉受损的事实、侵权人实施了侵犯名誉权的行为、被侵权人名誉受损的事实与侵权人的侵权行为有因果关系、侵权人有主观过错。审判实践中对于被侵权人名誉权受损的事实以及侵犯名誉权的行为的认定是此类案件的重点与难点。首先，就被侵权人名誉权受损的事实而言，若被侵权人系自然人，则需着重考察被侵权人的社会评价度是否降低，并由此造成其心理负担或精神上的折磨，同时这一损害事实必须是客观存在的且为当事人以外的公众所知悉，而非仅仅是被侵权人的主观感受；若被侵权人系法人或非法人组织，则需着重考察被侵权人的经济利益、商业价值以及信用指数等是否降低。其次，就侵犯名誉权的行为而言，根据《中华人民共和国民法通则》第一百零一条、《最高人民法院关于贯彻执行〈中华人民共和国民法通则〉若干问题的意见（试行）》第一百四十条以及《最高人民法院审理名誉权案件若干问题的解答》第七条的规定，侵犯自然人名誉权的行为主要有以下方式：（1）以书面、口头等形式宣扬他人隐私；（2）捏造事实公然丑化他人人格；（3）用侮辱诽谤等方式损害他人名誉，造成一定影响；（4）新闻报道严重失实致他人名誉受损等。本案中，联通云南分公司将张某纳入黑名单库的行为系根据其企业内部管理规范作出，并建立在张某欠费这一客观事实的基础之上，并不存在捏造事实且为不特定的公众所周知，故该公司不存在侵犯张某名誉权的行为。

结合本案，其裁判的要点在于依据企业内部管理规范所作出的将用户列入黑名单库的行为是否构成对其名誉权侵犯。此类案件需要审查的重点在于该企业将当事人列入黑名单库的行为所基于的事实是否系捏造或不真实，同时该企业依据其内部管理规范所形成的黑名单库系统是否属对外公布、扩散或传播，即是否为社会公众所周知。在欠费事实系客观而非捏造，同时黑名单库不为社会大众所周知的情形下，企业将用户列入黑名单库的行为并不构成对用户名誉权的侵害。

编写人：云南省昆明市五华区人民法院　符雅琪　段格

46

依法履职制作的文书材料能否构成名誉侵权

——韦一诉韦三等名誉权案

【案件基本信息】

1. 裁判书字号

广西壮族自治区河池市中级人民法院（2017）桂 12 民终 1309 号民事判决书

2. 案由：名誉权纠纷

3. 当事人

原告（上诉人）：韦一

被告（被上诉人）：韦三、秦某、韦五

【基本案情】

韦一与韦二、韦三与韦四分别系夫妻关系，秦某原系河池市宜州区司法局洛东司法所（以下简称洛东司法所）干部。韦二与韦五于 2001 年 4 月发生相邻权纠纷民事诉讼，韦四帮韦五的证人韦六书写证词提交法庭，韦一为此对韦四一家不满。2001 年 7 月 9 日 15 时左右，韦三与韦一发生冲突，韦二加入韦一一边，双方扭打。事后韦三向洛东司法所请求处理，时任该所干部的秦某受理并向有关知情人了解情况，制作询问笔录，进行调解。2003 年 9 月，韦二与韦五又发生损害赔偿纠纷民事诉讼，韦三作为韦五的证人书写证词提交法庭，同时韦五还将秦某制作的韦三与韦一、韦二打架一事的调查、调解笔录作为证据提交法庭。韦一认为，韦三、秦某造谣其谩骂、暴打韦三，威胁、报复韦三及其家人，并写成书面材料转给韦五拿去法院等地传播，宣扬韦一官司败诉等，损害其名誉。韦五把秦某制作的笔录拿到法庭全程传播、帮韦六编写不实证词等，侵害韦一名誉权。故韦一诉至法院，请求法院判决：1. 韦三、秦某、韦五停止侵权、赔礼道歉、消除影响、恢复名誉；2. 韦三、秦某、韦五连带赔偿韦一精神抚慰金 10000 元及本案产生的律师费等费用。

【案件焦点】

1. 国家公职人员依法履行职责制作的调查、调解笔录材料是否构成名誉侵权；2. 民事诉讼活动中的证据展示是否构成名誉侵权。

【法院裁判要旨】

广西壮族自治区河池市宜州区人民法院经审理认为：韦三当时到洛东司法所主张韦一夫妇对其进行人格侮辱、诽谤并对其进行殴打，要求洛东司法所予以解决，属合法行为。秦某代表洛东司法所向有关知情人了解情况，制作询问笔录，进行相应调解，属依法履行职责行为，即属合法行为。韦五因与韦二存在民事纠纷诉至法院要求解决，并依法向法院提供有关证据，也属合法行为。综上所述，韦三、秦某、韦五的行为均合法，主观上也均不存在过错，不构成对韦一名誉侵权，韦一的请求没有法律依据，不予支持。

广西壮族自治区河池市宜州区人民法院依照《中华人民共和国民法通则》第一百零一条、《最高人民法院关于审理名誉权若干问题的解答》第七条之规定，作出如下判决：

驳回韦一的诉讼请求。

韦一不服一审判决，持一审起诉意见提起上诉。广西壮族自治区河池市中级人民法院经审理认为：韦三因与韦一夫妇发生纠纷而依法向国家机关（洛东司法所）反映情况并请求解决，是正当、合法的行为。洛东司法所干部秦某就此向证人和双方当事人了解情况并如实制作笔录、进行调解，是依法履行法定职责的行为。韦一没有证据证实该笔录被篡改并被非法散布于社会公众，给其名誉造成损害。该笔录只是被用作涉及双方其他民事诉讼的证据材料在法庭上举证质证，而举证质证是公民的法定诉讼权利，也是司法审判的法定程序，并非非法传播。韦五依法将上述询问笔录作为案件证据提交法庭，也是行使民事诉讼权利的行为。韦五应他人的请求根据他人的陈述如实书写证词，证词内容并非其本人意志，且代写证词行为并未违反法律规定。

综上，韦三、韦五、秦某的行为正当、合法，不符合《最高人民法院关于贯彻执行〈中华人民共和国民法通则〉若干问题的意见（试行）》第一百四十条第一款“以书面、口头等形式宣扬他人的隐私，或者捏造事实公然丑化他人人格，以及用侮辱、诽谤等方式损害他人名誉，造成一定影响的，应当认定为侵害公民名誉权的行为”以及《最高人民法院关于审理名誉权案件若干问题的解答》第七条“是否构成侵害名誉权的责任，应当根据受害人确有名誉被损害的事实、行为人行为违法、违法行为与损害后果之间有因果关系、行为人主观上有过错来认定”规定的名誉侵权的构成要件，不构成侵犯韦一的名誉权。韦一请求韦三、韦五、秦某赔偿精神抚慰金及因本案纠纷产生的损失等没有法律依据，法院不予支持。

广西壮族自治区河池市中级人民法院依照《中华人民共和国民事诉讼法》第一百七十条第一款第一项之规定，作出如下判决：

驳回上诉，维持原判。

【法官后语】

随着社会经济的发展，人们在物质生活条件得到满足之后，更加注重精神生活的追求，注重自己的声誉。但是，随之也出现了名誉权滥诉的现象，给名誉侵权的司法界定提出了新的考验。对于自然人名誉权侵权的认定，《最高人民法院关于审理名誉权案件若干问题的解答》第七条规定，构成名誉侵权需满足四个要件，即受害人确有名誉被损害的事实、行为人行为违法、违法行为与损害后果之间有因果关系、行为人主观上有过错。这为名誉侵权的认定提供了标准。

公职人员依法履行职责，是行使国家职能、维护秩序的公务行为。对公职人员的履职行为是否侵犯他人名誉权的判断，应重点审查其行为是否属于其公职范畴、是否具有合法性和正当性。公职人员在依法履行职责过程中制作的调查、询问、调解笔录，即使涉及当事人的不良信息或隐私，但只要其如实记录、未非法篡改记录、未恶意散布或者因重大过失使其散布于社会导致当事人名誉受损的，也不构成名誉侵权或其他侵权行为。这为公职人员依法履行职责提供了正当性保障。就本案而言，秦某作为司法所干部，应韦三的要求进行调查、调解，是履行职责的行为，即使当事人及被调查、询问对象作虚假或者作有意诽谤一方的陈述，只要其如实记录即可，不能要求其对相关人员陈述事实的真实性负责。另外，秦某只对因违反国家关于档案管理规定的行为负责，因正当程序导致涉及当事人不良信息或隐私的材料被传播的不应负责。秦某制作的调查、调解笔录被依法作为当事人其他民事纠纷案件的证据使用在法庭上展示，是司法程序行为，具有正当性和合法性。即使笔录如实记载了对韦一名誉不利的陈述，或者有泄露韦一隐私的描述，秦某亦不构成侵权。韦一以秦某制作的调查、调解笔录被作为其他民事纠纷案件对其不利的证据展示，主张秦某侵犯其名誉权，不应得到支持。

编写人：广西壮族自治区河池市中级人民法院　陈少杰

47

意见性表达是否侵犯名誉权需综合判断

——邓某诉重庆渝中某教育学校名誉权案

【案件基本信息】

1. 裁判书字号

重庆市第一中级人民法院（2017）渝01民终7964号民事判决书

2. 案由：名誉权纠纷

3. 当事人

原告（上诉人）：邓某

被告（被上诉人）：重庆渝中某教育学校（以下简称某教育学校）

【基本案情】

2015年2月28日，邓某与某教育学校签订《劳动合同书》，主要约定：合同固定期限为2015年2月28日至2018年2月27日；邓某担任教师工作；某教育学校每月5日足额支付乙方工资，邓某月工资为1750元，并随某教育学校的经济效益上下浮动。

因某教育学校未按照劳动合同约定的时间发放工资，邓某于2017年6月找到该校教务负责人熊某询问何时发放工资，未果。2017年6月29日，某教育学校作出《关于邓某同志的处理决定》，主要内容为："2017年6月，因本校资金周转的原因，员工工资发放时间晚了数日，邓某同志中伤本校恶意拖欠员工工资，损坏本校形象，破坏员工团结，造成恶劣影响。经本校研究决定：一、对邓某同志作开除处理；二、邓某同志工作时间为2015年2月至2017年6月，共计二年零四个月，依据相关规定，以原年平均工资为标准，给予二个半月的经济补偿，三日内到财务部门办理离职手续；三、本校全体员工总结教训，今后出现类似情形，学校将严肃处理，下不为例，后果自负。”

2017 年 7 月 5 日，某教育学校法定代表人在该校学期总结会上发言时，针对邓某使用了“造口业”“奇葩”的词语。

【案件焦点】

某教育学校针对邓某使用的“造口业”“奇葩”等词语是否侵犯了邓某的名誉权。

【法院裁判要旨】

重庆市沙坪坝区人民法院经审理认为：是否构成侵犯名誉权，应当从行为人的主观恶意、造成损害的程度等方面具体分析。某教育学校的法定代表人在员工总结会上对邓某的言论，系其从某一角度出发对邓某产生的主观上的认识和感受，该认知和邓某的自我认知以及其他员工对邓某的认知存在分歧属于正常合理的现象，其使用的言辞并未宣扬邓某的隐私，也未丑化其人格，不构成对邓某的侮辱、诽谤。且某教育学校的法定代表人仅在内部员工大会上发表个人认识和感受，未向不特定的人群发表该言论，故不会造成邓某的社会评价显著降低。重庆市沙坪坝区人民法院作出如下判决：

驳回邓某的诉讼请求。

邓某不服一审判决，提起上诉。重庆市第一中级人民法院经审理认为：侵害名誉权主要表现为侮辱、诽谤、报道严重失实、评论严重不当等行为。侮辱是指行为人故意以暴力、语言、文字、谩骂等方式贬低他人人格、毁损他人名誉的行为；诽谤是指行为人故意或过失散布虚假事实，贬损他人名誉的行为。就后果而言，侵权行为人对受害人的名誉造成了较严重后果，使受害人感觉到一种不公正的社会压力或心理负担，精神上受到折磨，心理上受到创伤。该社会压力、心理负担、精神折磨或心理创伤必须是客观存在的，而不是受害人主观上的一种感受，即名誉权指向的是公众对当事人的社会评价，而不是当事人对其内在价值的自我评价。因此，行为人的某些行为如果没有造成受害人的社会评价降低，则不构成对名誉权的侵害。某教育学校的负责人在员工大会上用“造口业”“奇葩”等词语批评邓某，虽对邓某造成了一定的心理负担与心理压力，但某教育学校的前述行为，从性质上看属于学校内部实施的管理行为，从范围上看仅限于学校内部员工会议，从结果上看并未降低公众对邓某的社会评价，故不构成对邓某名誉权的实质侵害。重庆市第一中级人民法院作出如下判决：

驳回上诉，维持原判。

【法官后语】

公民享有言论自由的权利，言辞表达是言论自由的重要体现。言辞表达可区分为事实性表达和意见性表达。事实性表达只是对已发生或正发生的事实的介绍，不涉及表达者的主观判断，可以检验真伪。对于事实性表达，如果其不遵循客观真实，就构成诽谤，侵犯名誉权。意见性表达是主观态度的表达，是基于事实基础上的价值判断，价值判断会因个体的学识水平、情感好恶、道德水准等因素呈现不同的表现状态，无法检验真伪。对于意见表达，即使其言辞犀利，但若其不构成侮辱，也不构成名誉权侵权。在因言辞表达侵犯名誉权的案件中，只有明确争议的内容是事实还是意见，才能够进行不同的保护，做到既维护当事人名誉权，又保障表达自由，这样的判决才能让人信服。

“意见性表达侵犯名誉权”是指表述者因为主观意见的表达而使他人的社会评价降低。一类是谩骂和丑化的言辞。谩骂是粗鄙或者下流的词语，是直接对人格尊严的一种贬损，在具体案例中，表现为“流氓”“人渣”“疯狗”“小妖精”等，这些言辞明显带有人身攻击性，是对当事人人格的贬损；另一类是运用修辞手法所进行的表达，包括“虚伪”“恬不知耻”“垃圾”“脸皮厚”“幼稚低级”“强盗”“乱象”等，这些言辞表面上看起来都是贬损性的，会使相关当事人不悦，但是对于这些词语意思的解读及侵权与否不能断章取义或者片面解读，要结合现实情况、表述的整体内容、言辞的普通意义和评论的语境去判断。运用修辞手法所进行的尖刻的意见表达，虽可能令人不悦，但并不一定具有侮辱性。如果一味地认定令人不悦的否定性言辞就是对他人的侮辱、会造成他人社会评价的降低，那民众的意见表达的权利就会被限制，不能发挥应有的良好作用。

具体到本案，某教育学校的法定代表人在员工大会上评价原告“造口业”“奇葩”，系对邓某讨薪行为的主观评价，属于运用修辞手法的意见性表达，但并未侵犯邓某的名誉权。理由如下：1. 虽然“造口业”“奇葩”表面上看起来都是贬损性的，会令邓某产生一定的心理负担与心理压力，但是邓某自己的内心感受并非名誉权侵权的构成要件。2. 某教育学校的法定代表人是对邓某实施的讨薪行为的评价，并非对邓某的人格进行评价。对当事人行为的评价不能直接等同于对当事人的人格的评价。3. 某教育学校的法定代表人是在员工总结大会上发表该意见，是实施学校内部管理的行为，其目的在于警示其他员工，并未向社会不特定的人群散布。公众对邓某讨薪事件的看法千差万别，某教育学校的法定代表人的个人主观评价不会导致公众对邓某的人格评价降低。综上，从某教育学校的法定代表人发表该意见的现实情况、表述的整体内容、言辞的普通意义和评论的语境综合判断其不会造成邓某的社会评价降低。

编写人：重庆市沙坪坝区人民法院　张煜

48

银行将错误信息纳入征信系统构成名誉侵权

——宋某诉中国农业银行股份有限公司峡江县支行、中国人民银行征信中心名誉权案

【案件基本信息】

1. 裁判书字号

江西省吉安市峡江县人民法院（2017）赣0823民初570号民事判决书

2. 案由：名誉权纠纷

3. 当事人

原告：宋某

被告：中国农业银行股份有限公司峡江县支行（以下简称农行峡江支行）、中国人民银行征信中心（以下简称征信中心）

【基本案情】

2004年4月3日，宋某在农行峡江支行贷款180000元给兴济房产公司进行房地产开发，由兴济房产公司原法定代表人杨旭东（已故）以其位于峡江县水边镇105国道东面的房地产提供抵押担保，借款月利率为6.195‰，逾期利率按中国人民银行规定利率计算，贷款到期日为2005年4月2日。2004年4月7日，农行峡江支行按约发放了该笔贷款。借款到期后，兴济房产公司偿还了至2005年8月30日的利息。2006年12月28日，农行峡江支行向法院起诉，要求兴济房产公司偿还所欠借款180000元及利息，并未起诉宋某。当日，法院组织双方调解并达成调解协议，法院遂作出（2006）峡民初字第541号民事调解书，由兴济房产公司支付农行峡江支行借款180000元及其利息（利息按约定利率从2005年8月31日起计算），定于2007年1月底前付清。该调解书生效后，农行峡江支行于2007年5月10日向法院申请强制执行，后兴济房产公司偿还借款90000元，至今尚有借款90000元及利息未偿还。2017年2月28日，宋某通过征信系统查询其个人信用报告，其中信贷交易信息明细项下载明：2004年4月7日商业银行发放的180000元其他贷款，抵押担保，一次性归还，2005年4月6日到期。截至2016年3月31日，账户状态为呆账，余额为90000元。宋某知晓后认为该信息错误，要求农行峡江支行、征信中心更正（删除）但协商未果。

【案件焦点】

农行峡江支行将宋某纳入银行征信系统是否构成侵权。

【法院裁判要旨】

江西省吉安市峡江县人民法院经审理认为：公民的名誉权受到侵害的，有权要求停止侵害、恢复名誉等。农行峡江支行于2004年4月7日向原告发放的180000元贷款，虽合同借款人为宋某，但该笔贷款实际借款人为兴济房产公司，农行峡江支行亦据此仅起诉兴济房产公司要求偿还，并未起诉要求宋某偿还，法院作出的（2006）峡民初字第541号民事调解书已明确该笔贷款由兴济房产公司偿还，故农行峡江支行以自身的行为已免除了宋某偿还该笔贷款的义务，但其仍然向征信中心报送宋某对该笔贷款存在逾期未还清的信息，显属错误，应予更正。征信中心作为征信管理部门根据商业银行提供的信息建立个人信用信息基础数据库，对侵害宋某的名誉权没有过错，故在本案中不承担责任。

法院依照《中华人民共和国民法总则》第一百一十条第一款，《中华人民共和国侵权责任法》第二条、第六条的规定，判决：

一、农行峡江支行于判决生效之日起二十日内删除宋某个人信用信息基础数据库中记录的逾期贷款未还清的错误信息；

二、驳回宋某的其他诉讼请求。

【法官后语】

民事主体的信用利益具有人格评价的属性，信用记录错误在一定范围内会造成对民事主体人格评价的降低，在一定程度上符合侵犯名誉权的特征，因此银行报送征信信息错误，造成当事人名誉受损，属于侵犯名誉权范围。

构成侵犯名誉权应符合以下要件：一是有贬损他人名誉的行为，二是侵权行为基于过错，三是造成他人社会评价降低的后果，四是行为和损害结果具有因果关系。第一，宋某并无逾期还贷行为，但征信系统内却存在其不良信用记录，且该错误持续长达十几年未被删除，该错误信息由农行峡江支行提供，故该行对宋某有报送不实信用信息的侵权行为。第二，农行峡江支行作为从事金融业务的机构，把不具有还款义务的宋某作为逾期还贷的不良信用客户并报送了宋某的不良信用信息，未尽审慎审查义务，存在严重疏漏，应认定其主观上存在重大过失。第三，农行峡江支行的行为使宋某在很长时间内处于不良的信用状态，直接导致相关银行对其信用评价降低，使宋某受到不客观的信用评价，并因此不能在银行取得按揭贷款，存在损害后果。第四，宋某的上述损害后果系农行峡江支行提供错误的逾期还贷信息所致，两者之间存在因果关系。故本案认定农行峡江支行侵犯了宋某的名誉权。

通过本案可以看出，征信记录错误侵犯民事主体的名誉权和一般名誉侵权案件的要件构成还是有明显的区别的：一是侵犯名誉权一般通过侮辱诽谤等形式，其传播途径主要是口口相传或利用新闻媒体传播；而侵犯信用利益基本上是间接产生，其传播途径要通过征信系统完成。二是侵犯名誉权损害的主要是被害人的人格利益；而侵犯信用利益的损害后果则以财产利益为主。三是侵犯名誉权的损害后果发生在被侵权人的日常生活空间中，其损害形式主要是造成受害人精神上的痛苦，一般需要以精神损害赔偿作为救济手段；而侵犯信用利益损害的后果主要是影响受害人获得正常的按揭贷款等机会，造成受害人的经济损失，可能需要财产赔偿。

信用权是指民事主体就其所具有的经济能力在社会上获得相应信赖与评价而享有对其保护和维护的一种兼具人格性和财产性的混合型权利。近年来因信用问题产生的纠纷不在少数，在法律未明确规定信用权及其保护方式，仅在少有的法律、地方性法规、规章中涉及信用利益的情况下，通过法律解释的手段，利用法律保护名誉权的规定，间接保护民事主体的信用利益，在当前的法律语境下是一种相对稳妥的方式，但要更有效地保护民事主体的信用权益，还有赖于将来立法中将民事主体的信用权作为一项独立的民事权利进行规制和保护。

加强对民事主体信用权的法律保护无论是对民事主体微观权利维护而言，还是对于国家宏观经济管理来说，都有非常重要的意义。对信用权保护力度不够，妨碍了市场经济的发展，故应完善信用权保护法律制度，同时相关部门也有督促和阻止相关责任人加强审查核实力度、减少错误不良信息纳入征信系统的义务，从而进一步增强信用保护意识，避免和减少侵害民事主体信用权益事件的发生。

编写人：江西省吉安市峡江县人民法院　吴朋西

三、姓名权纠纷

49

盗用他人姓名的责任承担

——曹某诉北京翠绿田野苗木有限公司姓名权案

【案件基本信息】

1. 裁判书字号

北京市密云区人民法院（2017）京0118民初10065号民事判决书

2. 案由：姓名权纠纷

3. 当事人

原告：曹某

被告：北京翠绿田野苗木有限公司（以下简称翠绿苗木公司）

【基本案情】

2012年12月17日起，原告在北京首云矿业股份有限公司工作。2015年9月至2017年5月，被告以原告姓名虚假发放工资15次，共计52500元。2017年6月，原告申请公租房失败，才发现被告长时间盗用其姓名虚假报税。原告认为被告盗用其姓名虚假报税，导致其无法取得申请公租房资格，丧失了最有利的申请机会，造成了财产和精神损失，故诉至法院，请求法院判令被告赔偿经济损失10万元、精神损失费5000元，并在《北京日报》《新京报》上除中缝外的位置连续三天刊登致歉声明。

【案件焦点】

1. 被告以原告姓名虚假发放工资，是否侵犯其姓名权；2. 侵犯姓名权的责任如何承担。

【法院裁判要旨】

北京市密云区人民法院经审理认为：公民、法人享有姓名权，公民的姓名权受法律保护，禁止他人盗用自己的姓名，姓名权依法享有不可侵犯的权利。公民的姓名权、肖像权、名誉权、荣誉权受到侵害的，有权要求停止侵害，恢复名誉，消除影响，赔礼道歉，并可要求赔偿损失。盗用他人姓名是指未经他人同意或授权擅自以他人的名义实施某种活动，以抬高自己的身价或者谋取不正当的利益。翠绿苗木公司未经曹某同意或授权擅自以曹某的姓名及身份信息向税务部门缴纳个人所得税，属于盗用他人姓名，严重侵害了曹某的姓名权，翠绿苗木公司应当承担侵权责任。因为翠绿苗木公司的侵权行为导致曹某失去了一次申请公租房的最佳机会，同时影响曹某不能及时入住公租房，多支付租房费用，给曹某造成了经济损失，所以曹某要求翠绿苗木公司赔偿经济损失、在《北京日报》《新京报》上除中缝外的位置刊登致歉声明的诉讼请求，有事实和法律依据，但要求不宜过高。对于经济损失的数额，根据公租房的收费情况和密云地区租赁房屋的费用行情以及翠绿苗木公司因盗用曹某姓名的获利情况予以酌定。对于曹某要求翠绿苗木公司赔偿机会损失问题，因该项损失客观存在，结合翠绿苗木公司盗用曹某姓名的获利情况、本案具体案情及公租房的申请政策予以酌定。对于曹某要求赔偿精神损失费5000元，符合《最高人民法院关于确定民事侵权精神损害赔偿若干问题的解释》相关规定，予以支持。

对于翠绿苗木公司辩称曹某父母有住房、不符合申请公租房条件，翠绿苗木公司未提供相关政策依据，不予采信。对于翠绿苗木公司辩称对盗用曹某姓名及身份信息没有过错，只承认存在审查不严的过失，其不能提供具体的盗用曹某身份证信息的具体工作人员，又称该人已经查找不到，亦不能做出合理解释，明显违背常识。因此，翠绿苗木公司盗用曹某姓名具有明显故意，应当承担过错责任。

为保护双方当事人的合法权益，维护社会的正常秩序，法院依据《中华人民共和国民法通则》第九十九条、第一百二十条，《中华人民共和国侵权责任法》第二条、第三条、第十五条，《最高人民法院关于确定民事侵权精神损害赔偿若干问题的解释》第十条之规定，判决如下：

一、翠绿苗木公司赔偿曹某经济损失24000元，可得利益损失及机会损失

30000元，限本判决生效之日起十日内付清；

二、翠绿苗木公司在本判决生效之日起七日内，在《北京日报》《新京报》上刊登公告，向原告曹某赔礼道歉；

三、翠绿苗木公司赔偿曹某精神损失费5000元，限本判决生效之日起十日内付清；

四、驳回曹某的其他诉讼请求。

【法官后语】

姓名是自然人借以相互区分的文字符号，同时也是在社会生活中的代表标志。自然人的姓名不仅仅具有自我认识和社会识别的意义，而且还能给自然人带来一定的经济利益、精神利益和特别情感。姓名权是公民依法享有的决定、使用、变更自己的姓名并要求他人尊重自己姓名的一种人格权利。姓名权虽无直接的财产内容，却是维护自然人人格独立所必备的权利。《民法总则》第一百一十条第一款规定，自然人享有生命权、身体权、健康权、姓名权、肖像权、名誉权、荣誉权、隐私权、婚姻自主权等权利。《民法通则》第九十九条第一款规定，公民享有姓名权，有权决定、使用和依照规定改变自己的姓名，禁止他人干涉、盗用、假冒。

根据上述规定及侵权责任理论，侵害姓名权的责任构成要件应该包括侵害行为、行为人的过错、损害后果和侵害行为与损害后果之间的因果关系。

1. 侵害行为

根据《民法通则》第九十九条第一款的规定，侵害姓名权的行为一般由作为的方式构成，其中最常见的行为就是干涉、盗用和假冒他人的姓名。(1) 干涉他人姓名就是针对他人姓名实施某种积极行为，阻挠他人行使自己的姓名权，包括干涉他人决定自己的姓名，强迫他人命何名或者不命何名；干涉他人使用自己的姓名，强迫他人使用或不使用正式姓名；干涉他人改变自己的姓名，强迫他人改变或不改变自己的姓名。(2) 盗用他人姓名。即未经权利主体同意或授权，擅自以权利主体的名义进行民事活动或从事不利于权利主体、不利于社会公共利益的行为。盗用他人姓名，行为人通常出于某种不正当目的，行为的结果则直接损害他人或社会利益。在本案中，被告未经原告同意或授权擅自以原告的姓名及身份信息向税务部门缴纳个人所得税，显然属于盗用他人姓名，侵犯了原告的姓名权。(3) 假冒他人姓名。

假冒他人姓名是冒名顶替、冒充他人姓名进行活动。在冒充他人姓名的情况下，侵权人常常利用他人对知名人士的尊敬、羡慕、信任，使用某知名人士的姓名进行各种活动。

2. 行为人的过错

侵害姓名权的行为，应以行为人主观上的故意为要件。如果行为人因过失将他人的名字弄错，不应认定为侵害姓名权。在侵害姓名权的诉讼中，原告只要证明被告实施了侵权行为，就可以推定被告有过错，而被告是否存在过错，则要由被告自己举证加以证明。本案中，被告辩称对盗用原告姓名及身份信息没有过错，只承认存在审查不严格的过失，但是其不能提供盗用原告身份证信息的具体工作人员的信息，又称该工人已经查找不到，亦不能作出合理解释。因此，推定被告盗用原告姓名具有故意，应当承担过错责任。

3. 损害后果

侵害行为人只要实施了盗用、冒用他人姓名，干涉他人行使姓名权，就可以认定已经造成了损害后果。基于姓名的社会识别功能，姓名权被侵害后，还可能同时导致权利人的财产损失或其他利益损失。本案中，翠绿苗木公司盗用曹某姓名虚假发放工资，虚报个人所得税，在侵害曹某姓名权的同时，还造成其享受公租房机会的丧失进而引起住房成本的增加，此类损失亦应由翠绿苗木公司赔偿。

4. 侵害行为与损害后果之间的因果关系

侵害姓名权的行为与损害后果之间的因果关系与一般侵权行为民事责任构成要件中的因果关系并无实质差别，但是由于侵害姓名权的违法行为和损害事实合而为一，受害人只要证明其姓名权受到侵害，即可证明存在损害后果。但是对于因姓名权受侵害同时引起的财产等其他损失，受害人应举证证明。

关于侵害姓名权的责任承担，《民法通则》第一百二十条第一款规定，公民的姓名权、肖像权、名誉权、荣誉权受到侵害的，有权要求停止侵害，恢复名誉，消除影响，赔礼道歉，并可以要求赔偿损失。具体到本案中，被告在长达21个月的时间里，盗用原告名义虚假报税，构成对原告姓名权的侵犯。原告提出的赔礼道歉和精神损害赔偿请求，应予支持。本案的难点在于原告提出的失去申请公租房的机会损失，是否应予赔偿以及如何赔偿。损失赔偿，包括物质损失与精神损失。而物质损失，又分为直接损失和间接损失。原告主张的失去申请公租房的机会便是间接损失，更确切地说，是一种机会损失。因原告姓名被盗用，导致其无法获得公租房申请资格，其所拥有的获取特定利益的可能性丧失。随之而来的，是其失去入住公租房的机会，还需要多支付租房费用，客观上带来了财产损失，这些损失被告应予以赔偿。至于具体的标准，由法院结合被告盗用原告姓名的获利情况、本案具体案情及公租房的申请政策，对原告的机会损失酌定赔偿。

编写人：北京市密云区人民法院　陈琼

50

被冒名顶替者的姓名权依法受保护

——薛某某、刘某某诉刘某姓名权案

【案件基本信息】

1. 裁判书字号

北京市第二中级人民法院（2017）京02民终9553号民事判决书

2. 案由：姓名权纠纷

3. 当事人

原告（被上诉人）：薛某某、刘某某

被告（上诉人）：刘某

【基本案情】

1965年9月，薛某某从北京市西城区下乡在黑龙江插队，后于1976年12月调到河北省某县小务农场。在农场工作期间，与刘某申结婚，生育一子刘某某。1988年10月15日，北京市劳动局、北京市公安局等四单位发布《关于解决在外地的原北京下乡青年子女回京就读入户问题的通知》。该通知规定，每户知青允许一名未婚、未就业的子女将户口迁到北京。凡可在京落户的知青子女，在京必须有知青本人或知青的父母、兄弟姐妹做监护人，并能自行解决住房问题。

薛某某于1988年11月12日在北京市西城区知青办填写了《西城区在外原北

京下乡知青审核登记表》，并提交了请求携带7岁之子刘某某回京的申请，1988年12月19日通过审核。1989年至1993年，薛某某自河北省至北京多次往返询问，均被告知回去等待。直至2009年，薛某某在他人帮助下查阅了西城区知青办的档案，才得知刘某在1989年8月7日至同年10月19日用假证件、假材料冒充为薛某某之女，在薛某某提交的登记表上增加了她的名字，顶替刘某某，在北京市西城区薛某某之父的户籍落户。至此，薛某某才得知为什么申请多年回京杳无音信。薛某某、刘某某于2013年找到冒名者刘某本人，刘某及其父母承认冒名顶替刘某某进京的事实，但拒不更改虚假信息，并将刘某在其原籍的所有身份信息通过不正当手段全部删除、销毁。多家媒体对此进行了报道。刘某对于自己并非薛某某亲生女儿这一事实表示认可。

【案件焦点】

1. 户籍信息被冒名顶替违反了行政法规中的户籍管理规定，但是是否应当适用民事法律规范处理；2. 户籍信息与亲权、亲属关系密切对应，也涉及很多政策上的利益，被冒名顶替者能否以姓名权请求保护；3. 在姓名权纠纷案件中对于户籍信息被冒名顶替的行为如何适用法律来进行处理。

【法院裁判要旨】

北京市西城区人民法院经审理认为：刘某并非薛某某之女是真实情况，从相关档案资料看，是否为本人书写真实性存疑。如刘某的户籍欲迁入北京，只有符合条件的“亲属”出具同意接收的说明，才有可能导致登记、审批材料内容发生重大变更。无论当事人主观是善意或者恶意办理相关手续，都是严重违反相关政策的行为。然而，即便刘某的亲属欲将其户籍迁入薛家的户口内，单凭其一己之力无法完成，薛家必然了解刘某户籍迁入的事实。但究竟是谁许可刘某户口迁入，该人与刘某的父母又是何种关系，如何协商以及变更申请表的过程等诸多疑点在本案中无法揭晓。薛某某、刘某某对于关键事实无法认定，亦应承担举证不能的责任。

关于时效问题，因薛某某、刘某某的户籍问题至今未能解决，故侵权事实持续存在，薛某某、刘某某一直在主张权利未曾懈怠，符合诉讼时效的规定。

关于人格权益的问题。本案诉争最根本的问题是刘某某所应享有的回京资格因他人不法行为被顶替和剥夺。户口登记工作由各级公安机关主管。刘某某最终是否能够在北京落户，由公安机关依据行政职权和政策确定，不属于民事诉讼审理范围。但在该不法行为实施过程中，薛某某的姓名权亦被侵犯，理由如下：姓名权属于具体人格权，包括登记于户口簿的正式姓名的权利，其与亲权、亲属权密切对应。以刘某某当时条件，符合《关于解决在外地的原北京下乡青年子女回京就读入户问题的通知》的规定，而刘某并非薛某某子女，不符合规定。《中华人民共和国户口登记条例》规定，冒名顶替他人户口的，根据情节轻重，依法给予治安管理处罚或者追究刑事责任。因此，以虚构与薛某某存在母女关系的手段，违规将刘某落户北京，严重侵犯了薛某某、刘某某的民事权益，也违反户籍管理规定。考虑到该侵犯的客体权利的特殊性，在现有法定人格权具体权利中无对应或列举，但薛某某、刘某某以姓名权纠纷提起诉讼，并无不妥。

关于侵犯姓名权的责任承担。刘某在 1989 年为 17 周岁，其已能够认知变更户口的经过和产生的影响，故刘某是澄清本案事实、提出抗辩、举证质证的关键，但刘某本人经法庭传唤未到庭参与庭审，其应承担对其不利的事实认定，依法承担不积极行使诉讼权利的法律后果。刘某不仅为户口变更的直接受益人，同时也是侵权人，应当承担其侵犯薛某某、刘某某姓名权的相应责任。

关于薛某某、刘某某主张请求分析如下：1. 要求确认刘某“冒名顶替”侵犯姓名权，并侵犯回京落户的权利。该侵权事实法院予以认定，但依据当时政策办理户口入京的条件早已消失，刘某某的户口能否回京，属于公安机关相关职权，故对于回京落户的要求，本案不予审理。2. 判令确认刘某不是薛某某女儿的事实，该项请求有证据支持，法院予以认定，但不属于本裁判内容。3. 判令刘某将其在派出所、西城区档案馆、刘某单位的档案中冒充薛某某女儿的虚假信息进行更正。档案就是如实反映既往真实情况的，无论其内容是真实或者虚构，均应如实保留，无删改必要。公安机关对户籍信息的管理，如与薛某某、刘某某利益有关，其可另行主张。而刘某人事档案记载内容，与薛某某、刘某某权益无关，法院不予处理。4. 就精神损害抚慰金赔偿的诉讼请求，考虑薛某某、刘某某为查明真相数年来不停奔波，求告无门，其遭受的精神痛苦可以理解，精神损害抚慰金酌定赔偿 8 万元。

北京市西城区人民法院依据《中华人民共和国侵权责任法》第二条、第六条、第十九条之规定，判决如下：

一、本判决生效后三十日内，刘某赔偿薛某某、刘某某精神损害抚慰金8万元；

二、驳回薛某某、刘某某的其他诉讼请求。

刘某不服一审判决，提起上诉。北京市第二中级人民法院认为：姓名权是公民依法享有的决定、使用、变更自己的姓名并要求他人尊重自己姓名的一种人格权利。《中华人民共和国民法通则》第九十九条规定，公民享有姓名权，有权决定、使用和依照规定改变自己的姓名，禁止他人干涉、盗用、冒用。

刘某承认其冒用薛某某女儿的身份，享受了薛某某子女作为知青子女回京落户的政策待遇，但表示冒名顶替一事系经薛某某同意。从法院调取的刘某办理进京原始档案材料看，关于刘某身份信息的内容不是薛某某所书写，而且材料中关于薛某某的家庭情况信息有错误，档案材料中填写的部分内容不真实，而且不真实的信息非薛某某本人填写，故档案材料不能证明薛某某同意或知晓刘某冒名顶替事实。刘某亦未能提交其他足以证明薛某某同意或知道刘某冒用其女儿身份办理进京户口的证据，不能作出薛某某同意或知道刘某冒名顶替的判断。刘某冒用薛某某子女的身份，办理回京落户，侵害了薛某某及刘某某的合法权益。原审判决认定刘某的行为对薛某某及刘某某的姓名权构成侵害并根据侵权性质及损害后果确认赔偿薛某某、刘某某精神抚慰金8万元并无不当，予以维持。

刘某上诉主张薛某某、刘某某的诉讼请求超过法定20年最长诉讼时效，但薛某某自2009年起即开始对本案涉及的事实进行信访，要求有关部门予以处理，故刘某提出的超过诉讼时效问题不成立。

综上所述，一审判决并无不当，应予维持。依照《中华人民共和国民事诉讼法》第一百七十条第一款第一项的规定，判决如下：

驳回上诉，维持原判。

【法官后语】

知青下乡、返城是一个时代的特定产物，属于国家政策上的历史遗留问题。本案涉及公民利益、行政审批事项及不宜客观评价的家庭伦理关系等复杂因素，其法律适用有着特殊性和复杂性，解决本案纠纷有两个关键问题需要予以说明。

一是本案是否应当适用民事法律规范处理。薛某某回京落户申请及资格审查由当时的劳动局（现为人力资源和社会保障局）负责，具体户口登记工作由公安机关主管。因此，刘某某最终是否能够在北京落户，应由当时的劳动局和公安机关根据当时的行政职权和政策确定，从这个意义上讲，不属于民事诉讼审理范围。但是同时，回京落户问题也涉及刘某某的切身权益，刘某某被刘某冒用了与薛某某的身份关系，在形式上被剥夺了与薛某某的母子关系，从而不能回京落户，不能享受北京户籍所能给其带来的一切政策和经济方面现实的和预期的各种利益，这都给薛某某本人造成了巨大的民事权益损失，薛某某有权向侵犯自身民事权益的责任方主张自己合法的权利。

对于本案争议的问题，当事人同时可以通过行政诉讼和民事诉讼维权的，是先行政诉讼后民事诉讼，还是先民事诉讼后行政诉讼，现有法律规范尚无明确规定，法官应当根据案件实际情况，结合立法本意，在深入分析本案案情的基础上灵活适用法律予以确定。薛某某、刘某某可以以人力资源和社会保障局和公安机关办理落户工作中未尽到审查义务、存在过错为由提起行政诉讼，确认刘某不是薛某某的女儿，不享有回京落户资格，而刘某某享有此资格。但是通过行政诉讼维权，本案当事人很难对身份关系予以确认，而且本案案情发生时间久远，想直接证明行政机关的过错也是极其困难的，可以说薛某某、刘某某提起行政诉讼维权胜诉的可能性较小。本案当事人选择直接通过民事诉讼的方式进行维权，没有禁止性的规定予以否定，也更有利于维护当事人自身的合法权益。因此，本案直接审理民事法律关系是合理的。

二是本案能否以姓名权纠纷处理。姓名权是公民依法享有的决定、使用、变更自己的姓名并要求他人尊重自己姓名的一种人格权利。其侵权方式包括：1. 干涉他人决定、使用、改变姓名；2. 盗用他人姓名；3. 冒用他人姓名。本案认定刘某构成姓名权侵权是因其实施冒名顶替的行为。冒名顶替，是指为了达到自己的某种目的，假冒别人姓名，代他人干事或窃取他人的权利、地位。虽然刘某不是直接冒用刘某某的姓名，而是冒用刘某某的身份，更确切地说冒用的是与薛某某之间的身份关系，但是姓名是身份关系的基础，在不法行为实施过程中，薛某某的姓名权亦被侵犯。姓名权属于具体人格权，包括登记于户口簿的正式姓名的权利，其与亲权、亲属权密切对应。刘某某是薛某某的儿子，以当时的政策，符合回京落户的条件，而刘某并非薛某某子女，不符合回京落户的条件。因此，无论刘某主观是否恶意办理相关手续，以虚构与薛某某存在母女关系的手段，违规落户北京，都严重侵犯了薛某某、刘某某的民事权益，是严重违反相关政策的行为。考虑到该侵犯的客体权利为身份关系及落户权利，具有特殊性，在现有人格权具体权利中无对应或列举，但薛某某、刘某某以姓名权纠纷提起诉讼，并无不妥。

我们强调要保护公民的生命权、健康权、身体权、名誉权、肖像权、隐私权、姓名权等人格权益，每种人格权益随着时代的发展和新事物、新情况的产生都有可能被赋予更新的内涵，人格权的保护始终处于发展的道路上，对于一些边界比较含糊的权利，司法审判也应当有一个更新观念的意识，法官应当以当事人合理的诉讼请求为基础，在没有具体规则可以依据或参照时，从法律的一般原则出发灵活适用法律，使当事人的合法权益都能得到有效的维护。

综上，本案以姓名权纠纷为案由适用民事法律规范既能够合理地解决本案纠纷、最大限度地实现当事人合法权利的维护，又生动体现了法官裁判的人文情怀。

编写人：北京市西城区人民法院　卢震

51

民事活动中姓名权的保护标准

——秦某诉毛某等姓名权案

【案件基本信息】

1. 裁判书字号

北京市第一中级人民法院（2017）京01民终9039号民事判决书

2. 案由：姓名权纠纷

3. 当事人

原告（上诉人）：秦某

被告（被上诉人）：毛某、杨某、徐某、胡某、××大学

【基本案情】

秦某系××大学计算机科学与技术系（以下简称计算机系）教授。毛某于2008年9月进入计算机系攻读博士研究生。秦某担任毛某的指导教师。2015年3月9日，秦某向计算机系提交书面材料，不同意毛某的博士论文送审。因师生关系矛盾不能调和，毛某多次找到计算机系，请求系学位委员会受理其论文送审答辩的申请。计算机系在报请研究生院并征得秦某同意后，组织专门委员会和专家，对于秦某提出的毛某论文造假问题进行鉴定，并由专家委员会决定论文的送审与答辩。专家委员会经过两轮审查，最终给出“没有发现造假的情况”的鉴定意见。2015年6月9日，毛某进行博士论文答辩。出席其博士论文答辩的委员有5人，均建议授予毛某博士学位，在《××大学博士学位论文答辩委员会决议书》中填写了对论文及答辩情况的评语。最终毛某的论文通过了答辩。2015年7月，毛某自××大学毕业，并取得博士学位证书、毕业证书。毛某的毕业论文的封面写明指导教师为秦某教授。该论文第二页上“关于学位论文使用授权的说明”的导师签名处系空白。徐某系××大学论文答辩组秘书。胡某系××大学学位委员会副主任。杨某系××大学学位评定委员会计算机分委员会主席。

秦某提出诉讼请求：1. 要求毛某停止盗用或假冒秦某的姓名发表博士论文的学术不端行为、停止侵犯其姓名权，销毁未经其同意就把其姓名作为指导教师写在封面上的博士学位论文，以防止其侵权行为和不良影响面扩大；2. 判令被告的《指导教师对博士学位论文的学术评语》无效，并予以撤销；3. 判令被告的《××大学博士学位论文答辩申请书》及其审批意见表无效，并予以撤销；4. 判令被告赔偿以下经济损失：用于证据保全的公证费3540元和复印费100元、往返于××大学到公证处的交通费40元；5. 判令被告以书面形式赔礼道歉，以便消除该论文已经造成的不良影响。

【案件焦点】

秦某的姓名权是否受侵犯。

【法院裁判要旨】

北京市海淀区人民法院经审理认为：秦某与毛某的师生关系始终未改变，即使在毛某的博士论文送审过程中双方产生矛盾，秦某不同意毛某博士论文通过，秦某亦从未书面请求更换博士导师，故在博士论文上对指导教师的标注是对事实的概述、记录。且在博士学位论文封面标注指导教师姓名，已成为目前高等院校论文写作规范的普遍要求，是对指导教师工作的尊重与肯定。毛某博士学位论文封面中对指导教师的署名行为，符合××大学关于学位论文格式基本要求。秦某称毛某博士论文中有造假行为，拒绝在论文导师签名处签名，是其自身放弃权利的行为；计算机系在双方出现矛盾冲突后，采取特殊处理方法，并征得秦某的同意。虽然毛某的博士论文答辩中没有秦某的评语，但是并不构成对毛某博士论文通过的障碍。现无证据显示毛某的博士论文有造假行为，该论文通过后，秦某作为其指导教师，毛某在论文封面标明其姓名，并未使秦某的名誉受到损害。基于上述事实，秦某要求认定毛某侵犯其姓名权，并承担停止侵权、销毁论文、赔礼道歉、进行精神赔偿以及赔偿其他相关费用的法律责任，因缺乏法律依据，法院不予支持。关于著作权的相关诉请，不属于本案受理范围。秦某关于《指导教师对博士学位论文的学术评语》《××大学博士学位论文答辩申请书》的诉讼请求，因××大学基于职责进行的相关批准行为不属于平等主体之间的民事法律行为，故法院对秦某该项诉讼请求不予支持。杨某、徐某、胡某系××大学的职工，负责毛某博士论文送审及答辩等相关工作，系履行职务的行为，相关法律后果应由××大学承担。

依照《中华人民共和国民法通则》第九十九条之规定，作出如下判决：

驳回秦某的全部诉讼请求。

秦某不服，提起上诉。北京市第一中级人民法院经审理认为，姓名权作为一种重要的具体人格权，应当允许权利人自由支配。本案纠纷发生时，秦某系××大学教授，毛某为在读博士生，二人均应当遵守××大学的日常教学和学位管理工作要求。××大学研究生院制定的《研究生学位论文写作指南》中有对学位论文格式的基本要求，即中文封面指导教师处的署名一律以学籍管理系统中的指导教师为准。而在学籍管理系统中，毛某的指导教师是秦某，故在秦某和毛某仍存在指导教师和学生的师生关系情况下，以符合常理的方法判定，毛某将秦某的名字打印在论文封面指导教师处系遵循学校学位论文写作要求及学位授予相关规定的结果，并不构成对秦某名字的盗用。秦某主张毛某论文中的论文使用授权页无秦某的签字，亦是毛某侵犯其姓名权的表现。姓名权的权能之一即权利人有权决定是否使用以及如何使用自己的姓名，秦某未在论文使用授权页中签字正是其行使自己姓名权的体现，同时也是秦某作为指导教师对毛某论文授权使用问题的态度表达，故毛某的上述行为亦不构成对秦某姓名权的侵犯。秦某主张计算机系用其他的论文评语替换掉了由秦某填写并签名的论文评语，亦是侵犯其姓名权的表现。并且，秦某称在毛某论文存在造假的情况下，上述行为已经影响其正常的教学和研究工作，并可能在未来造成社会对其学术评价的降低。但秦某与计算机系于2015年4月9日针对毛某博士论文答辩事宜已经达成了一致意见，如果计算机系专门委员会认定毛某论文不存在造假问题，秦某又不同意毛某论文送审，则由计算机系成立一个专门工作组，接管毛某论文的评审和答辩事宜。计算机系专门委员会于2015年4月21日出具《关于计算机系博士生毛某博士论文涉嫌学术造假问题的审查意见》（以下简称《审查意见》），认定毛某论文没有造假的情况。因此，在秦某不同意计算机系专门委员会的意见、计算机系已接管毛某的博士论文送审和答辩工作的情况下，秦某不再负责后续答辩工作，论文评语由计算机系负责，也不再需要秦某填写并签字，故也不存在秦某所主张的其签名评语被替换掉的事实。秦某主张其姓名权被侵犯的上诉请求，没有事实和法律依据，不予支持。

关于秦某主张毛某、杨某、徐某、胡某、××大学造成其名誉损害并承担责任的主张，本院认为，名誉权与姓名权一样，也是法律保护的重要人格权。自然人的人格尊严受法律保护，禁止用侮辱、诽谤等方式损害自然人的名誉，造成损害的，有权要求行为人承担侵权责任。名誉权的客体是名誉，而非名誉感。构成名誉权侵权需要行为人有侮辱、诽谤等造成他人社会评价降低的行为，需要有实际损害后果的发生。毛某在论文封面打印秦某名字的行为，并不是一种对秦某的侮辱或者诽谤。并且根据《审查意见》，毛某论文亦不存在造假问题，毛某的上述行为没有造成秦某社会评价的降低。同时，秦某主张毛某、杨某、徐某、胡某、××大学的行为已经影响了其正常的教学和研究工作，但并未就此事实主张提供证据加以证明。秦某主张其名誉权被侵害的诉讼请求缺乏事实和法律依据，不予支持。关于秦某主张其著作权被侵犯的问题，本院认为，姓名权纠纷与著作权纠纷不属于同一法律关系，本案性质系姓名权纠纷，故秦某提出的有关著作权的诉求，不属于本案的审理范围，一审法院未予处理并无不当。

关于秦某请求法院确认××大学《指导教师对博士学位论文的学术评语》《××大学博士学位论文答辩申请书》及其审批意见表无效，并请求法院撤销上述文件的主张，本院认为，姓名权纠纷属平等主体间的民事法律关系，而秦某的上述主张系请求法院撤销××大学基于职责而作出的相关文件，该项诉请不属于平等主体之间的民事法律关系，不属于民事诉讼的受案范围，不予处理。杨某、徐某、胡某系××大学的教师，根据××大学的规定和教学管理工作安排，负责毛某博士论文送审及答辩等工作系履行职务行为，秦某主张杨某、徐某、胡某承担侵权责任于法无据，不予支持。

综上所述，秦某的上诉请求不能成立，应予驳回；一审判决认定事实清楚，适用法律正确，应予维持。依照《中华人民共和国民事诉讼法》第一百七十条第一款第一项的规定，判决如下：

驳回上诉，维持原判。

【法官后语】

自然人的姓名蕴含着家人的期望，承载着个人的历史与未来，是个体的鲜明特征之一；姓名也是人际交往的重要媒介，名人的姓名更是隐藏着巨大的经济利益。可见姓名同时具备个性化和社会性两种特征，所以姓名虽为私权范畴，但其权利人不能阻止他人正当地使用自己的姓名。

本案的争议焦点在于毛某在博士论文封面指导教师一栏后备注秦某姓名的行为，是否构成侵权，对此，判决未予认定。原因在于，劳动者应接受用人单位的管理，用人单位当然有权在行使管理权时正当地使用劳动者的姓名。这种权利是单位基于对劳动者的管理权而应然取得的，体现在用人单位进行组织管理事宜中，劳动者无权干涉对其姓名的使用。本案中，××大学的《研究生学位论文写作指南》系该校研究生论文写作的指导和依据，其教师和学生均应受其约束。秦某作为××大学教师以及毛某的博士生导师，应当允许受其指导的学生按照《研究生学位论文写作指南》对于学位论文格式的要求，以其作为指导教师署名；毛某系按照学校的要求，基于秦某系其论文指导老师的客观事实将秦某作为指导教师签署于指定位置，无可指责，秦某无权干涉。

姓名集个性化和社会性于一身，二者的对立统一，使得其权利边界有时难以明确。本案涉及的是工作场合姓名权的保护，这一问题首先要明确的是，用人单位基于对劳动者的管理权而应然取得对其姓名的使用权；其次要确定用人单位在行使这一权利时的范围和限制，具体表现在以下几个方面。第一，应限于单位管理权范围，为单位行使管理权所必须。用人单位对劳动者的管理权，集中于劳动纪律、薪资福利、人事任免、休息休假等事项。比如，劳动者违反规章制度，用人单位依规在单位范围内予以公开批评，劳动者主张单位侵犯其姓名权则于法无据。但用人单位超出其管理权范围，擅自使用劳动者姓名，影响其正当权益的，同样构成侵权。第二，应限于用人单位与劳动者存在用工关系期间。例如，A具有与工作性质相关的特定资质证书，其单位可以以此进行对外宣传。但如果A与该单位解除劳动关系，该单位则应停止上述行为。第三，要明确区分单位管理权的行使和个人意志的体现。个人工作成果的署名，工作文件的签署，选举权、表决权的行使等，均属于劳动者工作过程中个人意志的体现，由劳动者个人承担相应后果，用人单位不得代为签署。比如，单位有权管理职工考勤，统计员工出勤情况，但如果统计表需要员工本人确认，则员工有权决定是否签署，并自行承担签署与否的后果，单位不得代签。

总之，姓名权作为人身权的一种，其保护的核心利益也是人之自由与尊严。对姓名权的保护，要立足这一立法本意，结合姓名本身的特质，同时要遵循诚实信用和公序良俗的基本原则。

编写人：北京市海淀区人民法院　郝蓬　孙真真

52

姓名权侵权中实际损害的认定

——刘某某诉北京市某某管理有限公司姓名权、名誉权案

【案件基本信息】

1. 裁判书字号

北京市第二中级人民法院（2017）京02民终7413号民事判决书

2. 案由：姓名权、名誉权纠纷

3. 当事人

原告：刘某某

被告：北京市某某管理有限公司（以下简称北京某某公司）

【基本案情】

刘某某与北京某某公司存在劳务关系，双方于2014年1月8日签订的《劳务合同书》约定，合同期满如未续签，则视为《劳务合同书》自行终止，双方应及时办理相关手续。本合同到解除日期时，乙方（刘某某）应按照甲方（北京某某公司）规定的离职制度办理离职手续，否则甲方有权扣除或拒绝支付乙方劳务报酬。2015年1月1日，双方续签了合同，合同终止日期为2015年12月31日。

刘某某的离职意见表显示，2015年11月30日刘某某在离职意见表上签字。刘某某主张该签字并非其本人所签，故北京某某公司侵犯其姓名权。经刘某某申请，法院依法委托北京京安拓普文书司法鉴定中心对离职意见表上刘某某签字的真实性进行笔迹鉴定。2017年5月2日，北京京安拓普文书司法鉴定中心出具鉴定意见：检材2015年11月30日的离职意见表上“本人签字”处签名字迹“刘某某”与样本上刘某某签名字迹不是同一人所写。

刘某某曾以劳动争议为由将中国北方车辆研究所诉至法院，请求判令中国北京车辆研究所支付辞退补偿277000元。2016年8月25日，法院作出（2016）京0106民初13527号民事裁定书，认为刘某某已经超过退休年龄，其要求中国北京车辆研究所支付辞退补偿277000元的诉讼请求，并非人民法院审理劳动争议案件的受案范围，对刘某某的起诉，应当予以驳回。据此裁定：驳回刘某某的起诉。

刘某某提交其与中国北方车辆研究所领导的录音，证明北京某某公司向外提供了刘某某的离职意见表。北京某某公司认为刘某某对离职意见表有异议，找其上级单位沟通，上级单位领导自然需要查看离职意见表并向刘某某进行解释。

刘某某起诉请求判令北京某某公司在中国北方车辆研究所生活区通过广播的方式对其公开赔礼道歉，并赔偿精神损失费30000元。

【案件焦点】

1. 被告是否冒签了原告的姓名，是否构成姓名权侵权；2. 涉案纠纷是否给原告本人造成了损害以及造成了何种损害。

【法院裁判要旨】

北京市丰台区人民法院经审理认为：公民享有姓名权、有权决定、使用和依照规定改变自己的姓名，禁止他人干涉、盗用、假冒。涉案离职意见表上的刘某某签名非其本人所签。北京某某公司主张该签名为刘某某本人所签，故可以排除刘某某授意他人代签的情况。由于离职申请表由北京某某公司保存，可以推定该签名为北京某某公司所签。但刘某某未举证证明北京某某公司的此种行为对其造成了损害，故刘某某主张北京某某公司侵犯其姓名权并据此主张精神损失赔偿，证据不足，法院不予支持。

公民、法人享有名誉权，公民的人格尊严受法律保护，禁止用侮辱、诽谤等方式损害公民、法人的名誉。刘某某主张北京某某公司在日常生活中散播谣言对其声誉造成了恶劣的影响，但未提供任何证据予以证明，故其主张北京某某公司侵犯其名誉权并据此要求精神损失赔偿，证据不足，法院不予支持。综上，依照《中华人民共和国民法通则》第九十九条、第一百零一条，《中华人民共和国民事诉讼法》第六十五条第一款，《最高人民法院关于适用〈中华人民共和国民事诉讼法〉的解释》第九十条的规定，判决如下：

驳回刘某某的诉讼请求。

刘某某不服原审判决，提起上诉。北京市第二中级人民法院同意一审裁判意见，判决：

驳回上诉，维持原判。

【法官后语】

审判实践中，对于姓名权纠纷案件的处理存在一定的差异，主要问题是对于姓名权侵权中的损害后果的认定标准和依据有不同的看法。另外，对于精神损害赔偿的认定也有一定差异。现就本案主要的争议问题分析如下：

第一，被告是否侵犯原告姓名权。按照通说，侵犯姓名权需要满足一般侵权的四个要件，其中之一是被告是否实施了侵权行为。本案中，北京某某公司是否冒签刘某某的姓名，是一个事实判断问题，而在证据不足以证明其冒签的时候，则需要法律工具进行认定或推定。一审中，通过笔迹鉴定认定检材 2015 年 11 月 30 日的离职意见表上“本人签字”处签名字迹“刘某某”与样本上刘某某签名字迹不是同一人所写，但从逻辑学角度不能必然地推论出非此即彼的关系。因此，就事实方面来说，不能确定具体的签字人，借助盖然性规则，由于被告对离职意见表具有掌控力，该表处于其支配中，其对签字人有查明和举证的义务，如其不能证明签字人为原告本人或有代理权限的人，自然要承担举证不能的法律责任，也因此可以认为被告实施冒签行为具备了高度盖然性，本案中认定被告实施了侵犯姓名权的行为的推定符合法律规定。

第二，是否因侵权行为造成刘某某的损害这一事实的认定，在姓名权侵权案件中显得尤为突出。在不少姓名权纠纷案件中，原告难以有效证明其受到的损失或者损失尚未明确等，不能获得相应的赔偿，本案便是一例。刘某某未举证证明北京某某公司的此种行为对其造成了损害，故刘某某主张北京某某公司侵犯其姓名权并据此主张精神损失赔偿不能获得支持。在学理上，也有人认为，侵犯姓名权本身就是一种损害，如果一定要造成某种严重后果，那么侵犯姓名权的同时显然也构成了侵犯其他权利（如名誉权、隐私权、财产权等），设立姓名权显得没有必要。但在司法实践中，大多数的观点认为，侵犯姓名权应当以损害后果的实际发生为要件，这种认定本身也是基于侵犯姓名权的行为特征所决定的。侵犯姓名权本身是一种正面性质的使用他人姓名，并不必然造成他们的损失；相反，侵犯名誉权、隐私权等案件中是一种负面性质的使用他人姓名等，通常会对他人之名誉、隐私造成损害。因此，司法实践在审理姓名权案件中通常需要先判断是否有损害，再进一步判断造成了何种损害、应当如何赔偿或补偿。

有时，可以确定应当是造成了损害，但这种损害难以用金钱进行等值计算，如造成权利人升学或就业机会的丧失、资格或资历的缺失以及一些机会利益等的丧失或相关成本的增加。在这些情况下，其损失的计算没有客观的标准，而是需要法官根据经验进行酌定，而相应的精神损害赔偿亦是如此。与人身伤害不同，人身伤害案件中不同的伤残等级精神损害赔偿有一个大致的范围，但姓名权侵权则完全由法官根据案情来决定，因此需要借鉴其他判例，并考虑个案差异，根据个案情况作出判断。

编写人：北京市丰台区人民法院　何江龙

四、隐私权纠纷

53

侵犯公民个人隐私权的认定标准

——朱某诉陈某侵犯隐私权案

【案件基本信息】

1. 裁判书字号

江苏省苏州市虎丘区人民法院（2017）苏0505民初180号民事判决书

2. 案由：侵犯隐私权纠纷

3. 当事人

原告：朱某

被告：陈某

【基本案情】

原告系苏州高新地产集团有限公司（以下简称苏高新地产公司）设计部副经理，被告系苏高新地产公司开发部土建工程师，双方系同事关系。

2017年1月10日，被告通过电话联系浙江省建工建筑设计院有限公司（以下简称设计院）员工连某，询问天之运花园工程竣工备案资料签字盖章是否完成，连某回复完成，已安排将资料快递发回。2017年1月11日，连某通过顺丰快递向苏州高新地产集团发送一份快递，收件人为朱某，内容为设计院盖完公章寄回的天之运花园14#楼竣工备案资料，具体为天之运花园14#楼的工程竣工备案表和天之运花园14#楼建筑工程五方建设主体备案意见。随后，连某将该快递的单号告知被告以便其查收。该快递于2017年1月12日11时40分由门卫签收。同日，被告至门卫处拿了快递交给监理公司浙江江南工程管理股份有限公司。

2017年1月12日11时06分，苏州高新地产集团员工小颜通过QQ告知原告快递已收到，原告表示“以后请不要随便签收、拆开我的快递，你们可以跟踪进度，但请让我亲自签收自己的快递”，小颜表示“好的，陈某他自己去拿了拆开来的”。同日，原告通过QQ向被告表示“以后请不要随便签收、拆开我的快递，你们可以跟踪进度，但请让我亲自签收自己的快递，谢谢”。

被告陈述其并未拆封该信件，拿走该信件的经过是：2016年1月4日周一，竣工备案表和备案意见由其让公司同事小颜转交原告去设计院盖章，并要求原告在周五将以上两份文件盖完章向其转交，并提醒小颜每天都催一下收件情况，赶紧落实这件事。直至1月10日周日其仍然没有收到这份文件，后其打电话给设计院负责人，设计院答复为“忘记了，马上去办”。因为事情比较急，在1月11日周一的时候其打电话给设计院，设计院回复说办好了并告知其快递单号。在次日周二其看到快递已经在派送了，就约了监理单位中午来拿，大概是11时20分，监理单位过来了，其先去了原告办公室，原告不在，然后其到了保安室拿到了快递，就把快递交给了监理公司。

法院通过原告手机联系设计院员工连某，连某确认原、被告都曾向其催要过天之运项目的盖章材料，其在盖好章后即告知被告已经盖好章，并告知单号便于查询；原、被告均知道该信件中的资料为天之运花园项目的竣工材料；其没有给原告发送过任何私人快递。

另，设计院曾多次向原告发送过天之运花园项目部需要签字盖章的工程资料、设计图纸及设计变更单等对公资料，从未向原告发送过私人信件。

2016年10月之前，苏高新地产公司与设计院的对接系由现场与设计院直接对接，2016年10月之后，变更为由该公司的设计部与设计院直接对接。

【案件焦点】

未经允许取走收件人为个人的对公信件是否属于侵犯公民个人隐私权。

【法院裁判要旨】

江苏省苏州市虎丘区人民法院经审理认为：隐私权是指自然人享有的对其个人

的、与公共利益无关的个人信息、私人活动和私有领域进行支配的一种人格权。隐私权的客体是个人隐私。第一，案涉信件的内容为设计院盖完公章的工程竣工备案表和工程建设主体备案意见，该材料并非不能公开的材料，也并非不能让他人知悉的个人秘密，不涉及个人信息、私人活动、私有领域，并不涉及原告个人隐私。第二，原告系苏高新地产公司设计部副经理，被告系苏高新地产公司开发部土建工程师，根据公司工作流程，天之运花园项目部需要签字的工程资料、设计图纸、设计变更单系通过设计部与设计院对接。设计院按照工作流程将其盖完公章的工程竣工备案表和工程建设主体备案意见邮寄给就职于设计部的原告，并告知就职于开发部的被告信件的单号便于查询进度，被告收到后联系原告未果，将该信件交由监理公司处理，整个流程并未涉及任何个人隐私。即使被告处理信件过程中存在不当行为，不符合公司工作流程，也系工作范畴，应由苏高新地产公司内部处理。第三，隐私权纠纷属于一般侵权之诉，一般侵权责任的构成要件为：不法行为、主观过错、损害事实和因果关系。设计院在将案涉信件交邮后即告知被告该信件快递单号，便于被告随时查看派送信息，被告在知晓信件快递单号并查看到已经在派送的情况下，提前约监理单位人员到场，在寻找原告未果的情况下，因时间紧急，将案涉信件拿走交给监理公司。以上行为均基于工作需要，客观上并未造成原告的个人隐私受损害的后果。并且，原、被告均知晓该信件中的资料系天之运项目的竣工资料，不含个人信件，被告主观上并无侵犯原告个人隐私的故意与过失。被告的行为不符合侵权责任的构成要件。综上，被告并未侵犯原告的隐私权，故对原告主张要求被告赔礼道歉及支付精神抚慰金的诉讼请求，法院不予支持。

江苏省苏州市虎丘区人民法院依照《中华人民共和国侵权责任法》第二条、第六条第一款之规定，作出如下判决：

驳回朱某的全部诉讼请求。

【法官后语】

本案争议焦点是：未经允许取走收件人为个人的对公信件是否侵犯了个人隐私权？该焦点直接指向的核心问题是：究竟什么是隐私？隐私权保护的边界在哪里？

一、隐私范围的确定

学界通说认为，隐私是一种与公共利益、群体利益无关，当事人不愿他人知道或他人不便知道的个人信息，当事人不愿他人干涉或他人不便干涉的个人私事，以及当事人不愿他人侵入或他人不便侵入的个人领域。

隐私之所以能够成为隐私，是主客观两方面的因素相互作用的结果。客观方面的因素是指隐私的内容从根本上属于特定个人单方面即可作为的事务、单方面即可操纵的信息或单方面即可控制的领域，其中个人事务是相对于公共事务、群体事务、单位事务而言的，以特定个人为活动的主体，如朋友往来、夫妻生活等，个人信息是指特定个人不愿公开的资料、数据等，个人领域是个人的私密范围，如身体的隐蔽部位、日记内容、通信秘密等。主观方面的因素是指特定个人对这些隐私内容秘而不宣，不希望社会或他人知晓的心态和愿望，即便当事人自愿公开的内容也需在一定范围内去理解，如对于涉及个人隐私权的案件，法官和其他诉讼参与人员可能知道他人的隐私，如果他们超出这个范围向他人公开则可能构成对他人隐私权的侵害。

二、隐私权保护的边界

隐私权是法律赋予公民对涉及个人隐私的事项作为或不作为的，或要求他人作为或不作为的权利。隐私与隐私权是两个有密切联系的概念，隐私权的客体为个人隐私，但并非所有的个人隐私都是隐私权的客体，都必然得到法律保护，只有那些被法律所保护的个人隐私才是法律意义上的隐私，才能成为隐私权的客体。

如果将隐私按照上述标准分为“合法隐私”和“非法隐私”，那么如何区分两种隐私呢？国内外相关研究文献多用列举非穷尽的方法阐明隐私的范围，而有的学者则从确定条件式的描述角度提出，“合法隐私”需同时满足如下条件：1. 该信息应与个人有直接关系；2. 个人不愿意公开；3. 信息不公开不至于侵害他人合法权益或者违反法律的禁止性规定；4. 收集、公开某人的信息能对其本人造成伤害；5. 没有公开自己隐私的义务。无法同时满足上述所有条件者为“非法隐私”。也有学者提出可将隐私分为如下几类：1. 严重的违法隐私行为，如重婚行为；2. 一般违法或严重违背道德行为，如婚外性行为；3. 轻微违法行为，如一般的辱骂他人的行为；4. 一般违规行为，如随地吐痰、攀折花木行为；5. 法不调整的行为，如婚前性行为；6. 合法的隐私行为。其中第3项至第6项为隐私权的客体，即“隐私权的客体＝合法的隐私＋法不调整的隐私＋一般违规的隐私＋轻微违法的隐私”。两种观点各有侧重，前者紧紧围绕隐私权客体的特征，提炼出了判断隐私权客体的要素，后者则从法律与道德评价的角度分层次界定隐私权的客体，二者的共同之处在于均认为隐私权的保护是有边界的。

三、司法实践中如何把握隐私权的边界

虽然学者对于隐私权的边界有种种争论，但是在司法实践中，因隐私权属于一般侵权范畴，故在具体认定方面，需在确定侵权客体的基础上，结合侵权的构成要件进行判定。首先，个人隐私被侵犯是认定基础。如果行为人行为所指向的对象并非个人隐私，而是公共事务、群体事务或者单位事务，则缺失了隐私权认定的基础。比如本案中，信件的收件人虽为个人，似乎涉及个人隐私权，但信件内容却是工作需要的相关资料，属于单位事务工作范畴，不涉及个人隐私内容，即便被他人所知悉亦不会对其本人造成任何损害，则该信件的性质并非个人隐私，不属于隐私权的客体，更不属于侵权责任法的调整对象。其次，符合一般侵权责任的四个构成要件，即主观上具有过错、实施了不法行为、存在损害事实、不法行为与损害事实之间存在因果关系，如不能同时满足上述构成要件则不能认定侵犯隐私权。在具体认定要件时，需以事实为依据，结合具体案情进行判定，因“合法隐私”的范围处于不断变化之中，亦随着场所不同发生变化。比如，“非典”患者在其健康时享有一般公众所享有的个人隐私，但感染“非典”后，如其拒绝说出患病期间的社会交往活动，则会对他人生命和社会公共利益构成重大威胁，故此时其隐私权就受到限制。又如，个人在家庭生活中的言行是个人隐私，但在公共场所下的言行则可能属于“非法隐私”。

编写人：江苏省苏州市虎丘区人民法院　赵建荣

54

隐私与个人信息侵权认定标准的差异

——田某某诉某银行营业管理部等隐私权案

【案件基本信息】

1. 裁判书字号

北京市丰台区人民法院（2017）京0106民初11344号民事判决书

2. 案由：隐私权纠纷

3. 当事人

原告：田某某

被告：某银行营业管理部、某银行北京分行、徐某某

【基本案情】

2014年年底，田某某与徐某某发生纠纷，后田某某在网上发布辱骂徐某某的信息，为确认田某某个人信息，2015年1月22日、3月11日，徐某某未经田某某授权两次利用某银行北京某支行的电脑查询田某某个人信用报告。徐某某时为该支行的员工，后于2016年4月调入该银行北京分行。田某某的个人信用报告包括身份证号、出生日期、婚姻状况、手机号码、居住信息、工作单位、单位地址等信息。信用报告显示地址为丰台区某小区8号的居住信息更新日期为2015年10月30日；地址为房山区某小区2号楼的居住信息更新时间分别为2015年7月6日和2015年10月21日。后田某某主张徐某某私自查询其信用报告，并多次打印、外传，造成其个人隐私外泄，后伙同他人对其进行人身威胁并推搡，扯碎其对联、年画，对其门户进行打砸，给其个人生活带来严重影响，故诉至法院要求某银行营业管理部、某银行北京分行、徐某某赔偿其无法继续使用的新能源汽车充电线、充电桩、年画等损失6320元，赔偿其精神损失费10万元，并公开致歉。某银行营业管理部辩称其未实施侵权行为，且本案为隐私权纠纷，田某某请求赔偿财产损失的基

础事实均为侵害财产权的事实，不属于隐私权纠纷审理范围。某银行北京分行辩称其为非适格被告，田某某居住信息更新时间发生在徐某某查询其信息之后，其损失与徐某某行为无因果关系。徐某某辩称其未侵权，田某某提交证据不足以证明其有侵权行为。

【案件焦点】

徐某某未经田某某同意，私自查询个人信用报告、获取其个人信息的行为是否构成侵犯隐私权。

【法院裁判要旨】

北京市丰台区人民法院经审理认为：隐私权是公民享有的私人生活安宁与私人信息依法受保护，不被他人非法侵扰、知悉、搜集、利用、公开的人格权，公民的隐私权受法律的保护，侵犯公民隐私权应承担侵权责任。侵犯隐私权，应具备侵权责任构成的一般要件，即需具备违法行为、损害事实、因果关系和主观过错四个要件。《征信业管理条例》规定，向征信机构查询个人信息的，应当取得信息主体本人的书面同意并约定用途。但是，法律规定可以不经同意查询的除外。征信机构不得违反前款规定提供个人信息。徐某某未经田某某同意查询田某某的个人信用报告，不具有合法性，并且主观上存在过错。

田某某提交的个人信用报告显示地址为北京市丰台区某小区 8 号的信息更新时间为 2015 年 10 月 30 日，地址为房山区某小区 2 号楼的信息更新时间最早为 2015 年 7 月 6 日，徐某某查询田某某信用报告的时间为 2015 年 1 月、3 月，田某某提交的证据不足以证明徐某某非法查询时，上述信息已经产生。田某某主张徐某某查询其信用报告后外传其个人信息，对此其提交了通话录音为证，但录音中案外人的身份无法核实，法院难以审核该证据的真实性，故田某某主张徐某某外传其信用报告的事实，证据不足，法院不予认定。田某某主张徐某某查询其信用报告后伙同他人对其人身威胁并推搡，扯碎其对联、年画，对其门户进行打砸，但其提交的证据亦不足以证明上述事实的发生，故田某某主张被告侵犯其隐私权，证据不足，法院不予支持。田某某主张徐某某损坏其新能源汽车充电线及支撑充电桩汽车连接端的国产三脚架的事实，不属于隐私权案件审理范围，其可就该损失另行起诉解决。

依照《中华人民共和国侵权责任法》第二条、《中华人民共和国民事诉讼法》

第六十五条第一款、《最高人民法院关于适用〈中华人民共和国民事诉讼法〉的解释》第九十条的规定，判决如下：

驳回田某某的诉讼请求。

【法官后语】

个人信息承载着信息主体的人格利益，在《民法总则》实施前，绝大多数个人信息以隐私权进行保护，对侮辱性地发布个人信息或发布其他能造成他人社会评价降低的判定则以名誉权进行保护。在《民法总则》明确"个人信息权"这一独立概念后，如何界定其与隐私权的区别、如何对其有效进行保护尚不明确。本案作为个人信息与隐私权交叉的案件，由于原告以侵害隐私权为由索要损失赔偿，争议焦点在于被告未经原告同意，私自查询个人信用报告、获取其个人信息的行为是否构成隐私权侵犯。笔者对此结合本案隐私权侵权责任的认定过程作具体分析。

我国《民法总则》第一百一十条、第一百一十一条已经明确对隐私权与个人信息采取区分保护的模式，但并没有明确两者司法适用标准。理论界中，以王利明教授为代表的学者认为隐私与个人信息相互区分，个人信息的范畴大大超过隐私信息。以张新宝教授为代表的学者认为个人隐私与个人信息呈交叉关系，即有的个人隐私属于个人信息，而有的个人隐私则不属于个人信息；有的个人信息特别是涉及个人私生活的敏感信息属于个人隐私，但也有一些个人信息因高度公开而不属于隐私。[①] 笔者认为对两者进行区分保护十分必要，但个人隐私与个人信息在有些方面的确存在交叉。[②] 要认定本案中徐某某是否构成隐私权侵权，应当先确认本案所涉个人信息是否属于个人隐私。具体来说，为寻求个人信息保护与信息技术发展间的平衡，我国立法[③]确立"个人敏感隐私信息"的概念，在区分个人敏感隐私信息与个人一般信息的基础上，通过强化个人敏感隐私信息的保护和强化个人一般信息的利用，调和个人信息保护与利用的需求冲突，实现利益平衡。个人敏感隐私信息是

---

① 张新宝：《从隐私到个人信息：利益再衡量的理论与制度安排》，载《中国法学》2015年第3期。

② 参考李永军：《论〈民法总则〉中个人隐私与信息的"二元制"保护及请求权基础》，载《浙江工商大学学报》2017年第3期。

③ 国家标准化指导性技术文件《信息安全技术 公共及商用服务信息系统个人信息保护指南》(GB/Z 28828－2012)，下文简称《个人信息保护指南》。

指一旦遭到泄露或修改，会对标识的个人信息主体造成不良影响的个人信息，各行业个人敏感信息的具体内容会根据接受服务的个人信息主体意愿和各自业务的特点来确定。结合《最高人民法院关于审理利用信息网络侵害人身权益民事纠纷案件适用法律若干问题的规定》，个人敏感隐私信息包括基因信息、医疗资料、健康检查资料、犯罪记录、家庭住址、私人活动信息等个人隐私数据。能够成立隐私权侵权对象的个人信息应当是被确认为“个人敏感隐私类”的信息。个人信用报告包括身份证号、出生日期、婚姻状况、手机号码、居住信息、工作单位、单位地址等信息，从性质看应当属于涉及个人隐私的敏感信息，这些隐私数据一旦泄露，必然会对信息主体产生不良影响。因此，个人信用报告的相关信息应当纳入隐私权的保护范畴，但是否成立隐私权侵权，还应当从具备主观过错、违法行为、因果关系、损害事实四个构成要件来分析。

从主观过错方面来看，按照《个人信息保护指南》的规定，收集个人隐私数据应得到权利人的明确同意。这一点，在国务院颁布的《征信业管理条例》第十八条也作出了相应规定：“向征信机构查询个人信息的，应当取得信息主体本人的书面同意并约定用途。但是，法律规定可以不经同意查询的除外。征信机构不得违反前款规定提供个人信息。”本案中徐某某未经田某某同意，利用职务之便私自查询田某某个人信用报告，获取田某某个人信息，从主观层面看具有过错。

从行为方式来看，侵犯隐私权的方式包括侵扰自然人的生活安宁、探听自然人的私生活秘密，或在知悉他人隐私后，向他人披露、公开或者未经许可进行使用。本案中田某某主张徐某某私自查询其信用报告后，向他人外传其个人信息，并伙同他人通过获取的联系方式对其进行人身威胁、上门打砸，导致财产损失，仅仅从行为方式来看徐某某的行为已经侵扰了田某某的生活安宁。但是，按照“谁主张，谁举证”的原则，田某某应当提交确实充分的证据证明徐某某的侵权行为，尽管徐某某自认实施了查询信用报告行为，但对外传田某某个人隐私信息并侵扰田某某生活安宁并不认可，田某某提交的证据也不足以证明该事实，故判决对徐某某的侵权行为并未予以认定。同时，田某某主张引发自身损失的居住地址、手机号码等被泄露的个人信息均更新于徐某某的查询日期之后，在田某某无相关证据抗辩的前提下，并不能说明田某某的损失与徐某某的行为之间存在因果关系。

进一步从价值层面分析，与个人信息权基于个人信息自决权的特点不同，隐私权立足于保护人格尊严和人格的自由发展，按照大多数意见，隐私权是一种精神性人格权，其财产价值并不突出，侵害隐私权主要采用精神损害赔偿的方式救济。因田某某未提交充分证据说明其精神损害，单纯主张缺乏因果关系的财产损害，无法最终认定隐私权责任的成立，故结合上述其他要件认定结果，本案最终未支持田某某的诉讼请求。

编写人：北京市丰台区人民法院 董利娟 毕凯丽

55

名誉权、隐私权侵权及新闻转载自由的界限

——李某某诉广州网易计算机系统有限公司、北京××励志教育咨询中心名誉权、隐私权案

【案件基本信息】

1. 裁判书字号

北京市第一中级人民法院（2017）京01民终65××号民事判决书

2. 案由：名誉权、隐私权纠纷

3. 当事人

原告（被上诉人）：李某某

被告（上诉人）：广州网易计算机系统有限公司（以下简称网易公司）、北京××励志教育咨询中心（以下简称××教育中心）

【基本案情】

李某某与××教育中心签订《北京××励志教育咨询中心培训协议书》，约定李某某在××教育中心接受教育培训。路透社经与××教育中心联系，××教育中心口头同意路透社前往该中心进行采访。路透社与网易公司签订路透媒体协议订单，网易公司可在约定期间转载其文件。在网易公司旗下的网易探索网站上刊出一组《探访北京戒网瘾学校》相关内容的照片及文章，其中有照片为李某某正面全身

照，没有予以模糊处理，图片配有××教育中心是帮助青少年戒除网瘾学校的说明。网易公司认为文章有合法转载来源，非网易公司编造和首发，已尽到合理审查义务。××教育中心称同意路透社进行采访，但未同意发布相关新闻报道；该教育中心提交了入学登记表复印件，该表"学生入学前的行为"中"沉迷网络游戏"一栏未打钩。

【案件焦点】

1. 名誉权、隐私权侵权的认定；2. 网易公司转载新闻时是否具有审查义务。

【法院裁判要旨】

北京市海淀区人民法院经审理认为：公民、法人享有名誉权，公民的人格尊严受法律保护，禁止用诽谤、侮辱等方式损害公民、法人的名誉。转载单位在转载其他媒介发表的报道文章时，应该预见所转载的报道文章可能存在失实之处给他人造成损害，故应对转载报道文章进行必要审查，该审查义务不因网站转载其他媒介文章而免除侵权责任。李某某并没有网瘾。网易公司旗下的网站转载的相关照片及文章中，未经李某某及其法定代理人同意，使用李某某正面全身照，并配有涉及网瘾的文字，与李某某前往××教育中心培训目的不符，不属于客观事实，构成对李某某名誉权侵权。由于网易公司本身在国内的影响力，该照片和文章被大量点击和转载，极有可能被李某某身边的人得知，造成人们对其社会评价降低，对其名誉造成了损害，因而网易公司刊载涉案照片和文章造成了李某某名誉受损害的后果，且具有因果关系。故网易公司的行为构成对李某某名誉权的侵权行为，应当对该事件承担责任。

网易公司转载的文章中，出现了未成年人李某某全身照片。其中面部照片未予模糊处理，可以清晰地辨认出其系李某某本人。在相关的其他媒介没有征得李某某监护人同意的情况下，就转载未经模糊处理的未成年人照片，侵权了未成年人的隐私权。

因没有证据证明××教育中心对发布和转载的文章进行审查，××教育中心不存在故意的传播行为，故不是赔偿主体。

北京市海淀区人民法院依照《中华人民共和国侵权责任法》第二条、《最高人民法院关于审理利用信息网络侵害人身权益民事纠纷案件适用法律若干问题的规定》第十条、第十八条之规定，作出如下判决：

一、自本判决生效后七日内，网易公司在其网站上发布向李某某赔礼道歉的声明（道歉声明内容由法院审定）；

二、自本判决生效后七日内，网易公司赔偿李某某精神损害抚慰金10000元、公证费2500元、律师费30000元；

三、驳回李某某的其他诉讼请求。

网易公司提起上诉。北京市第一中级人民法院经审理认为：自然人享有生命权、身体权、健康权、姓名权、肖像权、名誉权、隐私权等。任何组织或者个人不得披露未成年人的个人隐私。网络服务提供者在刊载网络信息时，应特别注意对未成年人个人隐私和个人信息的保护。网易公司提出李某某及其法定代理人知道路透社进行拍摄报道，但并未提交充分证据予以证明，仅以涉案照片中李某某表情动作自然、拍摄场景、构图以及××教育中心同意路透社采访，而推测“××教育中心势必会提前与该学员之法定代理人联系确认，获得其法定代理人许可”，该事实难以认定。网易公司作为网络服务提供者，其转载涉案的照片、文章并配有“一名上网成瘾的女孩”和“这名女孩到这里戒瘾”等文字的行为，侵犯了未成年人隐私权。因网易公司在国内的影响力，该组照片和文章被大量点击和转载，造成了李某某名誉权受到侵害，应当承担侵权责任。

北京市第一中级人民法院依照《中华人民共和国民事诉讼法》第一百七十条第一款第一项之规定，判决如下：

驳回上诉，维持原判。

【法官后语】

本案的难点是如何认定名誉权、隐私权侵权以及网络服务提供者转载新闻的自由边界问题。

1. 名誉权侵权的认定

结合《民法通则》第一百零一条、《最高人民法院关于审理名誉权案件若干问题的解答》第七条的规定，名誉权侵权责任的认定从以下几方面考量：(1) 存在侵害名誉权的行为；(2) 侵害了特定主体的名誉；(3) 行为人主观上存在过错。即行为主体由于故意或过失，通过各种途径，如在报纸、杂志、网络、广播等刊载播出虚假内容，造成对特定人的人品、声望、信誉、才干、能力等方面评价的降低；公然在大庭广众面前辱骂、羞辱他人；故意散布虚假事实，诽谤贬损他人名誉；通过文学作品、评论文章等丑化他人的形象，以达到降低公众对受害人评价的目的等。

本案中，网易公司在其网站上刊出的照片及文章，使用了李某某正面全身照，配有其在××教育中心戒网瘾的说明。而李某某并无网瘾，即网易公司转载的新闻内容基本不属实，且该文章图片在网上已被大量点击查看，其主观上因未尽到必要审查义务而存在过失，故最终造成对李某某名誉权侵权的事实。

2. 隐私权侵权的认定

隐私权，指仅与特定人的利益或人身发生联系，且权利人不愿为他人所知的私人生活、信息。侵害隐私权的行为有两大类：侵害私生活的安宁；未经许可公布个人信息。(1) 侵害私生活的安宁。为维护自然人的个性化存在，应允许私生活的安宁不被公开或遭受侵扰。侵入他人住宅；窥视他人；偷录、偷拍或不当设置监控设备等都是侵害隐私的行为。(2) 未经许可公布个人信息。要维护私生活的安宁不受妨害，就必须保护个人信息不被随意公开或滥用。保护个人信息是现代隐私权的核心内容。个人信息的范围广泛，包括住址、职业、学历、电话号码、个人嗜好、性取向、日记、私人信件、病历资料等个人不愿公开的信息。任何知悉或收集、获得了这些个人信息的主体，都依法负有保密义务，未经信息主体许可不得使用、泄露。否则，就构成对他人隐私的侵害。此外，个人信息强调的是本人不愿公开，不涉及价值判断，即隐私权保护的内容并不一定都是高尚的、道德所允许的，也包括那些受道德谴责的、为人所不齿的内容。因此，只要不涉及公序良俗、不违反法律的强制性规定，隐私都应受到保护，未经本人许可，他人不得公开。

本案中，网易公司在其网站上刊出的照片、文章及配文，未经本人同意且未做模糊处理，使李某某在××教育中心接受训练的个人信息被公开，故网易公司侵害了李某某的隐私权。

3. 网络服务提供者转载新闻的自由边界

《最高人民法院关于审理名誉权案件若干问题的解答》第七条第四款规定，因新闻报道严重失实，致他人名誉受到损害的，应按照侵害他人名誉权处理。在多元、法治社会的今天，新闻自由具有无可替代的作用，它能够监督权力、维护社会的公平正义、促进科学研究等。但这种自由并非毫无边界，新闻媒体在报道新闻时，不能断章取义、捏造事实侵害到他人权利。但新闻报道并非如科学研究那样精确，不能有一丝一毫差距，故不能对新闻报道过于苛责，新闻报道主体只要进行了合理查证，新闻内容介绍或情况陈述基本符合事实，就应认为其尽到了善良管理人的必要注意审查义务。同时，新闻报道遵循真实原则，需要保障所陈述的内容是真实的，难免会涉及个体的相关信息，此时则需要在新闻自由与个体隐私之间作出选择。新闻是反映社会面貌的喉咙，更多地体现社会性和真实性，为了达到一定社会目的确需使用个人信息的应将个人信息等隐私模糊处理，以求保护隐私权。如果在报道新闻时，未经本人同意，将个体隐私公开，特别是关涉到未成年人的隐私时，则构成隐私权侵权。

网易公司作为网络服务提供者合法转载新闻是否有审查义务。转载新闻，转载的是其他新闻从业机构的新闻成果，并非亲自采访所得，此时新闻转载者也要对新闻内容进行合理审查，确保真实性。因网易公司具有较大的市场影响力和占有率，虽与路透社签订有转载新闻的协议，但这不能免除其进行合理审查的义务，网易公司未尽到善良管理人必要的注意审查义务，所转载的新闻存在基本事实错误，同时还公开未成年人接受培训的隐私，侵害了未成年人的名誉权、隐私权。

编写人：北京市第一中级人民法院　赵旭涛

56

合理规范家用监控设备的安装注意义务

——区某诉陈某隐私权案

【案件基本信息】

1. 裁判书字号

广东省江门市中级人民法院（2017）粤07民终2531号民事判决书

2. 案由：隐私权纠纷

3. 当事人

原告（上诉人）：区某

被告（被上诉人）：陈某

【基本案情】

2010年区某入住江门市蓬江区某小区23幢1204室，2013年陈某入住江门市蓬江区某小区23幢1201室，双方相邻而居。2014年陈某在住处门口、厨房窗外和消防通道各安装一个监控摄像头，其中陈某住处门口的监控摄像头主要是对和区某住处共用走廊部分进行摄像，但可以对区某门口进行摄像；陈某厨房窗外的监控摄像头安装在该窗外防盗网右侧，摄像监控区域为该窗外防盗网位置。区某认为陈某在门口及厨房窗外安装的摄像头监控范围侵犯其隐私权，影响其生活，起诉请求陈某立刻停止侵权行为，拆除监控设备，并向区某赔礼道歉。陈某辩称安装监控部位是在自己家门口和自家阳台，监控范围并不能看到区某的隐私场所。

【案件焦点】

陈某安装在其门口及厨房窗外的摄像头应否拆除。

【法院裁判要旨】

广东省江门市蓬江区人民法院经审理认为：民事活动应当尊重社会公德，不得损害社会公共利益及他人的正当权益。陈某在其门口所安装的监控摄像头，其监控范围虽主要是与区某住处共用走廊部分，但也可以对区某住处门口进行摄像，该走廊也是与区某日常生活有密切联系的共用部位，陈某的上述行为足以侵害到区某的隐私权。陈某通过上述监控摄像头所采集的信息系为个人所用，并无证据证明对公共利益有益，也不利于邻里之间的团结和睦，故区某要求陈某拆除其住处门口的监控摄像头，合理合法，法院予以采纳。至于厨房窗外的监控摄像头，其监控范围主要是陈某厨房窗外防盗网部分，并不是与区某共用活动区域，现有证据不能证明该监控摄像头的监控范围侵犯了区某的隐私权，法院对区某要求拆除陈某厨房窗外监控摄像头的请求不予采纳。

一审法院判决：

一、陈某应于本判决生效之日起五日内拆除其住宅门口涉案的监控摄像头；

二、驳回区某的其他诉讼请求。

区某不服原审判决，提起上诉。广东省江门市中级人民法院经审理认为：陈某安装在其厨房窗外的摄像头应否拆除，应考虑涉案摄像头是否侵犯区某隐私、陈某在其厨房窗外安装摄像头是否超出合理界限。

首先，区某在其住宅内的活动以及进出住宅的信息属于隐私权保护的范围。陈某住宅的厨房窗户与区某住宅的卫生间和客厅窗户相邻，相隔距离非常近，陈某在厨房窗外安装的监控摄像头面对着区某住宅的门口，该监控摄像头监控的范围可覆盖区某住宅门口以及卫生间、客厅窗户的位置，区某进出住宅以及其在卫生间、客厅的活动存在被该监控摄像头摄入的可能。从该监控摄像头安装的位置和方向来看，该监控摄像头大部分视角可以拍摄到区某住宅的门口、卫生间或客厅窗户。因该监控摄像头是可以调整视角的摄像头，而是否调整以及如何调整该监控摄像头的视角均不能为区某所控制，区某也不可能时刻监督陈某使用该监控摄像头的行为，故即使该监控摄像头某一视角没有拍摄到区某的住宅门口、卫生间或客厅窗户，区某的个人隐私也受到客观的威胁，该监控摄像头对区某的私人生活安宁仍造成侵扰的后果。

其次，我国法律虽未明确禁止公民安装监控摄像装置，但安装监控摄像装置有可能涉及公共利益、他人隐私等合法权益的，当事人在安装前应当尽到注意义务，选择合理的安装方式以减少对他人的影响。陈某在超出其房屋范围以外（厨房窗户外的防盗网处）安装监控摄像头明显超出其可安装的范围以及合理的界限。

综上，根据《中华人民共和国侵权责任法》第二条的规定，陈某在其厨房窗外安装监控摄像头没有尽到注意义务，导致安装的方式超出了合理的界限，具有过错，侵害了区某的隐私权，应承担侵权责任。一审法院以厨房窗外监控摄像头未侵犯区某的隐私权为由，对区某拆除该摄像头的请求不予支持不当，二审法院予以纠正。二审法院判决：

一、维持广东省江门市蓬江区人民法院（2017）粤0703民初3174号民事判决第一项；

二、撤销广东省江门市蓬江区人民法院（2017）粤0703民初3174号民事判决第二项；

三、陈某于本判决生效之日起七日内拆除其住宅厨房窗外涉案的监控摄像头；

四、驳回区某的其他诉讼请求。

【法官后语】

本案是在自家安装监控摄像装置从而侵害相邻住户隐私权的较为典型的案例。

1. 相邻住宅的共用走廊慎装监控摄像装置

法院认定在自家门口安装监控摄像头，虽监控范围主要是共用走廊部分，但该走廊也是与相邻住户日常生活有密切联系的共用部位，因此该行为足以侵害到相邻住户的隐私权。

有人会认为：公共场所无隐私，相邻住宅的共用走廊属于公共活动区域，公民在该区域的行为具有公开性，因此对住宅门口共用走廊进行监控不存在侵犯隐私权之说。隐私权是指自然人享有的对其个人的、与公共利益无关的个人信息、私人活动和私有领域进行支配的一种人格权，主要包括个人信息控制权、个人活动自由权、私有领域不受侵犯权、权利主体对其隐私的利用权。[①] 住宅共用走廊是与公民日常生活有密切联系的共用部位，涉及进出住宅的活动信息，与私人生活习惯等存在高度关联，应视为具有隐私性质的人格权益，属于隐私领域，受法律保护。因此，在自家住宅大门安装的监控摄像装置虽出于自我防护，但该监控摄像装置有可能对相邻住户形成侵扰。

2. 安装可转动监控摄像装置应尽注意义务

一审法院认为涉案厨房处的监控摄像头没有照到区某的住宅，不能证明该监控摄像头的监控范围侵犯了区某的隐私权。二审法院经过现场勘察对该项判决予以改判，认为即使监控摄像头某一视角没有拍摄到区某的住宅门口、卫生间等，但其个人隐私也受到了客观的威胁，该监控摄像头对区某的私人生活安宁造成了侵扰。

隐私权是公民对私人活动和私人领域进行支配的一种人格权。监控摄像装置虽在某一时间或某个视角没有拍摄到他人的私人领域，但由于大部分的监控摄像可以调整角度，而监控摄像装置角度的调整由安装一方所控制，因此邻居的私人生活处于一种随时会被监控的状态。这会给对方造成精神上和心理上的压力，其私人活动有可能受到限制、生活安宁受到侵扰。

---

① 最高人民法院侵权责任法研究小组编著：《〈中华人民共和国侵权责任法〉条文理解与适用》，人民法院出版社 2016 年版，第 23 页。

法律并不禁止我们为了保护自身的安全而安装监控设施，但安装时应尽到对他人权益的注意义务，把握合理的界限。二审的改判是对公民隐私权保护力度的升级，对自家安装摄像头划定了平衡保护双方权益的界限。家，是最温暖的港湾，是放松自己的地方，应赋予它更多的舒适感、安全感。因此，即使是安装家用监控摄像装置，也应禁止可能摄取、泄露他人隐私的现象出现。

3. 公民应提高自我隐私权的法律保护意识

不可否认，由于现代科技的飞速发展，我们逐渐处于一个"摄像头社会"，大众对自我隐私的保护变得愈加困难。在我们的生活和工作中存在各种不安因素，一不小心，隐私就会被暴露在公众面前。因此，我们应增强自我隐私保护意识，在自身合法权益受到侵害时以合法、合理的方式维护自身的权益。

编写人：广东省江门市人民法院　麦芷菁

五、一般人格权纠纷

57

表情包使用的侵权认定、赔偿数额酌定因素及侵权后自行致歉的效力认定

——葛优诉艺龙网信息技术（北京）有限公司侵害肖像权案

【案件基本信息】

1. 裁判书字号

北京市第一中级人民法院（2018）京01民终97号民事判决书

2. 案由：侵害肖像权纠纷

3. 当事人

原告（被上诉人）：葛优

被告（上诉人）：艺龙网信息技术（北京）有限公司（以下简称艺龙网）

【基本案情】

葛优为我国知名演员，其曾在电视剧《我爱我家》中扮演纪春生，角色特点为懒惰、骗吃骗喝。该角色在剧中将身体完全瘫在沙发上的放松形象被称为“葛优躺”，成为2016年网络热词。

“艺龙旅行网”微博号实名认证为“艺龙网”，截至2016年8月，有粉丝232万人，发布近2万条微博。2016年8月1日，葛优申请公证，证实2016年7月25日上述微博发布以“葛优躺独家教学”为名的内容，使用7幅葛优图片共18次，文字内容包括直接使用文字和在图片上标注文字，其中一张非剧照，为葛优个人身

着西服给其他企业代言的照片，其余图片除一张为其他剧照外，均为《我爱我家》剧中人物纪春生在沙发上瘫坐的截图，图中和图下文字内容为对“葛优躺”的描述和渲染。最后几张图配了大床、浴室等酒店背景，微博后附“订酒店用艺龙”的文字，并附二维码和艺龙网标识。该微博被转发4次、评论4次、点赞11次。葛优认为上述文字中提到“葛优”的名字，并非剧中人物名称，宣传内容为商业性使用。2016年8月18日，艺龙网收到通知后删除了上述微博。

艺龙网认为涉案图片为剧照，并非葛优肖像，图片指向剧中人物的身体动作，其使用了剧中人物的性格特征而非葛优的肖像特征。

2016年12月7日，艺龙网未经葛优审核同意，在其微博发布致歉信，内容有一定调侃性并继续为其品牌进行宣传，该致歉微博被转发24次、评论197次、点赞58次，网友评论多认为该致歉态度不端正。原告认为上述内容证明艺龙网承认侵权事实，并就此作出极不诚恳的名为致歉，实为再次利用葛优进行商业宣传的内容，其致歉没有诚意。

【案件焦点】

1.“葛优躺”剧照作为“表情包”使用具有一定代表性，此类针对演员剧照素材内容的使用是否侵犯演员本人的肖像权；2. 此类情形赔偿数额的酌定因素包括哪些；3. 侵权人自行致歉的效力如何认定。

【法院裁判要旨】

北京市海淀区人民法院经审理认为，肖像权是指自然人对自己的肖像享有再现、使用或许可他人使用的权利，其载体包括人物画像、生活照、剧照等。剧照涉及影视作品中表演者扮演的剧中人物，当一般社会公众能够将表演形象与表演者本人真实的相貌特征联系在一起时，表演形象亦为肖像的一部分，影视作品相关的著作权与肖像权并不冲突。“葛优躺”造型确已形成特有的网络称谓，并具有一定的文化内涵，但一般社会公众看到该造型时除了联想到剧目和角色，也不可避免地与演员本人相联系，该表现形象亦构成演员的肖像内容，即便已成为网络热点，商家也不应对相关图片进行明显的商业性使用，否则仍构成对肖像权的侵犯。

涉案微博中使用了多幅系列剧照，并逐步引导与其业务特征相联系，虽然上述方式并不能使网友认为葛优为网站进行了代言，但是仍有一定博取网络用户注意力的商业性使用性质，且同时使用了一张非剧照照片，故艺龙网在涉案微博中的使用行为侵犯了葛优的肖像权。艺龙网在接到起诉后已经删除微博停止侵权。其编辑在致歉声明中的部分内容和语气表达因过于调侃，并未对葛优起到正向的抚慰作用，且再次宣传了品牌。葛优现要求艺龙网在微博中正式致歉的诉讼请求法院予以支持。

关于赔偿数额，法院根据以下情节酌情确定：1. 葛优为著名演员，公众对其关注度较高。2. 艺龙网的使用行为提高了网络用户对其微博的关注度。3. 涉案微博的关注人数虽多，但从涉案微博的点赞、评论和转发数量看，涉案微博的阅读量一般，影响范围有限。4. 艺龙网接到通知后立即进行了删除，并表达了与葛优协商解决纠纷的意愿。5. 对“葛优躺”剧照的使用，确实不同于直接使用个人照片，具有迎合网络热点、幽默夸张的特点，其使用行为与传统商业直接使用名人肖像进行宣传的行为存在区别，本案中的使用情况一般不会使网络用户误认为葛优为产品进行了代言。6. 因涉案图片大部分为剧照，本案判决仅涉及葛优个人的肖像权，应为剧照权利人留有部分与著作权相关的赔偿份额。

综上，北京市海淀区人民法院依照《中华人民共和国民法通则》第一百条、第一百二十条第一款，《中华人民共和国侵权责任法》第二十条之规定，作出如下判决：

一、艺龙网在微博账号针对未经许可使用葛优剧照及照片的行为公开发布致歉声明；

二、艺龙网赔偿葛优经济损失 70000 元，支付其维权合理支出 5000 元，以上共计 75000 元；

三、驳回葛优的其他诉讼请求。

艺龙网不服一审判决，提起上诉。北京市第一中级人民法院经审理认为：

第一，关于一审法院判决艺龙网在其微博中向葛优赔礼道歉是否适当。艺龙网主张其在接到葛优起诉后及时删除了涉案微博且发表了致歉声明，故法院不应判决其再次于微博中道歉。艺龙网该项上诉主张不应予以支持，理由有二：其一，赔礼道歉作为一种向对方表示歉意进而请求对方原谅的表达行为，既是道德责任，也是法律责任，两种责任的区别在于，作为民事法律责任承担方式，法律赋予了其强制性的力量。当赔礼道歉作为民事责任承担方式以法院判决的形式作出时，能够更有效地平息当事人之间的纷争，并对社会形成行为指引，其起到的社会效果、公示效果及法律效果与当事人在诉讼之外的道歉显然不同。因此，艺龙网认为其诉讼之外的主动道歉等同于法院判决赔礼道歉的观点不能成立。其二，赔礼道歉作为民事责任承担方式的一种具有承认错误、表示歉意并请求对方谅解的功能，是对被侵权人内心伤害的一种填补，与其他责任承担方式不同的是，赔礼道歉的效果难以量化。因此，当一方当事人在诉讼之外已经进行赔礼道歉，但并未得到被侵权人谅解，且被侵权人在诉讼中仍然坚持要求法院判决赔礼道歉时，法院应对诉讼外的道歉予以审查，确定道歉是否已经达到了应达到的效果，即是否对被侵权人的内心伤害予以弥补。艺龙网发布的含有致歉内容的微博，从整体来看，表达轻松诙谐，缺乏严肃性，且有再次宣传品牌的表述。在葛优不认可该致歉微博且坚持要求法院判决赔礼道歉的情况下，上述致歉微博不能达到相应的致歉效果。故在艺龙网确实侵犯了葛优肖像权的情形下，一审法院判决艺龙网在其微博上公开发布致歉声明并无不当。

第二，关于一审法院认定的赔偿数额是否过高。本院认为，关于经济损失部分，葛优作为著名演员具有较高的社会知名度，其肖像已具有一定商业化利用价值，艺龙网对葛优肖像权的侵害，必然导致葛优肖像中包含的经济性利益受损。一审法院综合考虑葛优的知名度、侵权微博的公开程度、艺龙网使用照片情况、主观过错程度以及可能造成的影响等因素，酌情确定艺龙网赔偿葛优经济损失70000元，处理适当。关于公证费、律师费事宜，根据《最高人民法院关于审理利用信息网络侵害人身权益民事纠纷案件适用法律若干问题的规定》第十八条第一款的规定，被侵权人为制止侵权行为所支付的合理开支，可以认定为《侵权责任法》第二十条规定的财产损失。合理开支包括被侵权人或者委托代理人对侵权行为进行调查、取证的合理费用。法院根据当事人的请求和具体案情，可以将符合国家有关部门规定的律师费用计算在赔偿范围内。葛优为制止涉案侵权行为，确实有所花费，一审法院依据相关证据酌定合理维权成本5000元亦无不妥，予以维持。

综上，艺龙网的上诉无事实及法律依据，应予驳回。一审判决认定事实清楚，适用法律正确，应予维持。依照《中华人民共和国民事诉讼法》第一百七十条第一款第一项的规定，判决如下：

驳回上诉，维持原判。

【法官后语】

1. 关于“表情包”的使用是否侵犯肖像权

“表情包”一般是影视剧中的角色或长相有特点的人物带有夸张表情或特定姿态的照片或动图，部分附有说明文字，用在微博、微信等网络文章中，可以烘托文章的生动气氛。“表情包”的使用涉及针对演员剧照的使用是否侵犯演员本人的肖像权这一法律问题的认定。“葛优躺”的影响力极高，是这类“表情包”的典型代表，对该形象的使用已经成为网络用户表达某种情绪的方式，形成一种典型的社会文化热点和现象。该形象是否已经与演员本人的肖像人格权和财产权产生了分离，不再受演员本人控制？有意见认为如果“表情包”已经成为通用的情绪表达方式，则进入了公有领域，不应再涉及肖像权保护问题。

本案认定“表情包”的使用行为构成侵权，一是一般社会公众可以将表演形象与表演者本人真实的相貌特征联系在一起，二是有一定商业性使用的性质。上述认定方式未脱离传统民法中关于肖像权保护的基本规则。本案中艺龙网多次使用且与其业务联系密切，系明显的商业性使用，其使用行为侵犯了演员本人的肖像权。

2. 关于致歉声明效力的认定

本案判决未认定艺龙网自行发布的致歉声明有效，判决其在网站发表致歉声明，理由是致歉文中的部分内容和语气表达并未传达正向的歉意，不能起到抚慰作用，即道歉的诚意不足，且再次宣传其品牌，并因其语气略带嘲讽而引起葛优不满。

关于致歉是否必须取得对方认可才视为有效，应视具体情况而定。如果是当事人协商或法院调解解决的案件，被侵权一方认可致歉或放弃致歉要求是达成一致的基本条件。但在判决中，如果侵权人已经完成了与其侵权行为程度和范围相符的致歉行为，且在表达方式上可以被一般人认为具有与使用行为性质相符的诚恳的歉意，即便被侵权人在情感上认为达不到其要求，也不影响法院认定致歉行为已经实际履行。仅以被侵权人是否接受歉意为有效致歉的判断标准，可能因某些被侵权人的情感要求过高而无法实现致歉效果和目的。

3. 关于侵犯此类肖像权赔偿数额的认定需考虑哪些因素

针对本案最后确定的赔偿数额，也存在不同意见。有人认为葛优是一线大明星，代言费高，应给予高额赔偿；有人则认为“葛优躺”已成为文化现象，使用这类“表情包”并非利用其形象代言，而是表明一种态度，且并未给其造成实际损失，只需删除，不应进行赔偿。

法院综合考虑赔偿数额的情形均在判决中详细列明，此类认定一般需要考虑被侵权方的影响力、侵权网站的影响力、使用形式和影响范围、持续时间等。判决书中所列项目中部分是基础内容，如艺龙网的使用行为提高了网络用户对其微博的关注度。部分是需考虑增加赔偿额的项目，如葛优为著名演员，公众对其关注度较高；艺龙网是有影响力的大网站；使用商业特征明显，使用照片数量和次数较多等。还有部分是可以考虑减少赔偿额的项目，如该微博阅读量一般，影响范围有限；艺龙网接到通知后立即进行了删除，并表达了与葛优协商解决纠纷的意愿；对“葛优躺”剧照的使用不同于直接使用个人照片，与传统商业直接使用名人肖像进行宣传的行为性质存在区别；本案判决应为剧照权利人留有部分著作权赔偿份额等。审理中应对上述各项内容予以平衡掌握。

葛优提出高额赔偿的理由之一是认为艺龙网的行为可能造成网络用户误认为葛优为该网站产品进行了代言，但对“葛优躺”这一形象的使用，一般用户基本不可能形成此种判断。即使考虑到葛优是一线明星，赔偿额也不宜判决过高，应与使网络用户误以为葛优真实代言的情况体现出较大区别。法院最后确定的赔偿数额和合理费用为7.5万元，与双方的影响力、艺龙网使用时对图片的商业化程度较高、使用次数多等具体情节有直接关系，对于一般影响力不高的微博微信公众号，如阅读量较低，判决的赔偿额应另作具体分析。

编写人：北京市海淀区人民法院　王宏丞

58

通过微信公众号发文侵犯公民肖像权的认定

——陈某诉江阴八佰伴商贸中心有限公司肖像权案

【案件基本信息】

1. 裁判书字号

江苏省江阴市人民法院（2017）苏0281民初3941号民事判决书

2. 案由：肖像权纠纷

3. 当事人

原告：陈某

被告：江阴八佰伴商贸中心有限公司

【基本案情】

陈某系知名艺人，享有广泛的社会知名度。

2017年4月11日，江阴华地百货有限公司（以下简称江阴华地公司）名称变更为江阴八佰伴公司（上述两公司以下统称江阴八佰伴公司）。“江阴华地百货”（现更名为“江阴八佰伴中心店”，以下统称江阴八佰伴中心店）系江阴华地公司经营的微信公众号，微信号为“ jiangyinhuadi”。

2015年4月8日，江阴八佰伴公司在“江阴八佰伴中心店”微信公众号上发布“【新品】百变·所以美丽 江阴华地BeLLE春夏新品发布会”为题的文章，文中载明：“想和男神女神一样拥有今年春夏最流行的百丽鞋款吗？江阴华地BeLLE，恭候你的到来……你也可以穿出和陈某一样的女王范喔！”该文同时使用了陈某的一张照片作为配图，并配有百丽女鞋照片两张。截至2015年5月27日，案涉文章的阅读量为849次。

2016年5月2日，上海市华诚律师事务所接受陈某委托，向江阴八佰伴公司发出《律师函》，认为上述文章未经许可擅自使用了陈某的照片进行商品的宣传推广，要求立即停止侵权行为并公开道歉、赔偿经济损失。截至2017年4月26日，江阴八佰伴公司已经在其微信公众号删除了案涉文章。

2014年7月1日，江苏华地国际控股集团有限公司（甲方）与百丽鞋业（上海）有限公司（乙方，以下简称百丽公司）签订《合同书》一份，约定乙方商品在甲方的营业场地销售。江阴八佰伴公司是该合同的实际履行方之一。

2017年5月3日，百丽公司出具《情况说明》一份，主要内容是：该公司在江阴八佰伴公司管理的商场内销售百丽品牌女鞋，“江阴八佰伴中心店”微信公众号发布的案涉图文是该公司制作后将内容通过电子邮件形式提交给江阴八佰伴公司发布的。

陈某为本案诉讼支付公证费83元，律师费3000元。

【案件焦点】

1. 江阴八佰伴公司的行为是否侵害陈某的肖像权；2. 侵害肖像权的责任承担方式。

【法院裁判要旨】

江苏省江阴市人民法院经审理认为：关于江阴八佰伴公司的行为是否侵害陈某肖像权的问题。公民享有肖像权，未经本人同意，不得以营利为目的使用公民的肖像。“江阴八佰伴中心店”微信公众号是江阴八佰伴公司在微信公众平台上申请的应用账号，该公司可以在其微信公众号平台上发布文字、图片、语音、视频等，供特定群体浏览，实现沟通、互动和交流。江阴八佰伴公司通过其微信公众号对外发布信息及宣传推广其销售的产品，应当对其发布信息的真实性负责，当其发布的信息违反真实性原则，侵害他人合法权益时，即构成侵权。

江阴八佰伴公司在其经营的微信公众号上发布的案涉文章中使用了陈某的照片，且未经陈某本人同意。结合该文章的内容和其他配图可知，江阴八佰伴公司发布该文章的目的是为宣传其商场内所销售的百丽女鞋，并借助陈某的知名度来提高百丽女鞋的关注度，招揽顾客，显然系以营利为目的。案涉文章并未注明是其他作者创作，且最终是由江阴八佰伴公司的微信公众号对外发布的，因此，江阴八佰伴公司擅自使用陈某的肖像进行商业推广宣传，构成侵权。江阴八佰伴公司关于百丽公司才是实际侵权人的主张，与事实不符，不予支持。

关于江阴八佰伴公司承担侵权责任的方式问题。根据《中华人民共和国民法通则》第一百二十条的规定，公民的肖像权受到侵害的，有权要求停止侵害，恢复名誉，消除影响，赔礼道歉，并可以要求赔偿损失。

第一，对于陈某要求停止侵害的请求，因案涉图文已经由江阴八佰伴公司删除，故对陈某的该项主张，不再处理。

第二，对于陈某要求江阴八佰伴公司公开赔礼道歉的主张。赔礼道歉和消除影响的范围一般应与侵权所造成的不良影响的范围相当。江阴八佰伴公司在其微信公众号发布案涉文章，相关信息的受众对象有限，鉴于微信公众号也是对外公开发布信息的重要平台，其在“江阴八佰伴中心店”微信公众号赔礼道歉足以消除不利影响，故对陈某该部分请求予以支持，江阴八佰伴公司赔礼道歉的声明内容须经本院审核，且持续保留十五天。

第三，关于陈某要求赔偿损失及合理维权费用的主张。结合江阴八佰伴公司的过错程度、侵权行为的具体情节、侵权行为的影响范围、损害后果及陈某的知名度等因素，酌情确定江阴八佰伴公司赔偿陈某经济损失 30000 元，维权费用 3083 元。

第四，关于陈某主张的精神损害抚慰金。精神损害抚慰金的本意在于行为人的侵权行为造成受害人精神上的痛苦和心灵上的创伤，导致精神利益的损害，通过一定的经济补偿，使其心灵上得到抚慰。江阴八佰伴公司所使用的陈某照片本身内容健康，且展示了陈某的正面形象，并未丑化、侮辱陈某的个人形象，也未降低公众对陈某的评价，故江阴八佰伴公司侵犯陈某肖像权的行为未造成严重后果，对该项请求不予支持。

江苏省江阴市人民法院依照《中华人民共和国民法通则》第一百条、第一百二十条第一款，《最高人民法院关于贯彻执行〈中华人民共和国民法通则〉若干问题的意见（试行）》第一百三十九条、第一百五十条，《最高人民法院关于确定民事侵权精神损害赔偿责任若干问题的解释》第八条第一款之规定，判决如下：

一、江阴八佰伴公司于本判决发生法律效力之日起十日内在其微信公众号“江阴八佰伴中心店”上对未经同意使用陈某肖像一事赔礼道歉，内容须经法院审核，持续保留十五天；

二、江阴八佰伴公司于本判决发生法律效力之日起十日内赔偿陈某经济损失 30000 元，维权费用 3083 元，合计 33083 元；

三、驳回陈某的其他诉讼请求。

【法官后语】

近年来，随着微信用户群体的扩大，微信侵权的案件也越来越多，本案即一起通过微信公众号侵犯明星肖像权的典型案件。本案首先需要认定江阴八佰伴公司的微信公众号“江阴八佰伴中心店”是一个网络平台服务提供者还是网络用户，因为两者在对外发布信息时需要承担的注意义务是不同的。网络平台服务提供者是指为网络用户提供信息发布等平台的服务商，如腾讯、新浪微博等就属于网络平台服务提供者，网络用户可以在平台上注册并发布消息，网络平台服务提供者一般没有对网络用户发布消息的真实性和合法性进行审查的义务。而网络用户作为信息的直接发布者，应当对其发布信息的真实性和合法性负责。

微信公众号是由腾讯公司开发的业务，网络用户可以向微信平台申请注册，注册成功后可以在公众号上发布各类信息，相当于一个自媒体。本案微信公众号“江阴八佰伴中心店”即江阴八佰伴公司在微信平台上申请注册的应用账号，江阴八佰伴公司可以在其微信公众号上发布文字、图片、语音、视频等，供特定群体浏览，实现沟通、互动和交流。因此，其应当属于网络用户。江阴八佰伴公司通过其微信公众号对外发布信息及宣传推广其销售的产品，应当对其发布信息的真实性负责，当其发布的信息违反真实性原则，侵害他人合法权益时，则构成侵权，应当承担相应的侵权责任。

《民法通则》第一百条规定，公民享有肖像权，未经本人同意，不得以营利为目的使用公民的肖像。因此，判断是否构成侵犯肖像权应当符合三个构成要件：是否有使用肖像权的行为；是否经过肖像权人本人同意；是否以营利为目的。本案中，第一，首先需要确定使用陈某图片的主体是谁，虽然宣传的产品是百丽女鞋，照片也是百丽公司制作并要求江阴八佰伴公司发布，但是百丽公司在江阴八佰伴公司设置了柜台销售百丽女鞋，江阴八佰伴公司与百丽公司是利益共同体，江阴八佰伴公司从中直接受益，且江阴八佰伴公司对其微信公众号有直接控制和支配的权利，案涉图文是通过江阴八佰伴公司的微信公众号对外发布的，关注该微信公众号的用户一般都会认为这是江阴八佰伴公司制作并发布的。因此，江阴八佰伴公司具有使用陈某肖像的行为。第二，江阴八佰伴公司未提供证据证明其经过陈某本人的同意。第三，结合该文章的内容和其他配图可知，江阴八佰伴公司发布该文章的目的是宣传其商场内所销售的百丽女鞋，并借助陈某的知名度来提高百丽女鞋的关注度，招揽顾客。该行为显然系以营利为目的。江阴八佰伴公司的行为符合侵犯陈某肖像权的三个构成要件，法院最终认定江阴八佰伴公司擅自使用陈某的肖像进行商业推广宣传，构成侵权，应当承担赔礼道歉、赔偿损失等侵权责任。

编写人：江苏省江阴市人民法院　浦峥　廖宏娟

59

个人信息的权利属性

——尹某诉湖南芒果娱乐有限公司人格权案

【案件基本信息】

1. 调解书字号

北京市第三中级人民法院（2018）京 03 民终 2358 号民事调解书

2. 案由：人格权纠纷

3. 当事人

原告（上诉人）：尹某

被告（被上诉人）：湖南芒果娱乐有限公司（以下简称芒果公司）

【基本案情】

2016 年 9 月 19 日，被告投资制作的电视剧《别那么骄傲》第一季在优酷网上线播出。该剧第六集第 9 分钟的镜头为一女演员与该剧女主角的对话，女演员询问女主角该剧男主角何之洲（由演员佟梦实饰演）的电话号码，女主角报出的号码为 186××××，屏幕下方字幕同时打出这一号码。186××××为中国联通运营的电话号码，自 2010 年起由原告实名登记使用。原告表示自该剧第六集播出后，其收到大量陌生来电、微信、短信，对其生活造成了困扰。原告提交 2016 年 8 月及 10 月的通话详单、短信及微信截屏，显示 10 月的被叫次数明显多于 8 月，其中有大量陌生号码；有陌生号码发短信或者微信询问其是否是佟梦实或何之洲，要求加为好友，并表示通过看电视剧《别那么骄傲》知道这个电话，所以打电话或者发短信、微信。原告称因此承受了极大的精神压力，出现抑郁情形，需要就医治疗，原告提交的北京医院神经心理室2016年10月26日检查结果报告显示其患睡眠障碍，有焦虑忧郁状态，但就医疗费的实际发生未能提交票据证明。2016年9月27日，经原告申请，北京市方圆公证处出具（2016）京方圆内经证自第20815号公证书，对上述电视剧片段进行了公证。原告支付公证费1000元。2016年10月13日，原告委托北京卓纬律师事务所向被告发出律师函，要求被告停止在该剧中继续播放带有电话号码186××××的剧目分镜头，并沟通赔偿事宜。

【案件焦点】

被告的行为是否构成侵权以及被侵犯的个人信息权的权利属性。

【法院裁判要旨】

北京市朝阳区人民法院经审理认为：公民的人格尊严受法律保护，原告购买了186××××的电话号码，享有对该号码的使用权，因此该号码应作为原告个人信息的一部分，其相应的权利受法律保护。侵权行为应包含过错、因果关系和损害结果三个基本构成要件。被告主张制作《别那么骄傲》是进行艺术创作，随意虚构的电话号码恰巧与原告号码重合，在主观方面不存在故意。但作为制作方，在使用号码时应当考虑到是否有可能与真实的号码重合的问题并进行试验，而这种试验即拨打一下自己所“创作”的号码即可得出结论，并不困难，但对于实际机主即原告的影响却相当大。被告未能做到此点，即未尽艺术创作过程中的审慎注意义务，主观上存在严重过失，应当对自己的过失承担相应责任。关于因果关系，原告提交的证据能够证明正是由于电视剧的传播，使得其手机号码成为部分人群关注的信息。虽然他们对电视剧的虚构性存在误解，但是从社会大众的角度考虑，部分人群对此产生误解实属正常。因此，可以认定被告的制作行为与原告的损害后果之间存在因果关系，故被告的行为构成侵权，应当承担侵权责任。原告要求被告赔礼道歉符合法律规定，但道歉的方式和范围应当与其侵权行为相适应。关于赔偿数额，原告主张的公证费、律师费均属维权所需合理开支，法院予以支持；医疗费无相应票据证明，法院不予支持。关于精神损害抚慰金，被告的侵权行为确实给原告的日常生活造成一定困扰，原告提交的证据亦能够证明其精神状态在同一时间受到一定的影响，但原告主张的数额明显过高，法院依据侵权人的过错程度、损害程度、社会影响的大小、侵权行为的手段、场合、行为方式等各项因素综合考察，予以确定。被告已经对显示原告电话号码的片段进行了模糊处理，该处理方式能够使目前播出的镜头无法与原告的电话号码相对应，故对原告要求停止侵害的请求不再处理。

北京市朝阳区人民法院依照《中华人民共和国民法通则》第一百二十条第一款、第一百三十四条，《最高人民法院关于确定民事侵权精神损害赔偿责任若干问题的解释》第一条之规定，判决如下：

一、芒果公司于本判决生效后七日内向尹某书面赔礼道歉，致歉内容须经法院审核；如逾期不执行上述内容，则由法院选择一家全国范围内公开发行的报纸，刊登本判决主要内容，刊登费用由芒果公司负担；

二、芒果公司于本判决生效后七日内赔偿尹某公证费 1000 元及律师费 3000 元；

三、芒果公司于本判决生效后七日内赔偿尹某精神损害抚慰金 2000 元；

四、驳回尹某的其他诉讼请求。

尹某、芒果公司不服一审判决，提起上诉。二审审理过程中，经北京市第三中级人民法院主持调解，当事人自愿达成相关协议，该院予以确认。

【法官后语】

随着信息时代的到来，对个人信息的法律保护日益受到重视。以个人信息为客体而设立个人信息权早已成为学界的通说。2017 年 10 月 1 日起施行的《中华人民共和国民法总则》第一百一十一条规定，自然人的个人信息受法律保护。任何组织和个人需要获取他人个人信息的，应当依法取得并确保信息安全，不得非法收集、使用、加工、传输他人个人信息，不得非法买卖、提供或者公开他人个人信息。但该规定只是概括的原则性条款，仅仅强调了个人信息成为一项受民法保护的权利客体，那么个人信息权的法律属性究竟为何？

一般而言，个人信息权主要是指信息主体对自己的个人信息所享有的进行支配并排除他人非法利用的权利。将个人信息权视为一项私权利在我国已经达成共识，但在该权利的私权属性界定上，仍存在较多的争议。占主流地位的学说是将个人信息视作人格权，还有部分学者认为可以将个人信息权作为财产权进行保护。有学者称，若将传统人格权理论进行扩张，使其能囊括财产利益，那么个人信息中的财产利益将得到承认和保护。但是这种做法却忽视了一个重要的事实，即人格体现人的尊严及价值，应以人为目的，不得将之物化，使其作为交易的客体。将财产利益体现于人格权中，还会使民法区分人身权和财产权的意义受到质疑。

笔者认为，将个人信息权作为人格权保护更为妥当。个人信息权是一种集人格利益与财产利益于一体的综合性权利，既具有精神价值，也具有财产价值。个人信息权的法律属性并不完全是一个法律层面的事实判断问题，更是一个社会层面的价值判断问题。《中华人民共和国民法总则》第一百零九条和第一百一十条规定了人格权的内容，前者为一般人格权条款，后者为具体人格权的不完全列举，随后在第一百一十一条规定个人信息受法律保护。从这一立法体系可以看出立法者是倾向于将个人信息权纳入人格权体系中予以保护的。

从长远来看，承认个人信息权的人格权属性，将其作为一种与隐私权并列的具体人格权能更好地适应社会发展，弥补法律漏洞。在民法分则编纂时，应将人格权独立成编，明确一般人格权的基本内容，分列具体人格权的种类，赋予个人信息权独立的法律地位。同时，应加强对个人信息权受到侵害的救济。目前，侵害个人信息权主要的承担责任方式为停止侵害、赔礼道歉、消除影响、恢复名誉以及精神损害赔偿。实践中倾向于支持原告停止侵害和赔礼道歉的请求，但对精神损害赔偿的请求，往往由于原告难以对自己受到精神损害提供充分证据而得不到支持。需关注的是，当前全球正处在信息化时代，个人信息的财产价值日益凸显，当个人信息被公开、利用甚至贩卖牟利时，或许并未使信息权利人受到实质性的精神损害，但侵权人却因此牟取了巨大的利益。如果不对侵权人采取财产上的惩罚措施，侵权人的侵权成本大大降低，不利于维护信息社会的秩序。故在未来民法分则编纂中，应更加关注对人格利益的尊重和保护，充分考虑个人信息的财产利益属性，加强对于侵犯个人信息权的民事赔偿责任，逐步建构并完善以个人信息权为中心的个人信息民法保护体系。

编写人：北京市朝阳区人民法院　倪世欣

60

死者亲属祭奠权主体范围及行使顺序的确认规则

——王甲诉陈乙人格权案

【案件基本信息】

1. 裁判书字号

北京市第三中级人民法院（2017）京03民终7025号民事裁定书

2. 案由：人格权纠纷

3. 当事人

原告（上诉人）：王甲

被告（被上诉人）：陈乙

【基本案情】

王甲系王丙之父，陈乙系王丙之夫。王丙于2016年9月10日死亡，遗体于2016年9月12日火化，骨灰寄存于北京市八宝山殡仪馆。2016年9月15日，陈乙将王丙骨灰取走并安放于老山骨灰堂某一格位内。取存骨灰时，陈乙未告知王甲，王甲亦未在场。2016年10月27日，陈乙告知王甲王丙骨灰存放地点。

王甲曾出资制作王丙遗像一幅，现由陈乙留存。

王甲要求陈乙返还王丙的骨灰，并希望入土为安。陈乙主张其已妥善安置王丙的骨灰，故不同意王甲的诉讼请求。

王甲自述王丙曾留有口头遗嘱安排骨灰存放事宜，陈乙未予认可。

【案件焦点】

1. 如何确认祭奠权主体范围；2. 如何确定行使祭奠权的顺序。

【法院裁判要旨】

北京市朝阳区人民法院经审理认为，本案审理焦点主要有二：其一，在王甲、陈乙未就王丙骨灰安置达成一致意见的情况下，如何确定骨灰管理主体、安排处置事宜；其二，陈乙是否阻碍王甲行使祭奠权利，是否应当承担赔偿责任。

关于骨灰管理主体、安排处置事宜。骨灰为自然人死亡后经火化而得的特定人格物，为亲属祭奠、悼念死者和寄托哀思的对象，凝聚着死者亲属的情感因素，具有丰富的人格象征意义和伦理色彩。关于骨灰安置的时间、地点、形式等事宜，首先应在照顾各方亲属情感的基础上，通过沟通、协商、调解予以解决。在死者亲属就骨灰安置事宜不能达成一致时，应遵循以下顺序进行处置。第一，本着尊重死者生前遗愿的原则，按照死者遗嘱或嘱托对其骨灰进行妥善安置。第二，按照与死者的情感亲密程度及血缘关系的亲疏远近确定骨灰管理人，由骨灰管理人决定骨灰的处置方式。因婚姻而形成的夫妻关系是社会最基本的关系，是家庭存在的基石。夫妻二人登记结婚建立家庭，形成相对独立的生活单元，双方之间的关系最为密切，故死者骨灰对配偶的精神利益影响最大。基于公序良俗原则并考虑到血缘因素以及联系紧密的程度，配偶应为骨灰管理的第一顺位主体，其次为父母、子女，最后为兄弟姐妹、祖父母、外祖父母等其他近亲属。第三，如果在先顺位的骨灰管理人未尽管理义务或管理不当，其他近亲属有权要求予以纠正。王丙去世后，陈乙将其骨灰安放于老山骨灰堂，安葬方式符合公序良俗原则及相关规定。陈乙已告知王甲骨灰存放地点，亦不影响王甲进行祭奠，故对于王甲要求陈乙返还王丙骨灰、并不得妨碍进行祭奠的诉讼请求，法院不予支持。

关于陈乙是否阻碍王甲行使祭奠权利，是否应当承担赔偿责任。祭奠权是近亲属对于死者进行祭祀的权利。自然人去世后，其亲属参加死者殡葬仪式属于我国传统习俗，也是亲属表达哀思、怀念的方式。亲属之间应当本着互谅互让、相互尊重的精神，合法、合情、合理行使祭奠权。王甲作为王丙的父亲，陈乙作为王丙的配偶，在王丙去世后均平等地享有对王丙追思、追忆的权利，双方行使祭奠权，应当同时尊重对方享有的这一权利。虽然陈乙将骨灰安葬于骨灰堂符合相关规定及传统要求，但是安葬时应提前通知享有同等权利的王甲，便于王甲祭奠。陈乙在未告知王甲的情况下擅自移走骨灰的行为确实在一定程度上侵犯了王甲的祭奠权利，并对其情感造成一定的伤害。故对于王甲要求陈乙赔偿精神损害抚慰金的诉讼请求，法院予以支持，但其主张数额过高，法院结合陈乙侵权事实、情节及程度等，酌情予以调整。

北京市朝阳区人民法院依照《中华人民共和国民法通则》第五条、第七条，《中华人民共和国侵权责任法》第二条、第十五条、第二十二条之规定，作出如下判决：

一、陈乙于本判决生效后七日内将王丙的遗像返还王甲；

二、陈乙于本判决生效后七日内支付王甲精神损害抚慰金20000元；

三、驳回王甲的其他诉讼请求。

王甲不服一审判决，提起上诉，后又撤回上诉。北京市第三中级人民法院依照《中华人民共和国民事诉讼法》第一百七十三条规定，裁定：

准许王甲撤回上诉。

【法官后语】

祭奠权是公民基于亲属关系以及其他关系而产生的对死者表示追思和敬仰的权利。司法实践中，包括本案在内的许多祭奠权纠纷案件的争议焦点都在于谁有权行使祭奠权。本案双方当事人争取骨灰的案件事实，本质上就是在确定祭奠权的行使顺位。

1. 祭奠权主体范围的划定

就祭奠权而言，祭奠权的主体需与死者具有某种特定身份关系。该种"特定身份关系"所指为何、范围多大，则是讨论主体范围的核心所在。参照《继承法》及其他相关法律规定，笔者认为，以下两类人员可以作为祭奠权的主体。

首先，祭奠权的主体应包括死者的近亲属。近亲属是基于血缘和婚姻关系所产生的社会身份，在法律上有明确的定位，也是自然人得以开展社会活动最核心的身份。赋予近亲属祭奠权，既是对传统家庭、伦理关系的认可和维护，也是对亲属间权利义务的规范和约束。

其次，赋予与死者生前形成事实收养关系的人、死者的直系非近亲属、死者子女的配偶与死者配偶的父母祭奠权，也是具有合理性的。这些人虽然与死者并不具有直接的法律关系，不属于近亲属，但是从一般的社会交互行为上看，他们与死者往往具有较为亲密的关系，部分人员甚至还与死者共同生活，将他们纳入祭奠权的主体范围之内，对于促进家庭共同体建设、形成良好社会风尚大有裨益。

作为人格权的祭奠权是绝对权，具有对世性，其义务主体是不确定的第三人，但不同权利内容指向的对象也是不一样的，可分为两个层次。第一层次的义务主体是祭奠权人，负有通知、协商、署名等作为义务；第二层次的义务主体是与死者无亲属关系的其他人，主要承担的是不扰乱祭奠仪式、不毁损祭奠物品等不作为义务，但也不排除部分作为义务，如通知。

2. 祭奠权行使顺位的确定

多数情况下祭奠权具有相容性，各权利主体可同时行使权利而不相互影响，如通知、扫墓、祭拜等行为。但是某些祭奠行为具有相斥性，如对死者骨灰的保管、墓地的选择等行为，需由权利人中的一人或数人为该种行为。此种权利对于身份性要求更高，各权利主体之间若无法达成一致意见，需要按照某种方式确定行使权利顺序。

祭奠作为公序良俗之一，产生于民间约定俗成的传统习惯，因此其行使应该首先遵照本地或宗族的风俗习惯。不存在该种风俗习惯时，可参照《继承法》关于继承顺序的规定，根据与死者关系的密切程度，适用以下规则：第一顺序，配偶、父母和子女；第二顺序：祖父母、外祖父母、兄弟姐妹、孙子女、外孙子女；第三顺序：与死者生前形成事实收养关系的人、死者的直系非近亲属、死者子女的配偶与死者配偶的父母。鉴于祭奠权的身份性特征，祭奠权先由第一顺位权利人享有，在尊重死者遗愿的情况下，由各方协商权利的行使方式、内容等。如果配偶、父母、子女等在死者生前有遗弃、虐待行为或严重不尽扶养照顾义务等情形，可以限制其祭奠权的行使。当然，为防止权利的不当行使，有必要设置救济途径，即当在先顺位权利人不当行使权利时，其他人有权要求纠正或限制其权利。

3. 结语

本案中，双方当事人关于骨灰处理的纠纷，本质上是对祭奠权的内容和权利行使顺位的争论。本案的探讨及相关理论分析揭示了祭奠权纠纷案件关于权利主体及顺位行使的一般规则。同时，将祭奠权置于公序良俗的框架下进行讨论，并且通过引用习惯法及法律的基本原则、一般条款等不确定概念对祭奠权予以保护，也为其他类似权利保护提供了借鉴。

编写人：北京市朝阳区人民法院　王乐　高磊

61

消费者人格尊严是否受侵害之司法认定

——刘某诉上海吉祥航空股份有限公司一般人格权案

【案件基本信息】

1. 裁判书字号

上海市第一中级人民法院（2017）沪01民终4146号民事判决书

2. 案由：一般人格权纠纷

3. 当事人

原告：刘某

被告：上海吉祥航空股份有限公司（以下简称吉祥航空）

【基本案情】

2016年3月24日，刘某乘坐吉祥航空H01249航班，其登机牌座位号为1A。刘某登机后实际就座的座位号为2C，其向空乘人员表示其对烟味过敏，要求驾驶舱的工作人员不要吸烟。后该航班机长要求核查刘某的登机牌，在发现其未按照登机牌座位就座后，要求其配合坐回原座位。其间，双方发生争执。刘某最终坐回1A号座位，并在事后向吉祥航空进行了投诉。刘某认为该航班机长语气和态度明显非常恶劣和嚣张；且其所有行为仅针对刘某一人，并非由一般空乘人员执行的普通民航检查及沟通，而是针对刘某之前有关驾驶舱吸烟问题的说明及希望本航班驾驶人员能够禁烟的请求的泄愤和报复，对刘某造成恶劣的影响，对刘某的人格尊严造成了侵害。

【案件焦点】

吉祥航空H01249航班机长的行为是否对刘某的人格尊严造成侵害。

【法院裁判要旨】

上海市浦东新区人民法院经审理认为：人格尊严是主体对自己尊重和被他人尊重的统一。判断自然人人格尊严是否受到侵害，不能仅考虑该自然人的主观感受，更要从客观角度考虑其在通常社会范围内所享有的作为“人”之最基本的尊严是否被贬损。首先，吉祥航空涉案航班机长有权查看刘某登机牌，在刘某未按登机牌指示座位就座的情况下要求刘某坐回原座位，以保障航空安全、维护航空秩序，并无不妥。刘某认为该名机长选择性“执法”，并无任何依据，法院不予采信。其次，刘某提供的证据并未证明吉祥航空涉案航班机长与其对话中使用了侮辱、诽谤等损害其人格尊严的语言。最后，发生争执后，刘某在该航班上享受了与其他头等舱乘客相同的航空服务，并未受到任何区别性对待。综上，吉祥航空机长维护机舱秩序的行为属于正常职责范围，并未对刘某人格尊严造成侵害，故对于刘某要求吉祥航空赔礼道歉的诉讼请求，法院不予支持。关于刘某要求吉祥航空赔偿经济损失的诉讼请求，刘某并无证据证明吉祥航空的行为对其造成经济损害之后果，故法院对该诉讼请求亦不予支持。法院判决：

驳回刘某的诉讼请求。

刘某提起上诉。上海市第一中级人民法院同意一审法院裁判意见，但同时指出，吉祥航空H01249航班机长为保障航空安全，有权利履行相应的职责，以维护航空安全秩序，但在履行职务过程中，应当以公司的形象为重，以一名机长应有的文明和素质与乘客进行理性沟通，以免发生不必要的纷争和冲突，以维护吉祥航空良好的形象，这也是一名合格机长应有的职业操守。原审法院所作判决正确，予以维持。刘某的上诉请求，本院虽能理解，但毕竟缺乏事实和法律依据，故难以支持。依照《中华人民共和国民事诉讼法》第一百七十条第一款第一项的规定，判决如下：

驳回上诉，维持原判。

【法官后语】

人的尊严，是理性生命的升华，更是人内在价值的体现。在如今商品经济日益发达的环境下，作为商品经济主体的消费者也同样享有人格尊严。消费者人格尊严是人格尊严在消费领域的延伸，是消费者作为一个人应当具有的“天赋的”基本权利，即消费者在购买、使用商品或接受服务时，以人格利益为标的之权利。司法实践应考虑如何为消费者的人格尊严提供有效的司法保护，同时又应防止该项特殊权利因保护范围不甚明确而被滥用。具体应考虑如下几点：一是判断人格尊严是否贬损应采用客观标准。人格尊严是一种精神上的抽象概念，不同的人具有不同的教育背景、社会环境等，所形成的人格尊严观念各异。司法应强调人格尊严的客观属性，判断自然人人格尊严是否受到侵害，不能仅考虑该消费者的主观自尊感受，更要从客观角度考虑其在通常社会范围内所享有的作为“人”之最基本的尊严是否被贬损，具体可考虑被侵害对象的尊严状况、社会一般的尊严观念等因素。法律所保护的人格尊严是满足最低限度的人之所以为人的尊严需求，即具有普遍的共同需要的尊重。二是行为环境是重要考量因素。通常情况下，侵权行为的社会环境公开性越高，侵权行为给消费者造成的社会评价越低，人格尊严所遭受的贬损程度越严重，人格尊严所应受到的保护力度越大。三是经营者正常履职行为不具有违法性。凡侵害人格法益的，原则上具有不法性，除非加害人能证明有违法阻却事由。在航空运输过程中，依据《民用航空安全保卫条例》等规定，吉祥航空机长维护机舱秩序的行为属于正常职责范围，不具有违法性。刘某提出该机长选择性“执法”的意见，亦无任何依据。虽然《消费者权益保护法》强调消费者的权利及经营者的义务，但是基于权利义务相统一原则，消费者理应履行相关的法定义务及合同义务。

一般人格权不应予以扩大性保护，不能简单地将一般人格权内容具体化为一个绝对权利，而应结合具体案情，并综合考察各种相关因素（如立法政策、社会需要、社会通常观点、伦理道德、生活习惯等）确定是否应对其提供保护。消费者人格权保护亦是如此。

编写人：上海市浦东新区人民法院　俞硐

62

金融机构在报送不良征信记录时应尽到合理的审查义务

——李甲等诉四川锦程消费金融有限责任公司一般人格权案

【案件基本信息】

1. 裁判书字号

四川省成都市中级人民法院（2017）川01民终10601号民事判决书

2. 案由：一般人格权纠纷

3. 当事人

原告（被上诉人）：李甲等143人

被告（上诉人）：四川锦程消费金融有限责任公司（以下简称锦程公司）

【基本案情】

2012年4月，成都憬文通讯器材有限公司（以下简称憬文公司）成立，案外人李乙为该公司的法定代表人。2012年6月26日，锦程公司作为甲方与憬文公司作为乙方签订《特约商户合作协议》，约定甲方为购买乙方商品并符合消费贷款条件的客户提供分期付款支付所购商品价款的服务，乙方保证所有甲方的贷款只用于购买协议所注明的商品，乙方在合作期内应按要求为获得甲方审批同意的贷款客户发放指定商品；合作期限为2012年7月16日至2013年7月16日，甲方按每笔交易贷款金额1%收取乙方手续费。2013年5月21日，锦程公司与案外人青羊区智玩通讯器材销售中心（以下简称智玩销售中心）签订《特约商户合作协议》，合作期限为2013年5月31日至2014年5月31日，其他约定条款与上述合同相同。

2012年11月，李乙以帮助手机销售公司刷销量为名邀约案外人唐某为其招揽李甲等在校学生到憬文公司做兼职，招揽到学生后，由李乙与学生们签订《分期业务办理合同》，进行虚假购买手机交易，每成功套取一笔贷款，唐某和李甲等人可得到100~150元的报酬。

2013年12月7日，李甲以购买手机的名义向锦程公司申请个人消费贷款，手机价格为3900元；并授权同意“公司”将其不良信息向中国银行个人信用信息基础数据库报送。当日，李甲与锦程公司签订《个人消费贷款合同》，约定李甲授权锦程公司将贷款款项直接支付给销售商品的销售商，申请费按贷款金额的1%收取；李甲某一笔期款在指定还款日后90天仍未完全偿还的，属于严重违约，锦程公司有权执行合同相关条款。同日，李甲与智玩销售中心签订《商品交付确认书》，确认购买的商品已交付给李甲。2013年12月9日，锦程公司向智玩销售中心发放了李甲申请的个人消费贷款3900元。

李乙帮助李甲偿还上述贷款，但2014年5月起未再偿还贷款，截至2015年1月，未偿还本金合计2706.61元、利息262.35元、罚息1007.31元、其他利息23.62元、滞纳金270.67元，合计欠付4270.56元。锦程公司向中国人民银行征信中心报送了李甲的逾期还款记录。李甲向中国人民银行成都分行营业部投诉，提出个人征信异议，被驳回。

2014年12月8日，成都市青羊区人民法院作出（2014）青羊民初字第633号刑事判决：李乙犯骗取贷款罪，对其犯罪所得赃款继续予以追缴，退赔被害单位锦程公司；唐某犯骗取贷款罪，对其犯罪所得赃款继续予以追缴，退赔被害单位锦程公司。该判决生效后，法院对该判决立案执行，但李乙、唐某无财产可供执行，法院裁定终结本次执行程序。

2014年5月，李乙、唐某到公安机关投案后，成都市青羊区公安分局太升南派出所向李甲等学生公示告知：先行到中国人民银行查询自己征信记录，确认自己贷款业务，到该所进行登记，以便后期公安机关统计受害情况；在案件侦查阶段，贷款公司暂时不会对你们进行催款，关于银行信贷信用额度方面，需要等待案件的最终审判，以人民法院的判决书为准。

其他142名原告向锦程公司申请个人消费贷款合同、李乙代为还款、还款出现逾期、锦程公司向中国人民银行征信中心报送不良征信记录的事实与李甲基本相同。

【案件焦点】

金融机构在向中国人民银行征信中心报送公民不良征信记录时应当尽到的合理

审查义务的范围。

【法院裁判要旨】

四川省成都高新技术产业开发区人民法院经审理认为，本案争议焦点如下：1. 李甲等人对案涉贷款应否承担还款义务是否存疑；2. 锦程公司在李甲等人是否具有还款义务存疑的情况下能否向征信机构报送逾期还款记录。

第一，关于李甲等人是否具有还款义务是否存疑问题。本案为人格侵权诉讼，李甲等人是否具有向锦程公司的还款义务不属于本案实体处理范围。但李乙、汤某实施套取贷款的整个行为被认定为骗取贷款罪，而李甲等学生以其名义申请贷款、签订贷款合同只是骗取贷款行为的其中一环。生效判决认定锦程公司作为受害人，其选择向公安机关报案并向实际借款人李乙、汤某等人追回贷款，无权再选择以借款合同向李甲等名义借款人主张返还借款。至于李甲等人应否对李乙、汤某所返还贷款承担连带责任或者赔偿责任，须经法院裁判才能确定。故李甲等人应否对锦程公司未清偿的贷款承担清偿责任存疑。

第二，关于锦程公司在李甲等人是否具有还款义务存疑的情况下能否向征信机构报送逾期还款记录问题。银行征信系统中记载的逾期记录都将对其信用的社会评价形成贬抑，增加其后从事各种市场交易的阻力。因此，金融机构在报送逾期还款记录时，应当尽到合理的审查义务，对于经催收拒不还款的、因不具备偿还能力尚未还款的失信人，均可向征信机构报送逾期还款记录，但是如存在“伪卡”“盗刷”等还款义务存疑的情况时，金融机构应当通过诉讼等方式确定“借款人”具有还款义务后，才能向征信机构报送逾期还款记录，而不得利用具有报送征信记录的优势地位任意报送逾期还款记录，损害他人合法权益。

四川省成都高新技术产业开发区人民法院依照《中华人民共和国侵权责任法》第六条、第十五条，《中华人民共和国民事诉讼法》第六十四条之规定，作出如下判决：

锦程公司于本判决生效后十日内撤销李甲等人在中国人民银行征信中心的不良征信记录。

锦程公司不服提起上诉，四川省成都市中级人民法院依照《中华人民共和国民事诉讼法》第一百七十条第一款第一项之规定，作出如下判决：

驳回上诉，维持原判。

【法官后语】

在现阶段的司法实践中，涉及撤销不良征信记录的案件较少，但随着社会信用体系的逐渐完善，可以预见全社会保护“信用”的需求会不断增强，人民法院受理该类案件的数量会随之增加，社会对该类案件的关注度会随之增强。本案对公民的信用权保护及金融机构报送不良征信记录时的审查义务的界定等方面具有一定的参考价值。

1. 现行法律框架内难以妥善保护信用

在我国，民事立法对信用权未作明文规定，司法实务中多采用以保护名誉权的方法，间接保护信用利益，或者像本案，将信用纳入自然人的一般人格权予以保护。但信用权与名誉权区别明显，法院以保护名誉权的方法保护信用权明显不合适。现行关于名誉权的规定中，仅有消除影响可以与信用权的救济对应。但消除影响这种行为在客观上并不能保护信用权，因为信用权所产生的是一种合理期待，是在事前产生的。而民商事行为中，时间具有特殊的价值，在某个时间段民事主体合理期待受到损害后，影响是无法消除的。虽然《征信业管理条例》第二十五条①和第二十六条②规定了信息主体的救济权利和途径，但是并不足以保护民事主体信用权。例如，按揭购房合同是部分群体生活中最重要的合同关系，而该合同关系能否成立，往往由贷款人的信用决定，是信用权权益的范畴。一旦信用权受侵害导致民事主体相关行为无法完成，所造成的损失难以确认和弥补。另外，信用虽与名誉都是一种社会评价，但名誉是对民事主体品德、才能以及其他素质的社会评价，信用则是对民事主体经济能力的社会评价。信用权是民事主体就其所具有的经济能力在社会上获得的相应信赖与评价所享有的保有和维护的具体人格权，包括信用保有、

---

① 《征信业管理条例》第二十五条规定，信息主体认为征信机构采集、保存、提供的信息存在错误、遗漏的，有权向征信机构或者信息提供者提出异议，要求更正。征信机构或者信息提供者收到异议，应当按照国务院征信业监督管理部门的规定对相关信息作出存在异议的标注，自收到异议之日起20日内进行核查和处理，并将结果书面答复异议人。经核查，确认相关信息确有错误、遗漏的，信息提供者、征信机构应当予以更正；确认不存在错误、遗漏的，应当取消异议标注；经核查仍不能确认的，对核查情况和异议内容应当予以记载。

② 《征信业管理条例》第二十六条规定，信息主体认为征信机构或者信息提供者、信息使用者侵害其合法权益的，可以向所在地的国务院征信业监督管理部门派出机构投诉。受理投诉的机构应当及时进行核查和处理，自受理之日起30日内书面答复投诉人。信息主体认为征信机构或者信息提供者、信息使用者侵害其合法权益的，可以直接向人民法院起诉。

信用利益支配以及信用维护等权利。换言之，维护名誉权可以达到消除某信息的不良影响，但维护信用权则是追求某信息的从未出现，故以保护名誉权的方式保护信用利益，无法达到维护民事主体信用权之效果。

2. 金融机构报送不良征信记录时应负合理的审查义务

银行等金融机构基于贷款人违约的事实，报送不良征信信息并无不当，事实上各金融主体积极报送贷款人违约信息能够提升市场调配资源的效率。随着征信体系的完善，可以预期将有更多的金融机构获得报送不良征信信息的权利。这种报送的权利在客观上可以对民事主体权利产生重大影响，一旦被滥用可能会对贷款人的权益乃至征信体系的构建造成较大冲击。故基于现行法律，应要求金融机构报送不良征信记录时负合理审查义务。在大数据时代，信用权已经不仅仅局限于金融领域，大数据使信息呈现出全面公开、快速检索、稳定保存的特点，任何经权威部门或有影响力的机构发布的对民事主体产生负面评价的信息，都势必对该民事主体后续从事民商事行为造成不良影响，故法律应赋予所有收集、报送、管理、发布民事主体信息的主体以合理审查义务，避免权利滥用，避免侵害民事主体的信用权。

3. 社会信用体系发展亟待法律完善对信用权的保护

社会征信体系的建立，对于建设诚信社会、维护金融秩序、避免金融风险，具有极为重要的作用。目前，银行征信系统的建立，既使失信人的信用状况得以被其他市场交易主体知悉，借以保护交易相对方，并促使失信人早日纠正其行为，也有利于保护守信者的信用，便于守信者在市场交易中凭借良好的信用记录获得有利地位。征信系统中记载的内容，形式上为逾期还款情况的客观描述，实质上会造成社会对被记录者的信用程度产生负面评价，进而增加被记录者从事各种市场交易的阻力，而这也是征信体系所追求的目标。换言之，征信体系的完善程度越高，征信记录中所记录的“客观描述”影响力也就越大，那么“客观描述”不符合真实情况时对民事主体的权利损害程度也就越大。这种损害表现为，民事主体在民事或商事行为中，所实际获得的利益低于合理期待的利益。实践中对于信用的名誉权保护模式和一般人格权保护模式都难以周全、有效地保护民事主体的信用权益。故立法有必要构建独立的信用权保护体系，更好地保护民事主体基于信用的合理期待利益，促进信用体系健康发展。

编写人：四川省成都高新技术产业开发区人民法院　梁林军　雄心

63

银行拒绝为盲人激活信用卡的行为是否构成对特殊群体的歧视

——石某诉广发银行股份有限公司长沙红星支行一般人格权案

【案件基本信息】

1. 裁判书字号

湖南省长沙市雨花区人民法院（2016）湘0111民初7879号民事判决书

2. 案由：一般人格权纠纷

3. 当事人

原告：石某

被告：广发银行股份有限公司长沙红星支行（以下简称广发银行红星支行）

【基本案情】

石某系视力残障人士，无法正常阅读，不能书写。石某曾成功申办过中信银行及招商银行的信用卡，该两家银行通过他人代签、全程录音录像及指纹捺印等替代方式均通过了对石某的审核并激活了信用卡。石某使用上述信用卡消费时，由本人输入密码，然后在消费小票上摁指纹，再通过手机语音读屏提示功能告知消费金额来完成消费。

2016年9月中旬，石某通过朋友的帮助在广发银行微信公众平台上填写了申请信用卡的相关资料并获通过。2016年9月19日，石某收到广发银行通过邮寄方式交付的信用卡及办卡须知。2016年9月23日，石某在朋友的陪同下来到广发银行红星支行处办理信用卡激活手续，该行工作人员告知石某必须本人在申请材料上签名确认并亲自书写“本人已阅读全部申请材料，充分了解并清楚知晓该信用卡产品的相关信息，愿意遵守领用合同（协议）的各项规则”，石某告知对方自己是一名视力残障人士，无法签字。广发银行红星支行工作人员在请示相关领导后答复称必须由石某亲自书写上述规则及签名确认，故石某当天未完成信用卡激活手续办理。石某及其朋友于2016年9月29日再次来到广发银行红星支行处办理信用卡激活手续，广发银行红星支行工作人员仍以石某无法亲自书写及签名确认为由拒绝为其办理。石某确认广发银行红星支行工作人员在为其办理信用卡激活手续的过程中未使用带有侮辱、歧视性的文字、语言及其他行为。但其认为，广发银行红星支行以其不能阅读并签字为由拒绝为其办理信用卡激活业务的行为构成了对其基于视力障碍的直接歧视，侵犯了其人格权，给其精神上造成了很大的损害。广发银行红星支行认为其依照银监会的相关规定办理业务，没有侵害石某的人格，不构成对任何主体的歧视。

【案件焦点】

广发银行红星支行依法拒绝为视力残障人士石某激活信用卡的行为是否构成对特殊群体的歧视。

【法院裁判要旨】

湖南省长沙市雨花区人民法院经审理认为：本案系一般侵权纠纷，适用过错责任原则，需同时具备行为、过错、损害事实和因果关系四个构成要件才构成一般侵权责任。石某作为一名视力残障人士，无法正常阅读与书写，其在通过了广发银行的网上申请审批程序后，因本人无法现场亲自书写相关确认信息及签名，广发银行红星支行拒绝为其办理信用卡激活手续；广发银行红星支行的拒绝行为遵循了《商业银行信用卡业务监督管理办法》第三十七条第三款的规定，并非针对特殊群体的歧视，其行为不具有违法性和主观过错。与此同时，商业银行作为金融服务机构，在市场竞争中有选择提供金融服务对象的自由，且信用卡作为特殊的金融产品，其本身是一种授信额度，在消费使用过程中存在被盗刷、错刷的风险，商业银行为了保障信用安全和客户交易安全，有权自行审慎处理、严格审批。石某之所以能在其他商业银行成功申请、开通信用卡并正常使用，是因为这些商业银行在为石某办理信用卡时，凡涉及石某本人签名事项均系由他人代签、全程录音录像及指纹捺印等替代方式完成；广发银行红星支行未采用上述变通方式为石某办理信用卡激活手续，是因为广发银行红星支行在对信用卡申请人的审批过程中相较于其他商业银行采用了更为严格、规范化的审查标准，是广发银行红星支行缔约自由的选择，不能据此认定构成对石某的歧视或侵犯了石某的人格权益。

广发银行红星支行工作人员在为石某办理信用卡激活手续时并未使用带有侮辱、歧视性的文字、语言及其他行为。石某亦未提供证据证明广发银行红星支行拒绝为其办理信用卡激活手续给其造成了实际损失。石某主张广发银行红星支行侵犯其一般人格权，没有事实和法律依据，其诉讼请求，法院不予支持。

依照《中华人民共和国侵权责任法》第二条第二款、第六条第一款，《中华人民共和国民事诉讼法》第六十四条之规定，判决如下：

驳回石某的诉讼请求。

【法官后语】

本案案情并不复杂，但涉及银行业和视障人士两大不同的利益群体，更涉及银行对信用卡业务的审批、使用管理及盲人使用信用卡的客观需要与现实障碍等多种社会问题，引起了社会的普遍关注及热议。

本案在审理过程中，围绕双方的争议焦点即广发银行红星支行以石某“不能亲笔书写相关规则和签名”为由拒绝为其激活信用卡的行为是否构成对视障人士的歧视，合议庭也存在两种不同意见。

一种意见认为，根据《中华人民共和国残疾人保障法》的规定，残疾人在政治、经济、文化、社会和家庭生活等方面享有同其他公民平等的权利，视障人士当然享有平等获得金融服务包括信用卡服务的权利，现银行以“不能亲笔书写相关规则和签名”为由拒绝为视障人士激活信用卡，该理由本身即构成对视障人士的歧视，且银行对于视障人士应当提供合理便利，进行相应变通以确保残疾人享有与其他人平等的一切权利，故从保障视障人士的权益出发应当支持石某的诉讼请求。

另一种意见认为，要求申请客户“亲笔书写相关规则和签名”的规定系《商业银行信用卡业务监督管理办法》为防范信用卡使用风险而设置的一般规则，并非针对视障人士而特别设置，作为银行应当严格遵循，且银行拒绝激活信用卡的最终目的为保护视障人士的信用卡使用安全，防止盗刷、错刷，故广发银行红星支行的行为明显不具有违法性和主观过错，不构成侵权责任。

从法理的角度探析，本案的核心问题是关于权利的冲突与法律价值的选择，具体来说，即石某个人或视障人士特殊群体享有信用卡服务的权利保护与商业银行对信用卡业务管理和风险防范的自主权保护这两种权利的冲突。对此，我们只能根据社会当前的客观实际情况选择保护其中一种，以更有利于当前社会的公共利益，这也就是法院判决作出的对法律价值的选择。考虑到信用卡业务的特殊性以及信用卡刷卡终端的局限性（只能签名而无法进行语音提示），对于发卡银行、刷卡商户及视障人士群体本身的潜在风险，法院从分析一般侵权责任的构成要件入手，认定“基于残疾的歧视”属于一般侵权责任，应当严格把握一般侵权责任的构成要件，即行为、过错、损害事实和因果关系。广发银行红星支行拒绝为石某激活信用卡的行为是严格遵循《商业银行信用卡业务监督管理办法》第三十七条第三款之规定的行为，不具有违法性和主观过错，石某主张广发银行红星支行侵犯其一般人格权，没有事实和法律依据，对其诉讼请求，不予支持。

本案判决后，判决结果为多数社会民众接受，石某也表示服判息诉。但对于信用卡业务，如何完善信用卡的种类、提升信用卡服务水平，以解决特殊群体使用需求问题仍然值得我们进一步思考和做出更多努力。

编写人：湖南省长沙市雨花区人民法院　胡晖

图书在版编目（CIP）数据

中国法院2019年度案例．人格权纠纷：含生命、健康、身体、姓名、肖像、名誉权纠纷／国家法官学院案例开发研究中心编．—北京：中国法制出版社，2019.5

ISBN 978－7－5216－0053－7

Ⅰ．①中…　Ⅱ．①国…　Ⅲ．①人格－权利－民事纠纷－案例－汇编－中国　Ⅳ．①D920.5

中国版本图书馆CIP数据核字（2019）第040383号

策划编辑：李小草　　责任编辑：马金风　赵律玮　　封面设计：温培英、李宁

中国法院2019年度案例·人格权纠纷：含生命、健康、身体、姓名、肖像、名誉权纠纷

ZHONGGUO FAYUAN 2019 NIANDU ANLI · RENGEQUAN JIUFEN：HAN SHENGMING、JIANKANG、SHENTI、XINGMING、XIAOXIANG、MINGYUQUAN JIUFEN

编者/国家法官学院案例开发研究中心
经销/新华书店
印刷/三河市紫恒印装有限公司
开本/730毫米×1030毫米　16开　　印张/17.25　字数/287千
版次/2019年5月第1版　　2019年5月第1次印刷

中国法制出版社出版
书号ISBN 978－7－5216－0053－7　　定价：56.00元

北京西单横二条2号
邮政编码100031　　传真：010－66031119
网址：http://www.zgfzs.com　　**编辑部电话：010－66071862**
市场营销部电话：010－66033393　　**邮购部电话：010－66033288**

（如有印装质量问题，请与本社印务部联系调换。电话：010－66032926）